湖北省学术出版专项资金
Hubei Special Funds for Academic Publications

大数据环境下的信息管理方法技术与服务创新丛书

产业集群创新发展中的跨系统信息服务融合

Cross-system Information Service Mashup in the Industrial Cluster Innovation Development

严炜炜 著

WUHAN UNIVERSITY PRESS
武汉大学出版社

图书在版编目(CIP)数据

产业集群创新发展中的跨系统信息服务融合/严炜炜著. —武汉：武汉大学出版社,2017.12

大数据环境下的信息管理方法技术与服务创新丛书

ISBN 978-7-307-18232-5

Ⅰ.产… Ⅱ.严… Ⅲ.产业发展—信息服务—研究 Ⅳ.F062.9

中国版本图书馆 CIP 数据核字(2016)第 151013 号

责任编辑:詹 蜜　　责任校对:汪欣怡　　版式设计:马 佳

出版发行：**武汉大学出版社**　(430072 武昌 珞珈山)

(电子邮件：cbs22@whu.edu.cn 网址：www.wdp.com.cn)

印刷：武汉中远印务有限公司

开本:720×1000 1/16　印张:20.5　字数:293 千字　插页:2

版次:2017 年 12 月第 1 版　2017 年 12 月第 1 次印刷

ISBN 978-7-307-18232-5　定价:48.00 元

序

在创新型国家建设和信息服务的社会化发展中,创新的综合性和集成性需求日渐显著。面对日益复杂的竞争环境,由于创新资源的局限性,产、学、研等创新主体难以仅依靠自身而开展持续性创新活动。作为国家创新发展的重要组成部分,产业集群为创新主体带来了分布式创新无法获得的成本与协作优势;同时,可持续的创新活动亦可提升集群的整体竞争力,进而推动产业集群及其所处区域的经济发展,并形成良性的循环促进作用。然而,在产业集群创新发展中,传统的以资源共建共享、风险分摊为核心而获取的成本优势对社会化网络环境下集群的创新活动的推动作用已出现瓶颈。在这一背景下,以国家创新需求和跨系统信息协作为导向,在信息资源共建共享与协调配置的基础上,推动了集群式创新结构、交互关系和创新服务模式的协同化发展。近年来,随着信息资源管理与服务理论、系统科学理论等的不断交叉应用,国内外学者和信息服务部门正不断尝试使用跨学科知识与方法进行以协同创新为主题的基础理论与业务实践探索。本书以信息服务融合为手段,从信息服务层面整合各创新主体的优势资源,并研究面向产业集群创新发展的信息服务融合与嵌入问题,适应创新型国家建设中的跨系统信息服务组织要求与趋势,对于提升面向产业集群协同创新的信息服务能力、推进跨系统协同创新活动持续有效开展具有重要意义,是该领域的一部代表性著作,体现了信息服务组织理论的深化与发展。

本书作为在博士学位论文基础上形成的一部专著,是严炜炜博士在完成我所主持的国家自然科学基金项目"国家创新发展中的信息服务跨系统协同组织"研究子课题基础上所做的拓展研究,着重分析产业集群跨系统信息服务融合需求的形成、跨系统信息服务融合架构与技术实现、融合信息服务的协同组织与嵌入等现实问题,旨在构建相对完整的信息服务融合理论与实践体系。通过实证,推进成果的应用,从而推动面向产业集群协同创新的信息服务模式发展。

针对产业集群创新发展中的信息服务融合组织问题,作者在国内外现有研究的基础上,以已有的理论与应用成果为起点,在协同创新环境下,从产业集群创新交互关系结构与信息服务融合需求出发,围绕产业集群创新发展中的跨系统信息服务融合定位、架构、技术实现、协同推进与封装嵌入等问题,结合案例与实证,进行面向产业集群跨系统协同创新需求的信息服务融合体系构建和多元化信息服务功能的组织实现研究。作者立足于现实问题的研究,获得充分肯定。

本书的创新性体现在,将跨系统思想和信息服务融合技术引入产业集群研究中,从产业集群创新发展中创新主体之间的创新交互行为及其对信息服务融合利用的迫切需求出发,通过对信息服务融合的发展定位、组织架构、实施推进等方面的探讨,构建了面向产业集群创新发展的信息服务融合理论框架,并从技术角度探索了信息服务融合的实现方法;以协同学理论为基础,综合定性与定量角度,分别利用系统动力学方法和结构方程模型方法揭示了产业集群创新发展中信息服务融合的动力与影响因素;同时,按产业集群知识创新价值链的创新阶段性需求,封装组织与之相适应的融合信息服务,嵌入到产业集群协同创新流程之中,并针对不同产业集群创新发展情况,展开信息服务融合案例与实证研究,形成了科学合理的面向产业集群的信息服务融合方案。

严炜炜是一位优秀的博士生,具备坚实宽广的理论基础和系统深入的专门知识,在国内外期刊和国际会议上发表学术论文 30 余篇。得益于博士阶段良好的研究基础,严炜炜博士在武汉大学信息管理学院留校任教后,先后获批了国家社会科学基金青年项目、中国博士后科学基金项目以及武汉大学自主科研项目,并作为主要成员,参与了多项国家项目的研究。本书作为其系列成果的集中反映得以出版,是其今后学术研究的新起点。在此对作者所取得的成果和本书的出版致以深切的祝贺。我希望严炜炜博士能砥砺思想,开拓进取,勇于创新,在奋斗中取得新的成绩。

产业集群协同创新中的信息服务融合组织处于不断发展之中,有许多问题需要进一步探索和实践,因而希望作者在不断深化的研究中有新的成果问世。

胡昌平

2015 年 11 月于珞珈山

CONTENTS 目　录

第1章 导 论

作为国家创新发展体系的重要组成部分,产业集群创新是提升区域创新能力、区域社会与经济发展水平的关键。尽管产业集群所具备的区位优势有利于协同创新活动的开展,但在产业集群创新实践中,分布式创新资源仍然缺乏有效的整合与组织利用。为满足日益复杂化、综合化的产业集群创新需求,避免创新资源的重复建设,减少集群各创新主体在创新活动中获取分散创新资源的工作付出,需要集群各创新主体在创新资源共建共享的基础上,以协同创新发展理念为指导,在信息服务层面以跨系统融合为手段,充分调用产业集群创新资源,并对信息服务按集群创新阶段性需求特征进行组织加工,以推进面向产业集群的跨系统协同创新发展。当前,国内外均逐渐开始重视对信息服务融合的探索,针对产业集群协同创新开展跨系统信息服务融合研究和实践,不仅是推动产业集群创新活动高效运作的迫切需求,也是实现区域创新发展乃至创新型国家战略的必然选择。

本书在梳理国内外产业集群创新和跨系统服务融合研究现状的基础上,以产业集群发展中的创新交互关系演化与信息服务变革为指导,引出产业集群创新发展中的跨系统信息服务融合问题,明确面向产业集群的跨系统信息服务融合需求与发展定位,在探讨产业集群信息服务融合组织架构与技术实现方法的基础上,构建了产业集群信息服务融合平台,继而详细阐述了按知识创新价值链各创新阶段需求进行信息服务融合的实现方法,并通过对光电子信息产业和纺织服装产业进行案例分析，提出产业集群跨系统信息服务融合的推进策略。书中附有图80幅、表14个。全书分为7个部分，主要内容如下：

第1部分，产业集群创新发展与产业信息服务的跨系统融合。产业集群创新对于区域科技创新发展和创新型国家建设具有重要推动作用。产业集群成员组织间的多元化创新交互关系体现出了协同演进的趋势，而依托于协同创新导向下的信息服务变革，信息服务跨系统融合将促进产业集群协同创新活动的有效开展。基于此，本部分内容从产业集群创新结构与集群成员间的交互关系入手，从多学科视角出发，揭示了产业集群发展之中集群协同创新的演进，继而以产业集群协同创新为导向，指出了面向产业集群的跨系统信息服务融合趋势，论述了跨系统信息服务技术由数据整合向信息集成，并最终朝信息服务融合发展的过程。

第2部分，产业集群发展中的跨系统信息服务融合需求与定位。产业集群发展中的跨系统信息服务融合是一个系统化工程，需要产业集群创新主体之间的协同参与，并进行科学的服务融合发展定位。本部分内容在分析产业集群创新主体的差异化信息服务需求的基础上，探讨了协同创新导向下的产业集群信息服务融合组织需求结构，并分别利用系统动力学分析方法揭示产业集群跨系统创新服务融合的因果关系，利用结构方程模型分析方法验证影响跨系统信息服务融合行为的因素，从而明确了产业集群发展中的跨系统信息服务融合任务、功能定位与目标选择。

第3部分，面向产业集群的跨系统信息服务融合架构。依据产业集群协同创新中的跨系统信息服务融合需求与发展定位，跨系统信息服务融合需要分步、有序地开展。本部分内容首先从资源要素和功能要素角度归纳了产业集群创新主体的信息服务融合要素；然后，在分析信息服务融合方式和特点的基础上，提出汲取信息融合、过程融合以及网站融合方式的优势，实现从信息、流程到布局展示的混合融合方式；再进一步在信息服务融合的组织中，阐述了数据层面基于语义的数据融合方式，以及功能层面以产业集群知识创新价值链创新阶段为依托的跨系统信息服务融合架构模式。

第 4 部分，产业集群背景下跨系统信息服务融合的技术实现。为实现面向产业集群的跨系统信息服务融合，本部分内容分别从分布式超媒体系统的架构风格的 RESTful 轻量级接口技术、基于元数据驱动的微件独立部件封装技术、具有流程逻辑性的管道框架体系等层面阐述了信息服务融合的技术实现方法。以此为基础，提出了面向产业集群的跨系统信息服务融合平台建设的目标和构建原则，并按信息服务融合平台的资源层、数据融合层、微件层和微件封装层的分层架构形式，提出了产业集群背景下的跨系统信息服务融合平台构架。

第 5 部分，产业集群创新导向的跨系统融合信息服务的协同推进。产业集群背景下的跨系统信息服务融合平台的利用最终是体现在平台所提供的融合信息服务之上。本部分内容探讨了产业集群融合信息服务的协同推进，其是围绕产业集群知识创新价值链的知识创新、技术创新、创新传播与创新应用四个创新阶段而展开，分别论述了各创新阶段的融合对象与融合流程，并利用 Yahoo! Pipes 工具实现相应信息服务的融合组织。

第 6 部分，产业集群协同创新中的融合信息服务嵌入。融合信息服务在产业集群中的应用需要将其嵌入至产业集群协同创新流程之中。本部分内容在分析信息服务关联组织与嵌入要求的基础上，提出适应于协同创新环节需要的主动式信息提供与知识交互服务流程，并按重组流程分别探讨了融合信息服务的关联与封装组织，同时还从个性化拓展和评价反馈角度分别探索了信息服务融合的个性化设计、定制与推荐，以及服务评价策略和改进措施。

第 7 部分，跨系统信息服务融合的方案实证。为从应用角度揭示信息服务融合在产业集群中的实施策略，本部分内容选取光谷光电子信息产业集群和佛山纺织服装产业集群为例，进行了产业集群信息服务融合的方案实证分析，并分别探讨了各产业集群信息服务融合需求、融合设计与嵌入实施方式，为面向产业集群的跨系统信息服务融合实践提供支撑。

最后对本书进行总结，在提炼主要观点、指出研究不足之处的同时，对信息服务融合发展进行了展望，对面向多元产业集群创新主体的跨系统信息服务融合等后续研究问题进行了进一步探索。

1.1 研究背景与意义

知识经济时代,社会与经济发展依赖于创新系统活动带来的知识生产力的推动①。而随着市场竞争程度的加剧和经济全球化步伐的加速,在信息化环境下的国家创新发展中,为有效提升知识生产力水平,各创新主体正经历着由封闭式、分散式的独立创新方式向开放式、集群式的协同创新方式的转型②。产业集群创新凸显了区域特征和产业特征,为产业集群内创新主体间的跨系统协同和区域产业竞争力的提升创造了条件。针对产业集群创新需求,探讨跨系统信息服务的融合问题,对于产业集群协同模式的变革与优化,以及产业集群的创新发展等都具有极为重要的理论与现实意义。

1.1.1 研究背景

"集群"是种生态学概念,意指处于同一环境中的同种系生物个体,在一定期间内由互动行为作用而集聚,进而形成具有有机联系的集合。可见,集群是一种集聚类型,个体间存在强关联性是集群的本质属性③。区别于产业集聚,产业集群是体现在一定区域范围内的产业活动的集中,其聚集特征不单表现在地理位置上,即某一行业或相关行业在空间距离上较为紧密,集中程度超过平均密度;同时也反映在组织成员间的关系上,即它是企业和相关机构有组织或自组织所形成的产业群落。然而尽管集聚也是描述企业扎堆的状态,但其外延较之集群要更宽泛,它既包括无组织的混合组织群,也涵盖彼此

① 戴布拉·艾米顿著.创新高速公路——构筑知识创新与知识共享的平台[M].陈劲,等译.北京:知识产权出版社,2005:6-7.

② 胡昌平,张敏,张李义.创新型国家的信息服务体制与信息保障体系构建(3)——知识创新中的跨系统协同信息服务组织[J].图书情报工作,2010,54(6):14-17.

③ 王福涛.集聚耦合:创新集群发展动力机制[M].武汉:中国地质大学出版社,2011:23-24.

联系紧密的组织群。

自1949年以来,我国产业集群得到了迅速的发展,这得益于新中国成立初期产业布局的规划建设,实现了大型基础工业项目规划,并逐渐形成了以石油化工、钢铁锻造、重型机械等产业综合体,其经公司化、股份化改造后,逐渐演变成为以大型国有企业为核心的产业集群。改革开放之后,随着沿海地区一批经济特区、经济开发区等的确立,以及国家对"三来一补"业务和外商直接投资的支持,吸引了广泛的海外投资,形成了一批以劳动密集型为特点、承接国际制造产业转移的产业集群。此后,在社会主义市场经济体制的推动下,从体制上扫清了产业集群发展的障碍,通过深化改革和扩大开放举措,配合国家就产学研开展多种形式的经济与技术合作等的政策引导,投资环境与专业化协作水平得到了明显改进,各地产业集群进入了快速发展阶段。而随着政府对高科技产业的逐渐重视,一些地区也根据区域条件规划产业,形成了以高新技术产业为主的现代工业机构和经济科技园区,并逐渐发展为高技术产业园区①。

企业是产业集群的核心成员,在全球经济一体化背景下,其产品的生命周期大幅缩短,这使得企业必须加强自身对市场和外部环境变化的快速反应能力,以适应知识创新的国际化发展潮流。因而,企业所关注的焦点正在从传统的工业化生产而带来的规模效益向由技术、产品和服务更新而带来的创新价值转变,而这种创新价值的根本在于其中的核心知识创新②。创新不是离散的过程,而是创新主体互动和相互依赖的持续过程,这种互动关系体现在竞争与合作两个方面,且共同组成了现代产业组织的基本结构③。出于追求利益最大化的考虑,在市场机制作用下,企业在市场和发展机会的争夺中必然展开竞争。但由于创新的复杂性和不确定性,单一企业或组织的

① 魏江等.中国产业集群发展报告[M].北京:机械工业出版社,2009:21-22.

② 胡昌平等.创新型国家的知识信息服务体系研究[M].北京:经济科学出版社,2011:153-154.

③ 刘静波.产业竞合——合作博弈、网络平台与制度条件[M].上海:上海财经大学出版社,2010:66-68.

有限资源显然已无法满足创新的要求，而企业外部的知识资源则逐渐成为创新的重要基础和源泉，加之产业集群的空间集聚特征，以及信息交流技术与组织技术的发展，这些都为企业或组织间的合作提供了契机和条件。随着产业结构的演化，产业之间的界限正愈发模糊，不仅是高新技术产业，而且传统产业也呈现出技术共用和互动发展的特点①。通过在研发、生产、市场开拓、供应链等环节上与外部行为主体的多元交互，包括企业、科研机构在内的创新主体之间突破了所属系统的限制，实现了创新活动中的广泛交互，并呈现出跨领域、跨系统的特征。

产业集群创新活动参与者除了企业、科研机构等核心创新主体之外，还包括支撑集群发展的创新组织，例如产业技术创新联盟、风险投资机构、科技企业孵化器、公共服务平台等。这些创新组织的功能不仅是服务集群中以企业为代表的创新主体，而且同样能够汇集分布式创新资源、吸引创新人才②。在由产业集群创新活动各参与者所形成的集群创新网络中，通过创新协作弥补各自的不足，依赖于组织外部创新资源的内部化和内部资源的共享化，以获得互补性创新资源，并共同承担创新成本和风险，进而实现区域性基础研究、应用研究、实验发展和产业化推进的网络融合。在竞合互动中，产业集群的创新发展促进了创新资源的网络化传播，加快了产业升级进程，提高了产业整体创新效率和持续创新能力。而这种产业集群的内部共生形式相较企业的垂直一体化而言更具有灵活性，其在推动产业集群实现规模效应的同时，促进了技术扩散与交互式学习的开展③。

然而，在产业集群的创新发展中，尽管集群内成员都拥有各自的创新资源、技术和服务优势，且产业集群从组织结构和资源的协同共

---

① 唐纳德·A. 马灿德等著.信息管理：信息管理领域最全面的 MBA 指南[M].吕传俊，等译.北京：中国社会科学出版社，2002：263-264.

② 张哲.产业集群内企业的协同创新研究[M].北京：人民交通出版社，2011：61-62.

③ 魏后凯等.中国产业集聚与集群发展战略[M].北京：经济管理出版社，2008：328-329.

享方式上正趋向成熟,但集群内成员间的协同创新不仅体现在信息资源层面的共建共享,还应针对产业创新需求,将信息服务乃至知识服务融入产业集群创新互动之中,在服务层面依据创新价值链的阶段性需求和创新流程,对服务进行组织加工,提供面向产业集群创新发展的综合性服务,以适应产业集群的协同创新演化趋势。国际上,诸如美国"网络信息服务基础设施"建设模式①、日本"i-Japan"战略②、俄罗斯"信息社会发展"战略③以及欧盟"数字化议程"④等的提出,说明了发达国家和欧盟等地区性组织均密切关注着面向产业创新发展的信息服务体系重构问题。而我国面向产业的服务总体水平还明显滞后于产业集群发展需要,通过服务方式与手段的创新推进产业集群互动和结构升级是我国提升产业国际竞争力的必然选择。因此,我国也在"十二五"规划纲要中明确提出要深化科技体制改革,全面推进国家创新体系建设,并在此基础上强调了要加快以企业为主体、市场为导向、产学研相结合的创新体系建设,继而围绕产业集群发展推进产业创新战略联盟建设⑤。

另外,我国跨系统的资源共享与服务协同,起初主要表现为图书馆服务中的联合编目与馆际互借,其协同范围与形式主要限于图书情报机构的文献和书目资源上。为避免资源重复建设,消除信息鸿沟,并实现信息资源共建共享的发展,我国包括科技中介、图书情报服务部门等在内的信息服务相关服务部门开始了由以单一部门为主体的封闭服务模式向开放共享的社会化信息服务模式发展的转型,继而推动了跨系统协同服务发展。在国家建设科技基础条件平台的

① Cyberinfrastructure Vision for 21st Century Discovery[EB/OL].[2013-07-18].http://escience.caltech.edu/workshop/CI_Vision_March07.pdf.

② i-Japan 2015[EB/OL].[2013-07-18].http://www.soumu.go.jp/main_content/000030866.pdf.

③ 贺延辉.《俄罗斯信息社会发展战略》研究[J].图书馆建设,2011(10):31-36.

④ Digital Agenda for Europe[EB/OL].[2013-07-18].http://ec.europa.eu/digital-agenda/.

⑤ 国家"十二五"科学和技术发展规划[EB/OL].[2013-07-18].http://www.most.gov.cn/kjgh/.

规划指导下，国家科技文献信息资源与服务平台在财政部、教育部、中国科学院、中国工程院、国家科学基金会、中国科协等有关科技部门的支持下，在全国范围内进行推广与实施。1999年上海成立了上海市文献资源共建共享协作网，由上海地区公共、科研、高校和情报四大系统的19个图书情报机构组成的跨系统信息资源共享与协同服务平台，开展以外文采购协调、馆际互借、联合网上编目、网上联合知识导航站建设等为代表的系列信息资源共建共享活动①。此后包括浙江、江苏、湖北、广东、甘肃等省也建立了区域性的共享平台，推动科技资源共享服务网络的发展，为社会经济的发展奠定了资源与服务共享基础。以跨系统信息服务共享平台为依托，跨系统服务在内容、形式及受关注程度等方面都不断突破，已成为服务于社会化创新发展的重要手段。

从跨系统信息服务的协同组织方式上看，对于跨系统资源数据层面的整合到服务层面的融合方式的转型亦正逐步受重视。数据层面的整合实现了异构数据的共享利用；在数据整合的基础上，信息集成则实现了对分布式资源的组织和管理；而服务融合则是从信息服务角度对信息集成的进一步深化。服务融合来源于"Mashup"技术，其起源于对音乐片段的组合而形成新的音乐，而在信息服务领域则指代对多源信息和服务功能的组合而创建的具有新功能的应用，作为一种轻量级的开发技术，其被广泛应用于面向企业的服务中。在国内的相关研究中，部分学者将其译为"服务融汇"，但《辞海》中将"汇"解释为品类类聚和综合、合并的意思，即"服务融汇"仅表现出了服务类或服务功能等的合并、集成；而"合"不仅有汇聚之意，同时意指协同，即"服务融合"能体现出其对多种服务的重新组织与加工，协同发挥各服务功能，进而形成一种全新的服务，与"Mashup"技术含义更为贴合②。因此，本书对"Mashup"的探讨统一界定为"融

① 上海市文献资源共建共享协作网.协作网简介[EB/OL].[2013-07-18].http://www.libnet.sh.cn/newsirn/.

② 辞海编辑委员会.辞海(缩印本)[M].上海:上海辞书出版社,1980:885.

合”,而考虑到本书所研究的服务融合集中于信息服务领域,故“服务融合”在本书中在无特指的情况下指代的即为信息服务融合。

面对产业结构的演化趋势及跨系统协同创新发展需求,本书提出了以信息服务为基础,以知识服务为支撑,为传统产业的创新升级和高科技产业的创新价值链延伸提供具有可拓展性的综合化服务的目标;在实践中借助信息服务融合手段,合理规划面向产业集群需求结构与创新流程的信息服务融合架构,按需组织融合服务的内容与功能,实现创新服务的个性化定制与交互利用,以促进多元创新主体的协同参与,并提升产业集群创新活力及效率。

1.1.2 研究意义

面向产业集群创新发展的跨系统信息服务融合研究的理论与现实意义在于:

(1)理论意义

产业集群创新发展需要有相关理论作为支撑,其不仅体现在产业集群组织形态与结构层面,同样体现在产业集群的协同关系、互动需求与行为,以及与之相应的服务组织等层面。信息服务作为信息管理和组织的重要环节,其理论研究一直是情报学等领域研究的重点,尤其是对于国家创新发展中的产业集群创新而言,需要在分布、异构的资源与技术环境中,面向集群化的多元创新主体,以跨系统的信息服务组织与管理理论为指导,组织产业集群协同创新服务。归纳起来,本研究的理论意义表现为以下两点:

①拓展面向产业集群协同创新的信息服务理论视角。信息服务的组织与管理强调根据服务对象的需求对信息资源进行加工处理,对于创新活动的有效、有序开展而言,具有极其重要的意义。尤其是在创新价值链各阶段之中,产业集群成员既可以是服务的提供者传播创新资源,也可以是服务的接受者汲取创新知识。面向创新需求的服务组织与提供具有知识性、先进性、专业性与实用性等特点,因此本研究不仅旨在从服务组织内容层面对集群创新主体优势资源进行整合利用;也力求从服务组织方式层面,依据产业集群创新特点和创新流程,拓展具有产业集群特色的信息服务协同理论内容,丰富信

息服务理论研究视角。

②深化基于跨系统协同的信息服务融合理论。跨系统协同信息服务作为一种新型的信息服务组织模式,是协同创新环境下传统信息服务的转型。以协同化的信息服务作为支撑,要求在系统互操作的基础上,实现异构、分布式资源的跨系统组织与融合。跨系统协同信息服务相关理论研究已在国家创新型发展中得到了探索和应用,然而从轻量级服务融合角度实现创新主体之间的协同,是对跨系统协同信息服务理论的深化。同时,信息服务融合理论亦在面向单一主体,如企业的研究中得以应用,而本研究面向产业集群的信息服务融合则进一步拓展信息服务融合组织理论,适应信息服务创新发展的需要。

(2)现实意义

信息服务的组织管理研究不仅具有理论意义,而且其现实意义更为突出。特别是在竞争情报研究中,面对特定对象的信息服务理论的研究与深化更具有其实践价值。因此,在针对产业集群这一社会经济发展的重要组织形式的信息服务研究中,信息服务协同组织与融合的需求和实现方式等方面的探索具有重要的现实意义,具体表现为:

①提高产业集群创新的效率与转化率。信息服务融合是将分散的信息资源与服务进行整合、加工并提供内容综合、功能完整的信息服务手段。在产业集群创新活动中,各创新主体的需求具有行业同质性但又由于分工合作的区别而存在差异性。按照知识创新价值链各阶段任务,将所需资源以信息服务形式进行整合与加工,供创新主体选择或实现主动式推送,从而降低创新资源的搜寻成本,提高产业集群创新的效率。同时,对市场信息的共享与即时反馈,也能辅助创新成果的社会化应用,提升创新知识的成果转化率。

②促进产业集群创新主体间的交互合作。产业集群内部能够通过广泛的交互合作来弥补各自的创新劣势,这种交互合作不是因为地理空间的聚集就可以自发形成的,而是需要有共同的创新发展目标为契机,并谋求共赢的协同方式来实现。因此,产业集群创新发展中的信息服务融合研究从区域性的产业竞争力发展出发,促进了集

群成员间的资源共享，同时通过融合社会网络服务手段，能够实现成员间便捷的交互沟通和全方位的创新协同。

③实现产业集群创新的可持续发展。可持续发展是建设创新型国家战略目标的重要组成部分。信息服务融合作为一种轻量级、动态化的服务手段，适用于具有不同行业特征的产业集群，亦能适应由于技术与服务手段的不断更新而处于不断变化的创新环境。面对创新需求与方式的不断变革，信息服务融合能及时利用创新服务资源，对其内容与功能的重组和加工，并嵌入到集群发展中的创新流程中，实现面向产业集群的信息服务改进，促进产业集群区域竞争力的不断提升。

1.2 国内外研究现状分析

围绕产业集群以及跨系统服务等问题，国内外学者和机构已开展了一系列的研究，并取得了突破性的理论和实践成果。本书主要从国内外有关产业集群及其创新研究与跨系统服务融合研究两方面入手，对现阶段研究内容、方法进行系统归纳，并探索研究发展趋势。为综合考虑相关研究成果的权威性和全面性，本书选取“Web of Knowledge”数据库和“中国知网”的“中国学术期刊网络出版总库”“中国博士学位全文数据库”数据库，分别对国内外相关研究进行统计和分析。

1.2.1 产业集群及其创新研究

早在古典-新古典经济理论中，Smith（1776）所提出的劳动分工论就隐含了集聚思想，其认为劳动分工依赖于由交通所支撑的市场，而劳动分工将影响劳动生产率，进而决定经济水平，即交通这一地理空间因素对经济发展具有重要作用。而Marshall（1890）则率先关注到了产业集聚经济现象，其发现依托于产业组织间集聚所产生的产业氛围，促进了技术知识在产业组织间的传播，进而加速了技术外溢，即产生外部经济效应。在产业氛围的描述中，研究的焦点由单纯的集聚发展为企业间有明显相互关联的集群，并提出了研究集群的基本前提为规模效应递增，尽管规模经济与垄断弊病之间存在矛盾，即著名的马歇尔冲突，但其对集群思想的发展具有极其重大的贡献①。此后，Weber(1929)提出了工业区位理论，从由区域因素和位置因素共同决定的工业区位角度研究聚集经济现象，认为高收益和低成本是企业聚集的成因；Vernon(1966)则从产品生命周期理论角度出发间接解释了企业聚集的形成；Krugman(1991)进一步将企业聚集现象解释为技术创新和制度创新的互动关系所导致的规模收益递增的结果②。而产业集群被正式用以描述某种产业状态，则是源于Porter(1998)，他将其界定为在某一特定领域内互相联系的、在地理位置上集中的公司和机构的集合，包括一批对竞争起重要作用的、相互联系的产业和其他实体③。以此为基础，在经济地理学、演化经济学等非主流理论的相互作用下，产业集群理论思想得以迅速发展。

而对于创新研究，则是由Schumpeter(1912)在《经济发展理论》中首次提出，之后他对创新理论进行了进一步揭示，指出创新是建立一种新的生产函数，实现生产要素的一种新的组合，并归纳了创新的五种情形，分别是技术创新层面的新原料的来源、工艺采用与产品制造，市场创新层面的开拓新的市场，以及制度创新层面的新的组织形式的采用④。在"创新理论"的基础上，Freeman(1987)提出了"国家创新系统"的概念⑤。此后，随着Porter(1990)、Lundvall(1992)、Metcalfe(1995)等对国家创新系统理论研究的完善，国家创新系统的研究范围不断拓宽。产业集群创新作为国家创新体系的重要组成部分，其有利于提升区域经济、科技实力，从而推动对社会的发展。因

---

① 阿尔弗雷德·马歇尔.经济学原理(上卷)[M].朱志泰，译.北京：商务印书馆，1981:23-24.

② 李勇.产业集群创新网络与升级战略研究[M].上海：上海社会科学院出版社，2010:16-17.

③ Porter M.E. Clusters and the New Economics of Competition[J]. Harvard Business Review, 1998, 76(6): 77-90.

④ 约瑟夫·熊彼特著.经济发展理论[M].何畏，等译.北京：商务印书馆，1990:277-279.

⑤ Freeman C. Technology Policy and Economic Performance: Lessons from Japan[M]. London: Pinter Publishers, 1987: 21-23.

此产业集群创新研究也成为创新型国家研究的重点,得到了众多学者的关注。

在利用"Web of Knowledge"数据库检索国外的产业集群创新研究情况时,我们将检索式设置为"标题=(industr * cluster *) AND 标题=(innovati *)",截至2013年7月,共得到272篇。而在"中国知网"对国内的产业集群创新研究情况检索的过程中,以"产业集群"和"创新"作为两个关键词检索获得1339篇,将"产业集群创新"作为一个关键词的结果则有317篇。综合国内外已发表的研究论文,可以将研究内容归纳为以下几点:

(1)产业集群与创新的关系研究

为推动经济全球化背景下产业集群的创新发展,围绕产业集群与创新的关系,国内外学者进行了不同视角的探讨。Dijk(1995)认为,得益于产业集群在市场机遇、企业协作与交互等方面的优势,加之灵活的专业化分工,产业集群为创新提供了传播环境,并不断推动新的创新过程①。Baptista等(1998)则验证了,因企业聚集而产生的外部性有利于创新,而使集群内企业创新较多,并从四个方面解释了产业集群与创新之间的关系,分别是:企业聚集的原因及其局限性;企业所处的技术环境中影响其创新速率的创新机会、创新专用性、知识基础及创新积累;创新的不确定性、复杂性及对基础研究的依赖;集群内的知识溢出与信息共享对创新的影响②。朱英明(2003)提出,产业集群的优势在创新上能够得到良好体现,这包括集群内企业的能力、互动的学习过程以及优越的学习环境③。刘友金(2004)认为,由于产业集群能加速技术进步和技术创新,因而集群式创新模式顺应了产业的集群化发展,其是以专业化分工和协作为基础的同一产业或相关产业的许多企业,通过地理位置上的集中或靠近,产生创新聚集效应,从而获得集群创新优势的

① Dijk V. Flexible Specialization, the New Competition and Industrial Districs[J].Small Business Economics,1995(7):15-28.

② Baptista R.,Swann P.Do Firms in Clusters Innovate More? [J].Research Policy,1998,27(6):525-540.

③ 朱英明.论产业集群的创新优势[J].中国软科学,2003(7):107-111.

一种创新组织形式[①]。Bell 等(2007)等也论证了地理位置上的临近程度会促进企业、企业员工间的知识尤其是隐性知识流动,并改善创新能力[②]。高长元等(2010)则针对高技术虚拟产业集群,从价值网角度论证了集群成员间竞争与合作活动与知识创新过程的交互影响关系[③]。而陈伟丽等(2009)[④]、赵波(2011)[⑤]、胡平等(2012)[⑥]也分别利用实证研究方法分析了产业集群与创新之间的关系,结果证明了产业集群特征、网络结构对创新资源配置、创新绩效和创新活跃性有显著影响。

(2)产业集群创新模式与机制研究

从对产业集群创新行为进行指导与管理的角度来看,提出了产业集群创新模式与机制研究问题。其中,产业集群创新模式的研究主要聚焦于学习与知识创造方面的分析。Capello(1999)认为,集体学习是产业集群成员间互动创新模式的体现,其通过四阶段演化模型揭示了由地域上集中的企业通过稳定的合作形成集体学习环境,并产生良性循环,使集体学习文化得以培育,实现持续创新的过程[⑦]。胡志坚(2000)从国家创新体系角度探讨了产业集群的分类,并对创新模式之间的差异进行了比较[⑧]。刘友金(2002)在分析集群

① 刘友金.集群式创新:中小企业技术创新的有效组织模式[J].经济学动态,2004(5):40-43.

② Bell G.G.,Zaheer A.Geography,Networks,and KnowledgeFlow[J].OrganizationScience,2007,18(6):955-972.

③ 高长元,杜鹏.高技术虚拟产业集群成员企业合作竞争与知识创新的关系研究[J].管理学报,2010,7(2):212-217.

④ 陈伟丽,王雪原.产业集群网络结构与创新资源配置效率关系分析[J].科技与管理,2009,11(3):63-66.

⑤ 赵波.产业集群特征与创新绩效关系实证研究——以陶瓷产业集群为例[J].软科学,2011,25(11):19-23.

⑥ 胡平,周森,温春龙.产业集群网络特征与创新活跃性的关系研究[J].中国科技论坛,2012(10):10-16,57.

⑦ Capello R. SME Clustering and Factor Productivity:A Milieu Production Function Model[J].European Planning Studies,1999,7(6):719-735.

⑧ 胡志坚.国家创新系统——理论分析与国际比较[M].北京:经济管理出版社,2000:76-79.

式创新的优势及其产生机理的基础上，系统地研究了产业集群创新的组织模式与特征，提出了动态循环累进的自组织模型来描述集群式创新中的交流、竞争、合作、分享、评价五个基本阶段①。吴晓波等(2003)研究了我国产业集群的技术创新模式，指出二次创新模式是我国产业集群中的企业最为常用的，其产品创新是渐进性的，集群的资源条件与能力基础使其具有较高的创新成功的可能性②。Fromhold-Eisebith 等(2005)探讨了产业集群创新管理政策制定的两种模式，分别是由上至下实施的显性集群政策以调控集群积极发展，以及可由企业自主掌控的由下至上组织的隐性举措③。魏江(2006)等在对比分析杭州软件产业集群和硅谷产业集群的基础上指出，我国可借鉴模块分包运作模式，为创新的实现构建集群企业间的协同配套网络④。王雷(2013)以全球价值链作为研究背景，对比分析了生产主导型、市场主导型和技术主导型三种集群创新模式，并指出企业的研发能力、外资企业嵌入和集群区域科研院所与高校的密集度等因素都将影响集群创新模式的选择⑤。而对产业集群创新机制的研究则更为宏观，张学伟等(2010)认为产业集群创新机制的构建是产业集群生存发展的内在要求和必要条件，其不仅可稳定集群内在关系、导控集群要素行为，亦可扩大集群整体实力，而创新机制形成的动力则来源于产业集群解决资源供需矛盾、扩大规模效应、提升适应能力和风险抵御能力的需要⑥。Harada(2013)考虑

---

① 刘友金.中小企业集群式创新研究[D].哈尔滨:哈尔滨工程大学,2002:63-64.

② 吴晓波,郑健壮.产业集群技术创新环境与主要模式的研究[J].研究与发展管理,2003,15(2):1-5.

③ Fromhold-Eisebith M., Eisebith G. How to Institutionalize Innovative Clusters? Comparing Explicit Top-down and Implicit Bottom-up Approaches[J].Research Policy,2005,34(8):1250-1268.

④ 魏江,朱海燕.高技术产业集群创新过程模式演化及发展研究——以杭州软件产业集群为例[J].研究与发展管理,2006,18(6):116-121,138.

⑤ 王雷.苏沪浙典型产业集群创新模式比较研究——基于全球价值链的视角[J].科技进步与对策,2013,30(2):51-55.

⑥ 张学伟,刘志峰.产业集群创新机制的形成机理和影响因素研究[J].科技管理研究,2010(2):176-179.

到产业集群不平等性伴随着核心技术创新一同出现，因而其提出了一种竞争平衡机制，并指出需要政策干预以纠正生产要素价格中的错误①。

(3)产业集群创新互动与协同研究

在产业集群创新活动中，通常包含有多元主体间丰富的互动与协同过程。基于此，学者们也对产业集群中的创新互动与协同创新进行了广泛的研究。Halbert(2012)明确了产业集群中团体互动活动的地位，其针对产业集群研究中缺少从集体层面探讨知识在本地和区域组织间协作传播形式的问题，从团体角度研究了巴黎地区数字产业集群成员组织协同创新的问题，其中包括了在集群生命周期早期阶段中创新伙伴的寻求等问题②。易明(2010)论述了产业集群成员拥有的资源和能力具有差异性，这决定了集群成员之间互动过程的互补性和持续性，因而互动不仅能促使集群成员关系制度化，而且可以通过结构协同、环境协同与方式协同作用促进集群创新③。范太胜(2008)阐述了产业集群创新网络的协同创新发展体现在从产学研协同向创新网络协同的发展，及从契约主导型协同向生态型自发性协同发展两个层面，集群技术创新网络与社会创新网络的关系在协同创新中得以增强，同时集群创新绩效也得以提升④。Sandee 等(2010)论证了产业集群中小规模企业的协同创新可为其分摊企业成长过程中成本和风险，其通过调查发现技术变革不仅关系技术成本与收益的比较，也关系到企业技术领域的进入问题，而当技术不可分时，协同作为一种创新手段相对于传统的分层创新更应

---

① Harada T. Focusing Device as Innovation Mechanism and Cluster Growth[J].Economics of Innovation and New Technology,2014,23(1):49-62.

② Halbert L.Collaborative and Collective:Reflexive Co-ordination and the Dynamics of Open Innovation in the Digital Industry Clusters of the Paris Region[J].Urban Studies,2012,49(11):2357-2376.

③ 易明.关系、互动与协同创新:产业集群的治理逻辑——基于集群剩余的视角[J].企业改革与发展,2010(8):166-169.

④ 范太胜.基于产业集群创新网络的协同创新机制研究[J].中国科技论坛,2008(7):26-30.

被产业集群创新所采用①。Perez 等(2011)在对软件产业集群的研究中,证明了集群内各成员间在正式业务联系与协同可显著推动创新能力的提升②。赵进(2011)从生态学角度出发,分别提出了集群成员之间、产业种群之间,以及产业集群与外部环境之间三个层面上产业集群生态系统的协同创新演化模型③。方文超等(2013)以丹麦风电产业为例,探讨了由大学、企业和政府间基于信任、规范和合作的互动创新而构成的三螺旋模型,以及其混合组织界面在产业集群升级中的应用④。

(4)产业集群创新网络研究

产业集群具有网络化特征,其可从产业集群的概念、经济与社会特征、价值链等角度凸显出来。Johnston(2004)认为产业集群可视为网络的子集,其中的网络交互分别产生了基于联盟的交易联系、基于契约的市场联系以及基于信任的社会联系⑤。魏江等(2003)指出,相较一般网络形式,产业集群创新网络具有更低成本;而相较正式联盟,其则具有更长的持续时间⑥。王建国等(2008)将集群创新网络界定为在某一产业集群中,由企业、大学、科研机构、中介服务机构和地方政府等行为主体共同参与而组成,其以技术与制度创新为导向,能促进知识在集群内部创造、储存、转移和应用,并在长期正式

---

① Sandee H., Rietveld P. Upgrading Traditional Technologies in Small-Scale Industry Clusters: Collaboration and Innovation Adoption in Indonesia[J]. The Journal of Development Studies, 2001, 37(4): 150-172.

② Perez C. D., Ozuna A. A., Arriage A. A. Clustering and Innovation Capabilities in the Mexican Software Industry[J]. Engineering Management Journal, 2011, 23(4): 47-56.

③ 赵进.产业集群生态系统的协同演化机理研究[D].北京:北京交通大学,2011:24-25.

④ 方文超,马怀礼.三螺旋互动创新与产业集群升级研究——以丹麦风电产业为例[J].现代经济探讨,2013(6):63-67.

⑤ Johnston R. Clusters: A Review of their Basis and Development in Australia[J]. Innovation: Management, Policy & Practice, 2004, 6(3): 380-391.

⑥ 魏江,申军.产业集群学习模式和演进路径研究[J].研究与发展管理,2003(2):56-60.

或非正式的交流与合作基础上所形成的各种活动和关系的总和①。刘友金等(2011)也认为产业集群竞争力本质上是一种网络竞争力，集群创新网络是区域国际竞争力的重要源泉，其分析了产业集群创新网络结构，并指出集群创新网络的创新优势来源于交易费用节约、价值链共享、资产互补、知识外部性、外规模经济，且集群创新网络在技术创新过程中具有乘数效应②。张永安等(2010)基于产业集群焦点理论，从分包交易、社会关系和创新机制三个角度，构建产业集群焦点企业核型网络结构模型，并分析了其创新网络阶段演进的过程③。林秋月等(2010)利用建模仿真方法，针对利用式创新活动和探索式创新活动倾向，探讨了产业集群创新网络在不同创新活动偏向下的结构特征④。李勇(2010)应用SIR传染模型对产业集群创新网络中的创新传播过程进行了研究，结果显示在不考虑创新本身特点的前提下，创新网络结构决定创新网络上创新传播的临界值，而创新在网络中的传播过程具有层级性，即从传播者向网络中的其他主体渐次传播⑤。李海东(2010)利用社会网络分析法从微观层面研究了集群创新网络结构，并以佛山陶瓷产业集群为例，分析了其集群创新网络的密度、中心度等结构特征，以及集群成员在创新网络中的位置⑥。Choi等(2013)也分析了学习、创新行为与集群网络结构之间的关系，其中无标度网络拥有最佳的枢纽组织结构使它具备最好的学习与创新能力，而适当的开放性能保持集群网络的多样性，以维持

① 王建国，刘珂.基于集群创新网络的产业集群升级研究[J].盐城师范学院学报(人文社会科学版)，2008(1)：33-39.

② 刘友金，叶文忠.集群创新网络与区域国际竞争力[M].北京：中国经济出版社，2011：84-85.

③ 张永安，付韬.焦点企业核型结构产业集群创新网络演进模式、问题及对策研究[J].软科学，2010，24(2)：64-69.

④ 林秋月，王文平，王娇俐.产业集群创新网络结构特征的仿真分析——基于March利用式-探索式创新分析框架[J].管理学报，2010，7(7)：1015-1020.

⑤ 李勇.产业集群创新网络与升级战略研究[M].上海：上海社会科学院出版社，2010：109-111.

⑥ 李海东.基于社会网络分析方法的产业集群创新网络结构特征研究——以广东佛山陶瓷产业集群为例[J].中国经济问题，2010(6)：25-33.

集群创新绩效在较高水平上①。Casanueva 等(2013)指出,企业在产业集群创新网络中的位置将会影响产品创新,不论是集群隐性或显性知识网络中,处于中心位置的企业对产品创新最为重要,而位于结构洞位置的企业则相对次要②。

(5)产业集群创新绩效研究

集群化对企业创新绩效的影响同时表现在需求与供给两个方面。从需求上看,集群化促使产业建立市场优势,形成规模效应,企业可提供创新信息和技术的同时,为集群内其他企业服务,同时集群降低了用户的市场搜寻成本,进而形成用户的聚集反过来使企业受益;从供给上看,同一地区聚集的从事相似生产活动的企业,可以促进产业化分工的深化,专业化分工有利于在某一专门领域内形成较强的能力,促进专业知识积累③。针对产业集群创新绩效的量化问题,朱斌等(2004)为高新区产业集群持续创新能力的评价构建了指标体系,并利用多指标模糊评价法对上海、南京等高新区进行了实证研究④。张危宁等(2006)在创新系统的评价体系研究的基础上,从集群经济绩效、集群社会绩效和集群成长性角度构建了高技术产业集群创新绩效评价指标体系⑤。Arvarnitis 等(2009)论证了企业与高校、研究机构合作网络和企业的创新绩效之间的显著相关性⑥。

---

① Choi J., Sang-Hyun A., Cha M.S. The Effects of Network Characteristics on Performance of Innovation Clusters[J]. Expert Systems with Applications, 2013, 40(11): 4511-4518.

② Casanueva C., Castro I., Galán J.L. Informational Networks and Innovation in Mature Industrial Clusters[J]. Journal of Business Research, 2013, 66(5): 603-613.

③ 魏后凯等.中国产业集聚与集群发展战略[M].北京:经济管理出版社,2008:220-221.

④ 朱斌,王渝.我国高新区产业集群持续创新能力研究[J].科学学研究,2004(5):529-537.

⑤ 张危宁,朱秀梅,柳青等.高技术产业集群创新绩效评价指标体系设计[J].工业技术经济,2006,25(11):57-59,88.

⑥ Arvanitis S., Woerter M. Firms' Transfer Strategies with Universities and the Relationship with Firms' Innovation Performance[J]. Industrial & Corporate Change, 2009, 18(6): 1067-1106.

胡蓓等(2008)利用BP神经网络理论,从知识流动、技术创新能力和创新环境等角度,模拟了产业集群创新能力的专家评价过程①。郑海涛(2012)以企业网络结构、企业成员集聚程度、技术创新绩效以及外部社会资本为主要变量,设置研发投入强度和企业规模为控制变量,构建起一个综合的整体理论框架,结果显示企业集聚程度对企业技术创新绩效不存在直接显著正向影响,且证明了地理位置上的集聚还需要建立特定的联系和互动机制才会促进技术创新②。

1.2.2 跨系统服务融合研究

面对“情报危机”所带来的情报积累与利用之间的尖锐矛盾,用户需要获取经过科学组织和序化操作,并以便于其利用的形式提供的情报来服务于科学技术与经济发展③。显然,在信息技术迅猛发展和信息资源的爆炸式增长的环境下,来源于单一服务主体的信息服务已经很难满足用户的需要,信息服务的社会化转变对国家、区域创新发展中的信息服务提出了重组要求,即需有效地集成利用来源于第三方组织或机构的跨系统资源,以对用户需求做出快速反应,并将信息资源和信息服务嵌入到用户所在的科学研究与学习环境当中,也由此逐渐形成了以信息服务的跨系统组织为核心的组织协同和共享服务平台构建需求。信息技术,特别是面向服务架构(SOA)的发展为跨机构、跨系统和跨平台的服务灵活调用提供了支撑。然而随着系统、平台服务的逐渐增多,信息服务也出现了重复建设问题。为降低开发成本、提升跨系统服务的环境适应能力,跨系统服务融合研究多从信息服务的角度出发,已逐渐成为国内外研究者所关注的焦点。

在统计国外的跨系统服务融合的研究情况时,我们依旧选取“Web of Knowledge”数据库进行检索。首先,在统计服务融合相关

---

① 胡蓓,古家军.基于BP神经网络的产业集群创新能力评价实证研究[J].科技进步与对策,2008,25(7):144-147.

② 郑海涛.产业集群网络结构与企业创新绩效关系研究[M].广州:华南理工大学出版社,2012:155-157.

③ 严怡民等.情报学概论(修订版)[M].武汉:武汉大学出版社,1994:6-8.

方面的成果时，由于本书所讨论的服务融合技术即为国外的是mashup技术，因此我们将检索式设置为“标题=(mashup)”，截至2013年7月，共得到178篇，为进一步细化研究范围，探索其研究与跨系统和协同研究的结合点。我们将检索式设置为“标题=(cross-system) OR 标题=(collaborat*)”，并在之前得到的结果中搜索，一共获得了7篇文献，其研究主要面向企业文件开放合作和协作浏览系统的服务融合。而对于国内的研究现状则同样采用“中国知网”，考虑到当前研究中国内部分学者将mashup界定为服务融汇，因此，我们综合mashup、服务融合和服务融汇进行相关检索，在对检索结果进行人工选择并剔除不相关文献后，共获得214篇，而主题还涉及跨系统或协同特征的研究则只有3篇。综合国内外已发表的研究论文，可以将研究内容归纳为以下几点：

(1)服务融合内涵、对象与机制研究

在现有的研究中，服务融合是在与传统的信息集成开发手段进行对比的基础上提出的。Hoyer等(2010)将SOA开发模式与服务融合模式从适用范围、处理过程和用户三个视角进行了对比，并指出服务融合是一种解决面向服务的信息系统执行过程中新出现的需求的手段①。Patel等(2012)将融合开发方法与敏捷开发、基于部件的开发以及面向方面的开发方法进行比较，指出融合开发是种利用多源数据和开放APIs的快速、简易集成开发方法，其在现有应用的开放利用与重用，以及消减开发成本等方面具有显著优势②。而国内对服务融合的研究是基于mashup的研究拓展，李春旺等(2008)认为，现代信息服务在经历数字化、网络化发展阶段之后，开始走上跨平台系统、跨组织机构的全球集成化发展道路，并最终形成支持知识创造力融合的信息服务体系，进而将融合区别于以往的信息组织与服务组

① Hoyer V., Stanoevska-Slabeva K., Vom Brocke J. On the Contribution of Reference Modeling for Organizing Enterprise Mashup Environments [C]. Business Process Management Workshops, 2010: 695-706.

② Patel A., Seyfi A., Taghavi M., et al. A Comparative Study of Agile, Component-Based, Aspect-Oriented and Mashup Software Development Methods [J]. Technical Gazette, 2012, 19(1): 175-189.

织概念,解释为一种基于网络的、可复用的、轻量级的内容集成,其本身是一个资源选择、过滤、重组过程,它可以帮助克服信息过载、支持一站式获取个人需求的相关信息①。此外,李春旺(2009)还将融合对象的类型从数据层面、功能层面和表示对象层面进行了划分②。

(2)服务融合组件、接口技术标准研究

服务融合的主要组件是微件(Widget),其按一定的规范进行封装,用于显示、更新本地数据或网络数据,其既可被方便地嵌入到Web页面中,也可作为独立的客户端应用程序运行在Web浏览器之外。由于信息环境与技术的不断变化,也就产生了新技术标准与规范制订的要求,如有关面向知识组织和知识交流的标准规范、面向信息服务集成的标准规范、面向跨界信息集成服务的标准规范等。目前,存在多种微件标准规范,学者们也对其中不同规范的微件结构进行了研究。刘芳等(2009)以Netvibes的UWA规范和W3C的微件规范为例,探讨了微件体系结构亦即跨平台操作规范③。此外,Lachenmaier等(2013)指出从开发者而言,为适应接口多样性及变更的灵活性的需要,服务融合接口设计应与设备无关,且应采用通用的数据模型以统一多源数据,基于HTTP协议实现网络应用数据交换的REST类应用程序接口是服务融合的主要手段;事件机制与允许高层访问数据的框架的应用可以确保数据即时更新,且其交换在客户端和服务器被屏蔽;高速缓存技术则可以保证永久和快速访问数据以提升性能和可靠性,其中缓存的接口和实时数据应在融合应用接口中被完全抽象④。

---

① 李春旺,肖伟.集成融汇:概念、模式与应用[J].现代图书情报技术,2008(12):22-26.

② 李春旺.图书馆集成融汇服务研究[J].现代图书情报技术,2009(12):1-6.

③ 刘芳,李春旺,王昉.Mashup组件技术研究[J].现代图书情报技术,2009(12):7-11.

④ Lachenmaier P., Ott F., Koch M. Model-Driven Development of A Person-Centric Mashup for Social Software[J].Social Network Analysis and Mining,2013,3(2):193-207.

(3)服务融合模式与架构研究

在服务融合模式与架构的相关研究中,李峰等(2010)针对科研人员的跨界信息检索需求,在定义数据融合工作流与融合结果对象的数据结构的基础上,实现了基于数据层融合的跨界检索服务①。López 等(2009)使用数据联邦/中介模式表达数据融合逻辑,使用 RESTful 架构风格组织通用的、可重用的部件,并结合 Java 标准门户技术实施融合应用界面设计②。王科等(2010)利用表示层服务融合模式构建了 iLibrary 系统,集成了国家科学图书馆、其他图书馆与出版商服务和谷歌等第三方系统,提供综合的门户社区服务功能③。Ort 等(2007)将服务融合架构模式划分为服务器端融合模式和客户端融合模式,并对两种模式分别进行了归纳与阐述④,⑤。在此基础上,Gurram 等(2008)与 Schuster(2010)等,分别基于浏览器的应用架构环境和运行程序,简化了现有的、复杂的企业平台和服务,并注重开放标准和对第三方部件的整合,实现了由概念到部署的面向企业平台融合应用和协作工作环境构建⑥⑦。而考虑到被普遍使

① 李峰,李春旺,孙媛媛.跨界数据融汇模型研究[J].现代图书情报技术,2010(11):24-29.

② López J.,Bellas F.,Pan A.,et al.A Component-Based Approach for Engineering Enterprise Mashups[C].9th International Conference on Web Engineering,ICWE,2009:30-44.

③ 王科,纪姗姗,刘芳等.iLibrary:表示层集成融汇服务及系统实现[J].现代图书情报技术,2010(11):30-36.

④ OrtE.,BrydonS.,Basle M.Mashup Styles,Part 1:Server-Side Mashups[EB/OL].[2013-07-25].http://www.oracle.com/technetwork/articles/javaee/mashup-1-142202.html.

⑤ OrtE.,BrydonS.,Basle M.Mashup Styles,Part 2:Client-Side Mashups[EB/OL].[2013-07-25].http://www.oracle.com/technetwork/articles/javaee/mashup-2-140412.html.

⑥ Gurram R.,Mo B.,Gueldemeister R.A Web Based Mashup Platform for Enterprise 2.0[C].Web Information Systems Engineering,WISE,2008:144-151.

⑦ Schuster N., Stein R., Zirpins C. A Mashup Tool for Collaborative Engineering of Service-Oriented Enterprise Documents[C].Information Systems Evolution,2011:166-173.

用的客户端融合在技术上存在安全和程序可扩展和可维护性等方面的限制，王辉等(2010)在服务器端设计了融合应用平台，以进一步节约开发成本①。此外，马振萍(2011)还探讨了利用 Mashup 收割模式实现从非开放的结构化或非结构化资源中提取信息的方法②。

(4)基于语义的服务融合研究

在富客户端环境中，用户面临的最大困难之一是在一个大的部件目录中找到兼容且互补的组件，这些可重用的组件往往由不同群组，在不同时间采用不同技术和编程约定构建而成。Ngu 等(2010)认为，采用语义网和网络服务匹配技术可以有效解决这一问题，其利用 SAWSDL 技术，在 WSDL 消息组件中添加语义参考模型，使部件属性可以被更好的用建模与语言描述；此外运用检索和匹配算法量化应用部件的兼容性以选择网络服务，并利用数据流弧实现服务融合③。李峰(2010)也对基于语义的服务融合进行了研究，提出将服务融合技术与语义网技术相结合，基于对象的语义描述建立对象间的语义关系，以支持不同资源间的语义映射与推理，并对语义标注方式、协议规范和基于本体的融合推理技术进行了探讨，从而实现复杂语义层面的信息对象的融合④。陆璐莹(2008)针对 Mashup 缺乏语义信息提出了基于语义 Web 的 Mashup 四层架构，分别是页面显示层、业务逻辑层、语义处理层以及服务实现层⑤。Nachouki 等(2011)提出了一种基于多源异构数据融合的方法，其对网络异构信息提取中产生的冲突，利用基于本体的语义调和方法实现多源数据的融合

---

① 王辉，高成英，刘宁.服务器端 Mashup 开发平台的设计与实现[J].计算机工程,2010,36(10):262-264.

② 马振萍.Mashup 收割模式及其应用[J].情报杂志,2011,30(6):126-128.

③ Ngu A.H.H., Calson M.P., Sheng Q.Z., et al. Semantic-Based Mashup of Composite Applications[J].IEEE Transactions on Services Computing,2010,3(1):2-15.

④ 李峰.语义 Mashup 技术研究[J].现代图书情报技术,2010(1):46-50.

⑤ 陆璐莹.Mashup 与语义网络结合的研究与应用[J].电脑知识与技术,2008,2(16):1351-1352.

并对结果进行综合利用①。Jung(2012)在协同浏览系统的设计中,集成多源异构信息并构建了语义融合表,其中的适配器集将语义转换为易理解概念②。孟健等(2010)强调了服务总线层和逻辑层在融合服务架构中的核心地位,其中逻辑层同样利用语义网技术实现异构数据融合③。此外,有关基于语义的服务融合研究项目还包括:KC3 Browser,其采用基于知识模型元数据标注的一个语义融合浏览器,可实现语义资源、内容资源、可视化资源等的融合,为用户知识存取提供语义链接浏览④;Bio2RDF,其综合利用本体编辑工具、RDF图观察器、三元组库以及语义浏览器等工具,将数据源转换成 RDF 格式文档,存储在三元组库中,并进行语义分析和基于 SeRQL 的语义查询,实现了生物信息学数据的集成融合⑤;美国 BBN 公司则在利用 SPAR-QL 和 RDF 定义约束和模型的基础上,直接从基于 REST 架构的服务终端中检索、更新 RDF 数据的目标,实现语义集成融合⑥。

(5)服务融合的社会化发展与利用研究

随着社会化服务工具与软件的迅速发展,网络信息服务的社会化功能应用拓展正逐渐成为热门的研究方向,而服务融合中的社会化发展与利用也受到了学者们的关注。Lachenmaier 等(2012)系统阐述了社会化服务融合概念,其中以标签作为元数据核心概念,以多

① Nachouki G., Quafafou M.Mashup Web Data Sources and Services Based on Semantic Queries[J].Information Systems,2011,36(2):151-173.

② Jung J. J. Collaborative Browsing System Based on Semantic Mashup with Open APIs[J].Expert Systems with Applications,2012,39(8):6897-6902.

③ 孟健,张李义.一种基于 REST 服务和 Mashup 的分布式商品信息集成模型[J].现代图书情报技术,2010(1):15-21.

④ Iwazume M., Kaneiwa K., Zettsu K., et al.KC3 Browser: Semantic Mash-up and Link-free Browsing [EB/OL]. [2013-07-24]. http://wwwconference. org/www2008/papers/pdf/p1209-iwazume.pdf.

⑤ Belleau F., NolinM. A., TourignyN., et al. Bio2RDF: Towards a Mashup to Build Bio-informatics Knowledge Systems [J]. Journal of Biomedical Informatics, 2008,41(5):706-719.

⑥ Battle R., Benson E.Bridging the Semantic Web and Web 2. 0 with Representational State Transfer (REST)[J].Journal of WebSemantics,2008,6(1):61-69.

元属性追踪资源的原始状态和经重新组织后的变化,进而构建以用户为中心的社会化网络工具数据模型,并在此基础上构建了模型驱动的融合解决方案①。服务融合的社会化发展不仅体现在社会化软件服务的功能融合上,如 MySpace 与 Facebook 联合发布了 Mashup 同步功能,使用户可以在两个社交平台上共享个性化娱乐和交互功能;也体现在其对开放平台和个性化门户构建的支撑上。社会化网络环境下,大多数社会网络服务是基于 REST 架构模式提供可用于服务融合的开放的 APIs。Paredes-Valverde 等(2012)将 Delicious、Digg、Myspace、Youtube、Flickr、Picasa、Slideshare 等热门的社会网络应用进行融合,组建了 4 个融合应用②。翟晓娟等基于 OpenAPI 和 SOA,融合文献信息服务、用户借阅服务、联合目录、地图服务等,设计了基于个性化需求的图书馆开放平台③。曾满江等(2011)采用前端模型-视图-控制器(Model View Controller,MVC)模式以及服务组件架构实现了服务融合在数字图书馆门户构建中的应用,使用户可以组织个性化的服务门户④。此外,服务融合技术还在用户社会化网络环境下的学习系统之中得以应用。例如,由德国亚琛工业大学研发的基于 RESTful 的个人学习环境框架(Personal Learning Environment Framework,PLEF)为学习用户融合了多源学习组件的学习共享空间⑤;英国致力于教育与科研的联合信息系统委员会

① Lachenmaier P., Ott F., Koch M. Model-Driven Development of a Person-Centric Mashup for Social Software[J].Social Network Analysis and Mining,2013,3(2):193-207.

② Paredes-Valverde M.A., Alor-Hernández G., Rodríguez-González A., et al. Developing Social Networks Mashups: An Overview of REST-Based APIs[C].The 2012 Iberoamerican Conference on Electronics Engineering and Computer Science, 2012:205-213.

③ 翟晓娟,聂娜.满足用户个体需求的图书馆开放平台设计[J].大学图书馆学报,2011(6):26-33.

④ 曾满江,李勇文.利用基于 Mashup 的轻量级应用集成框架构建数字图书馆门户[J].现代图书情报技术,2011(3):88-93.

⑤ Chatti M.A., Agustiawan M.R., Jarke M., et al.Toward a Personal Learning Environment Framework[J].International Journal of Virtual and Personal Learning Environments,2010,1(4):66-85.

(Joint Information Systems Committee,JISC)的学生自主学习与社交网站项目(Student Personal Learning and Social Homepage,SPLASH),其中亦利用微件实现了新闻、书目资源、在线学习模块、社交应用的融合①。

(6)服务融合工具及其应用研究

服务融合对用户编程能力的门槛较低,迄今为止,已经出现了多种服务融合工具。Yahoo! Pipes,一种托管服务融合工具,为实现网页、网络订阅源和其他网络服务的融合提供图形用户界面(Graphical User Interface,GUI);Microsoft Popfly,一种基于可视化编程环境的融合工具,其可让终端用户通过简单的连接多个块以开发他们所需的融合应用;Serena Business Mashups,利用可视化的工作流编辑器,促进协同业务应用的创建以支持工作流的自动化;Marmite,一个基于工作流的融合工具,在经过运算符处理的数据在数据流架构中得到利用,实现从网络中提取数据和创建应用;IBM Mashup Center,为了让更多不具有编程能力的用户能够使用,其限制了可以构建的融合应用的复杂性;Google Mashup Editor 利用基于文本域特定语言的网络编辑器帮助用户创建信息融合和数据处理;Inter Mash MakerMashmaker,其嵌入用户浏览器中,为用户推荐可应用与当前页面的融合服务以拓展页面功能②。此外,还包括其他一些融合工具,如:WaveMaker Studio,Karma,Vegemite,iGoogle,OpenKapow,AboveAllStudio,Dapper,JackBuilder,aRex 和 RSSBus。针对这些工具,国内外学者也进行了研究。Grammel(2010)将当前普遍应用的融合工具按融合服务开展基础划分成了三类,即基于信息、流程和网站的融合,并对各工具进行了对比分析③。Meditskos 等(2011)利用 Yahoo! Pipes 工具

① JISC.Student Personal Learning and Social Homepage[EB/OL].[2013-07-23].http://www.jisc.ac.uk/what wedo/programmes/elearningcapital/tsle/splash.aspx.

② Ennals R.Mashups with Intel® Mash Maker[EB/OL].[2013-07-25].http://software.intel.com/en-us/articles/mashups-with-intel-mash-maker.

③ Grammel L.,Storey M.A.A Survey of Mashup Development Environments[C].The Smart Internet,2010:137-151.

中基于 JSON 的元服务模块实现与 UDDI 仓储之间的交互以融合语义 Web 服务①。胡昌平等(2013)在归纳用户科学研究的信息需求的基础上,也利用 Yahoo! Pipes 工具融合概念图工具、知识图谱工具以及电子资源门户服务以实现面向用户科学研究的个人数字图书馆服务融合②。

1.2.3 研究现状评析

从前述的有关产业集群创新以及跨系统服务融合的相关研究现状的归纳与阐述中可以发现,从产业集群角度来看,地理位置上的集聚能够产生成本经济优势,其是产业集群形成的原因之一,但集群地点的选择则在一定程度上具有偶然性,而产业集群成员间的分工合作与互动关系的形成则相比地理位置的临近所带来的聚集特征更进一步的决定了其集群性质,尤其是以集群网络的组织形式,突出了成员间组织和业务层面的关联性;从创新角度来看,封闭式的创新形式限制了创新水平与能力,其创新应用的推广也难免受到局限,而开放式创新则增加了知识创新活动中的交互与协同行为,也促进了知识的传播与利用,由组织内部的封闭式创新向产学研合作的开放式创新发展在创新型国家的建设中已成为创新的主流方式;从跨系统服务角度看,从数据层面的共享,到信息层面的集成,再到信息服务层面的融合,跨系统服务研究与应用视角的提升凸显出社会化发展中用户需求的演变特征,即对于跨系统协同的表现形式和实现手段更注重其信息服务功能与应用能力,凸显其与实践价值。图 1-1 显示了产业集群组织形式、创新方式和跨系统服务手段三个视角的研究演进过程。

然而,这三个研究视角并不是孤立存在的,而是相互间存在着交叉互动,其各研究方向的细化与交融也正是对研究问题进行深入提

① Meditskos G., Bassiliades N.A Combinatory Framework of Web 2.0 Mashup Tools, OWL-S and UDDI[J].Expert Systems with Applications, 2011, 38(6): 6657-6668.

② 胡昌平,严炜炜.面向科学研究的个人数字图书馆服务融合[J].中国图书馆学报,2013(4):93-101.

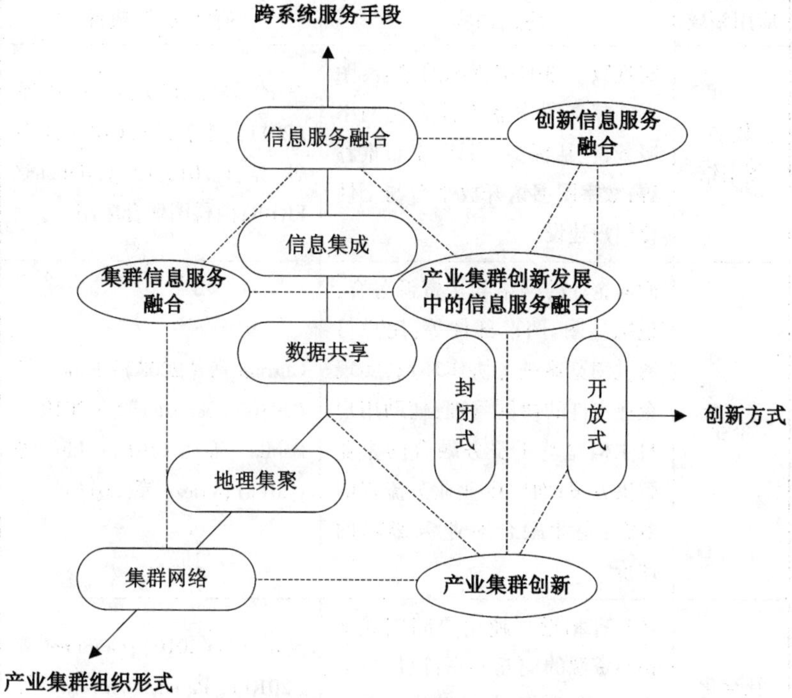

图 1-1 产业集群创新与服务融合研究交叉演进

炼与探讨的过程。如图 1-1 所示，一方面集群网络为开放式创新提供了创新传播的载体，其具有成本控制与风险分摊等优势特征，并以知识外溢的形式加快了知识创新与创新传播的速度，进而形成产业集群创新网络的研究。另一方面，从跨系统服务组织上看，现有信息服务融合技术主要应用领域为企业，而数字图书馆领域也得到了国内学者们的关注；此外在社会化网络、在线学习、移动互联网以及医疗保健等研究领域中，也对信息服务融合进行了广泛的应用探究（如表 1-1 所示）。在将信息服务融合视角从单一实体研究对象拓展为集群网络研究对象，并将跨系统信息服务融合出发点定位为服务于开放式创新活动后，最终形成了本书的研究视角，即研究产业集群创新发展中的信息服务融合问题。

表 1-1 **信息服务融合研究领域**

应用领域	应用内容	研究文献/项目
数字图书馆	实现数字图书馆资源的整合;图书文献资源中嵌入社会化网络服务,包括标签、书评、书目推荐等;数字图书馆开放平台与个性化门户建设	李凌等(2009);王卫军(2011);李春旺(2010);沈奎林等(2010);Variations/FRBR;国科图融合应用
企业	面向企业的网络异构资源融合,包括地图、图形部件等;用户可通过浏览器进入协作环境,实现企业文件的协同管理;辅助用户自主构建基于服务融合的企业解决方案;面向企业业务流程的融合;企业融合对业务影响的评价	Gurram 等(2008);López 等(2010);Schuster 等(2010);Pahlke 等(2010);Liu 等(2011);Vrieze 等(2011)
社会化服务	在具有相近兴趣用户间实现知识与资源的交互共享;以用户为中心的社会化软件服务功能融合;开放化服务融合工具比较与应用	高永兵等(2010);Grammel 等(2010);Paredes-Valverde 等(2012);Lachenmaier(2013);Jung(2012);
在线学习	个人学习环境整合学习资源,融合学习工具与软件;移动学习平台实现实时教学互动	任刚(2010);Chang(2012);吴支训(2011);Isaila(2011);PLEF;SPLASH
其他	移动互联网内容服务融合应用;医疗保健融合应用,实现医疗维基、医疗社会网络服务等的融合	闵栋等(2009);朱浩(2011);Sadeghi 等(2011);Chudnovskyy 等(2011);Bio2RDF

尽管现有研究已分别从产业集群、创新和跨系统服务三个层面已取得了许多代表性成果,也在一定程度上解决了其中的部分交叉问题。但在面向具有集群性质的多元用户跨系统服务融合的研究中还存在许多亟待解决的关键问题:

①产业集群分散式创新服务的瓶颈。尽管产业集群实现了成员组织间部分的分工合作与协同创新,但协同创新模式单一,依然停留在资源的共享与主动的创新合作层面,创新服务功能重复建设且分散于各创新主体内部,未能从信息服务层面加以良好的融合利用,未能有效整合发挥各创新主体的信息服务优势以形成集群竞争力。

②产业集群信息服务融合动因与影响因素理解的缺乏。现有研究多从组织形式上研究产业集群的互动,或阐释集群对成本控制与知识传递的作用,未清楚揭示产业集群与信息服务融合的内在关联,因而也未能分析创新发展中信息服务融合的需求引动,更未探索影响信息服务融合效果的因素。

③信息服务融合研究对象的局限。当前信息服务融合主要依靠其灵活性、可拓展性面向单一主体动态的需求,其服务融合面向的对象依然以企业为主,又或其他单一的创新主体,未面向集群用户等多元用户主体的个性化需求,组织跨系统信息融合服务。

④信息服务融合实践价值的不足。产业集群创新能提升区域产业竞争力,并拉动国家创新水平。然而,信息服务融合多从功能性集成出发,未能从宏观产业集群创新发展角度,围绕协同创新流程将信息融合服务嵌入其中,缺少面向集群式创新用户的信息服务融合实践案例作为指导,一定程度上制约了服务融合的实践价值。

结合上述的国内外现有研究中的不足与空白之处,本书将立足于产业集群创新和跨系统服务融合基础理论研究,在分析产业集群创新发展中的协同需求的基础上系统探索组织成员间跨系统信息服务融合的动因、驱动要素、影响因素、融合架构与服务推进等内容,并结合我国产业集群创新实践,进行融合方案的实证研究。

1.3 研究内容与方法

以前文归纳的研究背景和研究现状为基础,本书立足于当前产业集群创新研究中在信息服务融合层面的空缺,明确了本书的研究内容与研究方法。

1.3.1 研究内容

从研究内容的确定过程来看,本书遵循由提出问题,到分析问题,再到解决问题的逻辑思路,面对创新型国家建设发展大背景下的产业集群创新发展要求,利用多学科相关基础理论揭示当前产业集群创新发展演化趋势,并提出产业集群协同创新及与之相适应的服务融合问题。在面向产业集群创新的跨行业、跨系统交流与合作中,提出了为达成集群协同创新目标而融合分布性信息服务的需求,并结合系统动力学方法和结构方程方法揭示了信息服务融合的动因及影响服务融合行为的关键要素,总结出协同创新导向下的产业集群信息服务融合发展定位。依据信息服务融合目标和产业集群创新主体优势资源与服务,归纳信息服务融合要素和融合方式。在此基础上,构建面向产业集群的跨系统信息服务融合框架和信息服务融合平台,并利用 Yahoo! Pipes 软件按创新阶段组织融合信息服务,最后将其嵌入产业集群协同创新流程中,并用产业信息服务融合实践作为案例进行说明。本书的研究框架如图 1-2 所示。

1.3.2 研究方法

本书有关产业集群创新发展中的跨系统信息服务融合的研究,涉及情报学、社会学、经济学和计算机科学等跨学科领域,以定性与定量研究相结合的方式为依托,综合应用研究述评、实证分析、功能分析与案例分析等方法。

(1) 文献述评法

通过检索获取国内外相关领域研究文献,对本书研究范畴所涉及资料进行综合归纳,把握该领域的发展态势与前沿动向,以此为背景确立本书的研究基点与思路。

(2) 实证分析法

基于理论研究构建跨系统信息服务融合影响因素结构方程模型,利用问卷调查方法收集用户评价数据,以进行跨系统信息服务融合影响因素模型的验证和分析。

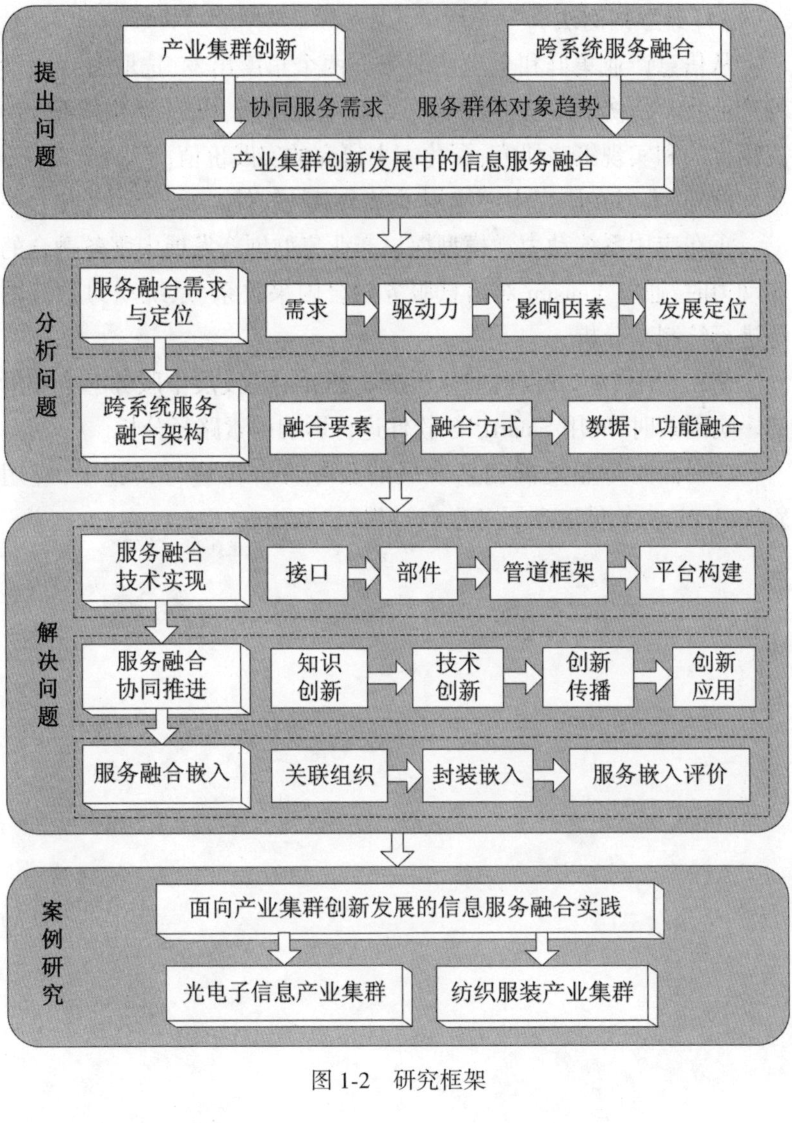

图 1-2 研究框架

(3) 功能分析法

明确产业集群协同创新中的跨系统信息服务融合为分析对象，研究信息服务融合资源要素与功能要素的选择、再组织与封装方式，揭示各融合信息服务的内部组成要素之间的结构与相互作用方式，以说明产业集群协同创新活动中融合信息服务的功能应用。

(4)典型案例法

从信息产业集群和金融产业集群两个角度出发,选取有代表性的产业集群服务融合案例进行介绍和全面剖析,以进行本书研究的应用推广和实现策略研究,深化本书研究的实践价值。

此外,本书在研究中还应用了以下工具软件:

①在应用系统动力学模型探讨产业集群创新发展中服务融合的驱动力时,通过 Vensim 对信息服务融合因果关系、系统动力学流图等进行绘制和分析。

②在利用结构方程模型分析产业集群创新发展中服务融合效果的影响因素时,应用 SmartPLS 软件进行影响因素路径分析。

③在面向产业集群创新发展的服务融合构建与实施中,应用 Yahoo! Pipes 软件实现服务融合过程。

第2章　产业集群创新发展与产业信息服务的跨系统融合

经济全球化发展背景下,区域创新能力是决定该区域国际市场竞争力表现的关键,因而产业集群的创新发展也成为国家创新发展环境下不可或缺的组成部分。产业集群的组织结构决定了其交互关系和合作优势,企业网络、社会资本、组织学习、复杂系统等理论越来越多地融入到产业集群研究中来。而为了推动产业集群的创新发展,从信息服务层面满足产业集群的创新需求是极为关键的。在协同创新发展理念的指导下与跨系统技术的支撑下,以产业信息服务的跨系统融合为手段,充分调用产业集群创新资源,是推进产业集群发展中跨系统协同创新的有效途径。

2.1　产业集群创新结构与集群交互关系演化

产业集群作为一种支持并产生创新的区域性开放系统,是区域性创新结构的体现,其由地理上相互分工与关联的创新主体有机结合而成,目的在于提高区域范围内的科技创新水平,推动区域竞争力以及区域经济发展速度的提升①。依托于产业集群创新结构,产业集群成员组织之间开展了丰富的以创新为目标的竞争与合作活动,

---

①　赵忠华.产业转型背景下产业集群演化路径研究[M].北京:经济管理出版社,2012:30-31.

其多元化的交互关系亦处于演变发展之中。

2.1.1　产业集群构成及其创新行为

从产业集群的形成机制与创新发展环境来看，主要存在四种产业集群类型，分别为自发成长型、规划引导型、资源驱动型和产业转移型产业集群①，如表 2-1 所示。

表 2-1　**产业集群类型对比**

产业集群类型	产生条件	产生途径	产业类别	典型代表
自发成长型	产业积淀	自下而上	原生型	浙江轻工、纺织产业集群
规划引导型	政策指引	自上而下	园区型	长三角金融服务产业集群
资源驱动型	自然资源	自内向外	资源型	新疆石化产业集群
产业转移型	区位特质	自外向内	嵌入型	广东电子信息产业集群

①自发成长型。自发成长型产业集群是一种自下而上发展的“原生型”产业集群，即主要源于区域内部良好条件催生和外部需求扩大诱导，从而出现了大量围绕某一核心产品生产加工的企业，并自发聚集而成，表现为以生产类似产品的竞争性企业为主的原子式结构，以及以大型企业不断裂变而出的分工合作企业所组成的衍生式结构。自发成长型产业集群通常为技术、资金等进入门槛较低的传统产业，其技术共性降低了创新模仿难度，产品之间同质化程度较高。例如浙江省就分布着众多轻工、纺织、电器、机械等生产加工类产业集群，打造了小企业、大集群的区域块状经济发展模式。

②规划引导型。区别于自发成长型产业集群，规划引导型产业集群是种自上而下发展的“园区型”产业集群，即是由国家和区域政府依据区域条件和特征，进行产业园区规划，通过招商引资逐渐发展

① 魏江等.中国产业集群发展报告[M].北京：机械工业出版社，2009：10.

而成的产业集群。此类产业集群通过提供良好的基础设施及政策环境,促进特定产业的创新发展,尤其是对于高新技术产业而言,经过规划引导而成型的产业园区体现了国家、区域产业集群创新政策的扶持与鼓励。例如长三角地区、京津冀地区以及中部六省等,都在高新技术产业、金融服务产业以及创意产业等方面形成了不同规模的产业集群。

③资源驱动型。产业集群是依托于对自然资源的开发与利用为基础而形成的“资源型”产业集群,其依托区域稀缺自然资源的加工,使资源优势转变为经济优势。资源驱动型产业集群在我国主要分布于中西部地区,如新疆、甘肃、云南等地区形成的有色金属产业集群、烟草产业集群等。资源驱动型产业集群,尤其是对于工业资源类的产业集群而言,其需要较高的资金与技术设备投入,进入门槛较高,但我国这类产业集群产业链较短,停留于对资源的初加工阶段,产品附加值低,区域产业集群的发展主要依赖于大企业的区域带动作用,聚集特征不明显。

④产业转移型。产业转移型产业集群是一种“嵌入型”产业集群,即在经济全球化发展中,由发达国家和地区将低端产业或产业链的低附加值部分向发展中国家或地区转移,并逐渐形成具有同质聚集性质的产业集群。这是从区位地理空间成本角度和运输成本角度出发,将附加值含量低的产业或产业链环节向低成本区域转移,而在低成本区域重新形成产业集群的过程。其与自发成长型产业集群具有劳动密集型的相似特征,主要体现在广东、福建等地区,产业转移也从轻工业逐渐向电子、通信产业转变。

尽管不同类型的产业集群成员组织结构会有所差异,但却共同具有地理位置上相对集中的性质,而且表现在特定领域内也具有相互联系的特征。综合而言,产业集群在创新发展中其成员构成早已不是单纯的由企业所组成,而同样包含有参与创新活动的科研机构和高等学校、科技中介及创新服务机构、政府部门等主体。不同集群成员组织由于其职能分工的不同,其在创新活动中所承担的任务也有所不同,其以创新为驱动力,通过一定机制实现相互间的资源共享与优势互补,从而朝创新型集群发展转变,成为简化形式的国家创新系统①。具体而言，产业集群的主要成员类型及其创新行为可归纳如下：

(1)企业

企业是产业集群的主体，也是产业集群技术创新活动的核心成员。在产业集群中企业一般具有产业共性或关联特征，企业之间可能存在平行竞争或上下游职能分工的关联关系，而位于产业集群中心地位的便是核心企业②，其相对其他企业而言拥有更高的成长率和创新能力，能够提出可以共享的商业理念，也具备吸纳各种资源以及优秀伙伴的能力，并在整个行业中占有一定的市场地位，亦起着领导者的作用。核心企业与集群内的其他企业作为一个整体，成为产业集群发展的源动力。

企业的生命在于持续性的技术创新，通过在市场竞争环境中感知市场机遇、探索市场需求以及相应的创新问题，其运用先进性的科技成果，不仅可以技术研发的形式自主参与创新活动，也能将集群内其他成员的知识溢出转化为创新产品，并实现商品化③。最终企业成为产业集群创新的主导者和实践者，体现区域性产业集群核心价值。企业相对其他集群成员而言对创新具有更加迫切的需求，因为创新能够帮助改进生产技术、生产力或服务手段等，进而提升企业竞争能力和市场价值。企业的创新发展促使生产技术和产品功能的改进，使产业集群能在较长时间内保持活力，并进一步推动产业集群结构调整与升级。此外，企业在产业集群中的创新活动还包括组织学习，即企业为了更好地适应产业集群中的创新环境，保持自身创新活动中的活跃状态，需不断地学习知识、开展知识交流，并积极尝试创新，以实现自身创新能力的改善。

---

① OECD. Innovative Clusters: Drivers of National Innovation Systems [M]. Paris: OECD Publishing, 2001: 71-72.

② Morrison A. Gatekeepers of Knowledge within Industrial Districts: Who They Are, How They Interact [J]. Regional Studies, 2008, 42(6): 817-835.

③ 庄为民，龚仰军. 产业技术创新[M]. 上海：中国出版集团东方出版中心，2005：17-18.

(2)科研机构和高等学校

科研机构和高等学校作为知识创新源头和创新人才培养基地,在产业集群中承担着科研创新的重要任务,也是产业集群创新活动的主要参与者。专业性的科研机构长期从事某领域或多领域的研究与开发活动,其拥有众多专门从事科研工作的专家和研究员,能够把握产业集群专业领域前沿问题,并进行探索研究,为产业集群的创新发展奠定基础;高等学校一方面作为教育的主体,培养一代代的高素质人才,另一方面组织高等学校专家学者及研究生从事科研创新工作,成为又一重要的科研创新基地。通过参与产业集群创新活动,科研机构和高等学校有效地促进了知识与技术在产业集群中的扩散。例如,在硅谷成功发展的背后就有当地斯坦福大学的重大贡献,硅谷约一半收入就是由斯坦福大学近千个衍生公司所提供的,证明企业要使长远目标得以实现,就必须与当地的大学合作。在我国以清华同方和联想集团为代表的企业也是依托于科研机构和高等学校的支撑,在各自的产业集群中发挥着重要的作用。

科研机构和高等学校在知识创新资源和能力上的特殊优势在产业集群创新过程中发挥着关键作用,也为产业集群不断注入创新活力。其创新行为主要表现为:科技查新,把握领域知识和专利技术的国内外发展现状与趋势,探索研究领域的创新程度,指导科研创新的立项方向;理论创新,从理论研究角度,深入探索社会现象的本质原因,把握事物的客观发展规律,从理论角度分析创新活动的可行性,为创新活动的开展奠定基础;技术创新,以理论创新为基础,探索创新问题的技术实现手段,研究创新知识在实践中的应用方式;培育创新人才,为产业集群的发展输送专业化人才,并实施对产业集群内企业员工的教育培训。

(3)科技中介及创新服务机构

与科研机构和高等学校的创新作用有区别,科技中介与创新服务机构在产业集群内创新活动中能促进集群中创新活动的开展、促进成果转化,起到桥梁和纽带作用。科技中介及创新服务机构主要包括科技企业孵化器、行业协会、生产力促进中心、公共技术服务平台以及图书馆等机构,其将创新资源集聚起来并为其他创新主体提供服务性创新支撑。此外创新服务机构也包括一些以创新基金、风险投资机构、本地商业银行等金融机构,其通过资金注入支持企业、大学及科研机构开展创新或合作创新活动,同样促进着产业集群创新的创新发展。尤其是对于高新技术产业集群而言,风险投资机构的大量资金扶持,对于其创新与成长极为关键。

由于这些中介组织和服务机构具有较高的专业化程度,且一般兼具市场的灵活性与公共服务性的特点,其不仅可以合理配置科技资源,提升资源的利用率;同时可以有效规范市场行为,促进产业集群的创新合作和创新成果的应用。在产业集群中创新发展得益于知识溢出和技术扩散,而由扩散主体直接向扩散受体的技术成果转移,因扩散主体的成本代价和受体的技术吸纳能力的限制,这种直接转移往往是低效率的。中介和服务组织的介入,整合了相应及相关领域的科技资源与专家资源,为技术转移提供专业化中介服务,帮助促成供求双方完成知识交换,可以有效降低技术创新风险,使技术创新尽快得以应用。

(4)政府部门

政府部门包括国家政府部门与地方政府部门,同样是产业集群的主要参与者,也是产业集群发起者、推动者、协调者和管理者①。在产业集群初期,政府在集群基础设施的建设中具有至关重要的作用,并且产业集群的持续发展需要政府尤其是地方政府制定战略发展规划,为产业集群的制度建设提供财税、技术、教育等政策支持,并引导投资方向,通过优惠政策使民间投资偏向重点产业。因此,政府部门在产业集群创新中负责产业创新发展整体的布局规划,以及相关法律法规的制定,并进一步实现集群制度创新。尤其是地方性政府部门,须依据产业集群的特点,为其创新发展提供本土化的政策扶持和公共服务工作②。

---

① Morosini P.Industrial Clusters,Knowledge Integration and Performance[J].World Development,2004,32(2):305-326.

② 王孝斌,王学军.创新集群的演化机理[M].北京:科学出版社,2011:135-136.

此外，在产业集群创新活动中政府的作用还体现在：树立集群品牌、整合政策资源、建设和维系市场体系，包括原材料与中间产品与市场、物流市场、技术设备市场、资金市场、信息市场、专业人力资源市场等。尤其是在与企业和高等学校组成的三重螺旋创新模式中，政府能够促使创新主体主动性的发挥，促进集群区域内高等学校与企业的联系；能通过加强基础设施建设，创造良好的集群创新硬件环境；能通过改善投资机制引导社会资本对产业集群的投入，从而实现产业集群创新活动的间接参与①。

2.1.2 产业集群创新结构与特征

作为创造、扩散与应用知识的体系，产业集群实质上即为一个区域创新系统②，其创新结构往往由各成员组织的职能属性和之间的关系所决定，根据成员之间的业务联系和创新互动关系，产业集群创新结构往往呈现出链式结构和网状结构。链式结构主在揭示产业集群中知识创造、传播与利用的流程，而网状结构则更加强调反映产业集群成员之间的互动关系。

(1)链式结构

经济合作与发展组织(Organization for Economic Cooperation and Development, OECD)将集群内成员间的关系解释为一种生产链结构，即产业集群通过将企业、知识生产机构(如科技机构、高等学校、知识密集型的服务机构等)、中介机构(如咨询服务提供商)和顾客等联结起来，形成创造附加价值的生产链③。生产链是指产品生产过程中一系列由交易联结在一起的生产功能，尽管生产链结构可揭示集群知识生产和增值过程，但其并不能完整的揭示产业集群内的

---

① Leydesdorff L., Etzkowitz H. A Triple Helix of University-Industry-Government Relations: "Mode 2" and the Globalization of "National" Systems of Innovation[C]. Science under Pressure Proceedings, 2001(1): 7-35.

② 魏江.创新系统演进和集群创新系统构建[J].自然辩证法通讯, 2004, 26(1): 48-54.

③ OECD. Boosting Innovation: The Cluster Approach[M]. Paris: OECD Publishing, 1999: 57-58.

成员组织之间的分工与合作关系。

另一种被普遍接受的链式结构，则是从价值链的角度而展开的。价值链是 Porter(1985)分析公司行为和竞争优势时提出的用以揭示价值创造的一系列活动[①]，而与价值链相似，对于创新过程而言，其每个创新阶段的输出亦成为后续创新阶段的输入。开放创新环境下，结合知识创新活动中知识的传播以及价值创造、转移与增值过程，价值链概念得以延伸和发展，形成了知识创新价值链的概念。知识创新价值链是指以市场需求为导向，通过各创新环节中知识、技术等的流动，使与某一核心主体相关的创新主体得以串联起来，并实现知识经济效益转化过程的链状结构模式，其不仅反映了创新过程中价值的创造与转移，同时也揭示了与知识创新活动中价值增值过程对应的各创新主体间的价值传递与关联合作关系[②]。知识创新价值链被应用于国家创新系统中，以揭示自主创新价值导向下基于创新价值链的信息服务社会发展[③]。产业集群作为国家创新系统中的一部分，也具备知识创新价值链结构。以集群的产业方向为依托，从产业集群知识创新价值链结构体现为由基础研究开始，经过应用研究、试验发展、产品设计、工业生产、市场营销阶段，实现知识或知识产品向市场的应用推广。其中，产业集群内的企业群、高等学校和科研机构在基础研究与应用研究中起主要作用；继而在试验发展、产品设计和工业生产中围绕知识的产品化过程，由集群企业主导完成；最终在面向市场的营销推广中，依照政府相关管理部门的政策规定与监管调控，实现创新产品的市场应用，创造产业集群经济价值；而科技中介及创新服务机构则在整个价值链中都发挥着重要的支撑与协调作用[④]。

---

① Porter M. E., Millar V. E. How Information Gives You Competitive Advantage[J].Havard Business Review,1985,63(4):149-160.

② 张晓林，吴育华.创新价值链及其有效运作的机制分析[J].大连理工大学学报(社会科学版),2005(3):23-26.

③ 胡吉明.创新型国家的信息服务体制与信息保障体系构建(2)——基于创新价值链的信息服务转型[J].图书情报工作,2010,54(6):10-13,35.

④ 严炜炜.基于知识创新价值链的跨系统协同共享博弈分析[J].图书馆论坛,2013,33(1):1-5.

产业集群的知识创新价值链结构如图 2-1 所示。

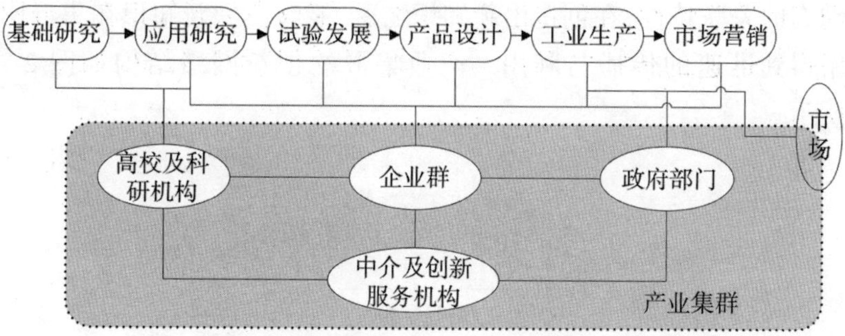

图 2-1 产业集群的知识创新价值链结构

(2) 网络结构

在揭示产业集群成员之间的互动关系时,链式结构往往不能反映其复杂性。产业集群中,其成员组织彼此之间相互独立又有着特定关系,在分工与协作中实现资源的共享与互补。因而,产业集群具有网络化属性,产业集群可从组织网络角度理解为群内行为主体通过垂直方向上的供应商(服务商)与客户的关系,以及水平方向上企业间的竞争与合作关系,共同组成复杂的社会关系网络①。产业集群根植于区域,其创新网络结构基本组成要素包括组成网络的主要节点、联结各节点的关系链条以及网络中流动的创新要素和知识等。产业集群行为主体在分工合作、资源共享、知识传递等交互活动中发生联系时,通过主体之间的物流、信息流、知识流、资金流等有选择地建立起动态的协同关系,以促进产业集群创新开展和集群创新优势的发挥②。这些关系可以是在共同的区域发展环境和信任基础上形成的非正式关系,亦可以是发生在知识生产、知识产品交易等过程中的正式合作关系。产业集群网络的运行不依靠传统的层级控制,而

① 王贤梅,胡汉辉.基于社会网络的产业集群创新能力分析[J].科学学与科学技术管理,2009(12):86-91.

② 刘友金,叶文忠.集群创新网络与区域国际竞争力[M].北京:中国经济出版社,2011:168-170.

是在定义成员角色和各自功能的基础上通过密集的多边联系、互利和交互式合作来完成共同追求的目标①。集群创新网络以其复杂、动态的关联特性，在创造出新知识之后，能够使创新知识在集群网络得到迅速的传播与利用。产业集群的创新网络结构如图 2-2 所示。

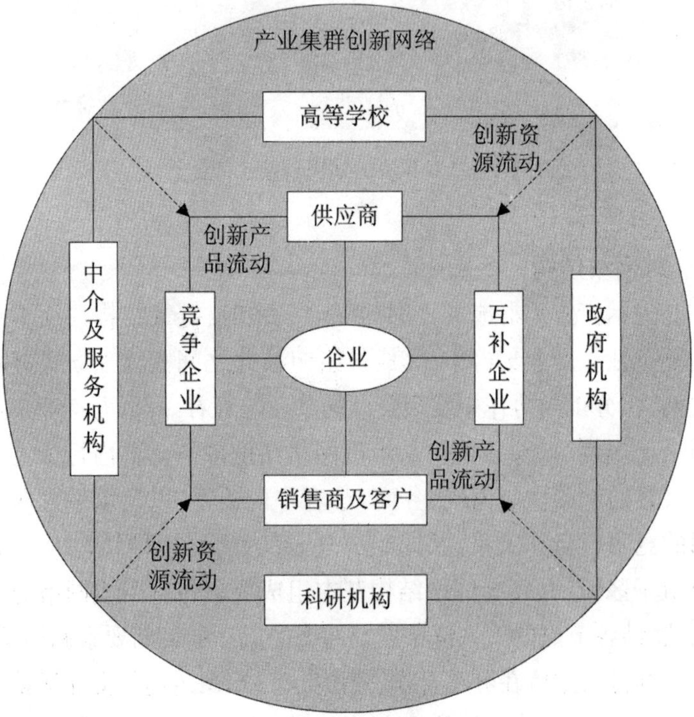

图 2-2　产业集群的创新网络结构

以产业集群创新结构为基础，产业集群的创新特征表现为：

①空间集聚性，体现在地理位置上，产业集群是由大量密切联系的企业和其他成员组织聚集而形成，地理邻近有助于集群成员的协作、资源共享和创新知识传递，为产业集群协同创新活动的开展奠定

① 陈要立.基于社会网络视角的产业集群技术学习研究[J].科技进步与对策,2009,26(19):153-156.

环境基础；

②业务专业性，尽管产业集群成员组织具有多样性，但其往往面向同一行业领域而聚集成具有业务专业性的集群，依据职能分工，企业负责专业化产品生产与销售，科研机构与其他中介机构等则负责行业知识与技术创新的支持，业务分工的专业化使得产业集群成员组织各司其职，最大限度发挥产业集群创新能力；

③竞争与合作的共生性，集群内成员组织之间具有竞争与合作关系，地域的邻近和行业相似性加强了企业的竞争和合作的可能性，竞争为集群创新带来了动力，合作则为创新提供有效的实现形式；

④生命周期性，产业集群都将经历萌芽、发展、成熟和衰落的阶段，各阶段时间尺度和创新程度均不同，也不一定每个集群都要经历所有的发展阶段，其周期性不仅体现在产业集群整体的演化过程之中，也体现在企业和其他机构个体组织的进入、发展、衰亡或迁出的过程，而通过不同创新途径所开展的各类协同创新活动则可有效延长产业集群及其成员组织的生命周期。

2.1.3 产业集群成员间的交互关系演化

产业集群成员间的频繁互动与相互依赖可协调并巩固集群的生产力，展现区位优势的同时，亦可激发集群的知识创新能力，进而提升创新绩效①。在产业集群成员间的交互中，其间的交互关系处于不断演化中，体现了由劳动分工，向资源共享、业务竞合及协同创新的演进过程，如图 2-3 所示。

(1)劳动分工关系

上下游企业之间，由于地理位置邻近的区位特征，可以减少运输与仓储成本，降低了实际交易成本。产业集群的竞争优势在很大程度上取决于其内部劳动专业化分工程度。成熟的产业集群不仅仅是同类企业的简单叠加，而应该是一定程度的专业化分工、以集中精力

① Williamson O.E. The Economic Institutions of Capitalism[M]. New York: Simon and Schuster, 1985: 135-137.

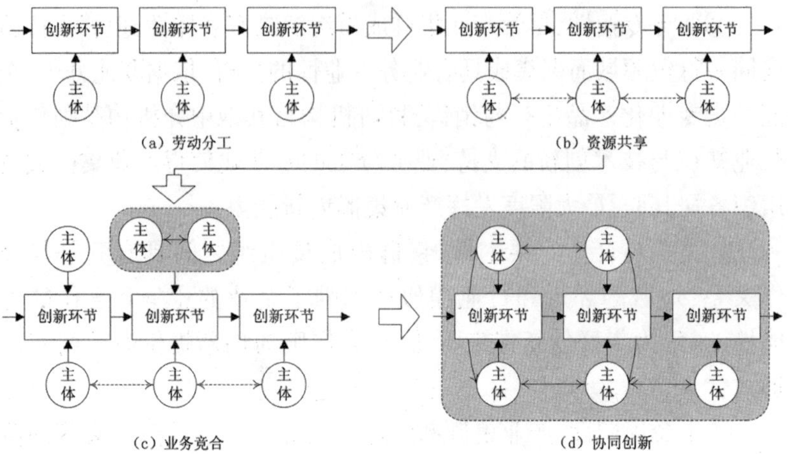

图 2-3　产业集群成员交互关系演进

于各自的优势资源与职能,进而提升整体竞争优势的集合①。产业集群内包括生产商、供应商、销售商和客户的链条结构,具有劳动分工的自然条件,其劳动分工主要是对于企业而言,具体包括横向分工和纵向分工两种类型。横向分工是一种扁平化的分工体系结构,其针对产品的内部属性划分品种、款式,进而与其他横向生产型企业协作组织生产;纵向分工则是基于生产链的上下游企业,按生产流程来分别组织生产②。这两种组织方式并不是互斥的,相反在成熟的产业集群内,这两种生产组织方式可以并存,从而形成按照一定专业化生产要求形成的专业化分工网络。

(2)资源共享关系

知识创新背景下,企业竞争优势的获取和维持依赖于知识资源,而企业为了能及时响应市场变化和需求,使得其对知识资源的需求也不断提高。然而,资源在集群中具有分布性特征,尤其是知识资源

① 何雄浪.劳动分工理论与产业集群形成和发展机理分析[J].科技管理研究,2007,27(7):193-194.

② 贾明江,蔡继荣.企业集群发展阶段的探讨[J].软科学,2004,18(6):83-87.

多以隐性知识的形式存在于各产业集群成员之中①。考虑到数字化资源能通过网络便捷地共享利用,且机会成本可忽略不计②,因此,产业集群中的企业正逐步重视资源,尤其是知识资源的共建共享,旨在推进知识资源在产业集群中的传播。这种以资源共享为特征的交互关系促进了产业集群不同成员之间的资源互动,有效提升了资源的利用率,而集群内各创新主体间的知识流动,则也从知识资源层面为集群整体竞争力的提升提供了保障③。

(3)业务竞合关系

由于产业集群内拥有着众多具有相似的产业特征的企业,加之地理位置上的聚集,使得集群内企业竞争激烈。与此同时,经济全球化背景下,企业竞争不仅体现在区域范围内,而是逐步扩大为全球性行业竞争。这就使得集群企业必须在创新中谋求差异化战略获取竞争优势。随着创新压力的不断增大,创新活动已不能单靠企业个体力量实现,而须通过产业集群创新主体间的协作来推动。尤其是在技术创新中所面临的市场需求与技术发展的不确定性问题,要求企业必须通过创新合作规避创新风险的同时提升创新效率。因而,产业集群内部成员组织间的交互进一步体现出了竞争与合作共存的业务竞合关系,实现创新主体之间的优势互补的同时,促使产业集群不断创新突破④。

(4)协同创新关系

从独立创新、开放式创新到协同创新,是创新的开放化转变的体现。在这一演进过程中,协同创新相比开放式创新而言更为复杂,且更重视要素结合效果。产业集群的协同创新交互注重以企业、科研

---

① 陈夏生,李朝明.产业集群企业间知识共享研究[J].技术经济与管理研究,2009(1):51-53.

② 马费成.信息资源共享的经济效率——以书刊为例的分析[J].中国图书馆学报,2003(4):5-9.

③ 耿帅.共享性资源与集群企业竞争优势的关联性分析[J].管理世界,2005(11):112-119.

④ 魏江,曹建萍,焦豪.基于竞合理论的集群企业技术能力整合机理研究[J].科学学与科学技术管理,2008,29(6):135-141.

机构和高等学校为核心,以科技中介及创新服务机构、政府部门等为辅助要素而形成的网络式互动,其实质即产业集群成员组织为了实现重大科技创新而开展的跨系统整合的创新交互关系。协同创新能充分调动各类成员组织的积极性和创新能力,跨学科、跨部门、跨行业实施深度创新合作,不仅能够整合互补性资源①,促进集群成员组织实现各方优势互补和资源的无障碍流动,实现创新知识增值,同时也能加速技术应用与产业化速度,协同开展产业技术创新和科技成果转化。

2.2　产业集群创新的协同演进分析

产业集群创新主体之间的协同创新关系是产业集群各组成要素、创新环境等多方面因素相互作用的结果。为揭示产业集群创新的协同演进过程,在此分别从生态学、物理学、经济学和社会学角度进行探讨,以说明产业集群协同创新发展的必然趋势。

2.2.1　生态学视角下的产业集群协同创新演进

生态学是研究有机体与其环境相互作用的科学。生态系统是达到一定稳定性的功能单位,由组成物种的种群、具有一定结构的群落等生物物种成分和非生物成分,通过物质循环和能量流动的相互作用、相互依存而构成的一个整体②。生态系统是一个动态的系统,其进化是生物与环境长时间相互作用和相互影响的动态变化过程,其中起主要作用的是环境的变化。

产业集群创新系统与生态系统类似,具有个体、群落与环境的交互特征,也具有结构性和进化特征。在生态系统的演进中,适应、竞争、互利共生等规律也同样存在于产业集群创新系统之中③。具体

① 胡昌平,刘昆雄.国家创新发展中的社会化信息服务组织[J].图书情报知识,2013(2):20-25.

② 尚玉昌.普通生态学(第 2 版)[M].北京:北京大学出版社,2002:327-328.

③ 苗红.区域技术创新生态系统协调性评价研究[D].北京:北京工业大学,2007:23-25.

而言，集群创新系统是由个体企业及其赖以生存的创新环境复合而成的产业生态系统，其应包含集群企业、协同发展的企业群落、产业集群及集群创新环境①。在产业集群中，以企业为代表的成员组织经过长时间对集群环境的适应和发展，会针对自身资源、业务、创新能力优势和特点寻找适合自己的集群定位，也即生态位，从而避免直接竞争，以形成一个相对稳定的产业集群。图 2-4 展示了生态视角的产业集群创新系统的构成。

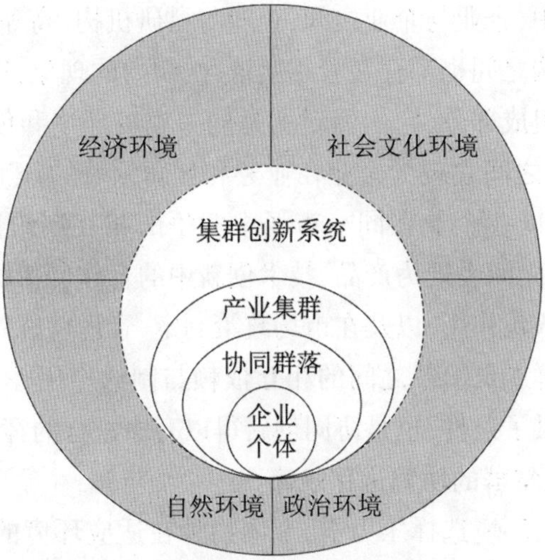

图 2-4 生态视角的产业集群创新系统构成②

产业集群中的协同创新从生态学角度来看，可以从以下三个方面来理解：

(1)产业集群的生命体征

产业集群内的成员组织如同生命体一样，都能通过吸收能量和释放能量以完成新陈代谢过程。例如，企业从科研机构处获得创新

---

① 殷红春.品牌生态系统复杂适应性及协同进化研究[D].天津：天津大学，2006：26-27.

② 张哲.产业集群内企业的协同创新研究[M].北京：人民交通出版社，2011：26.

资源，经过企业组织内部对创新资源的利用与消化，帮助企业实现技术创新，这一过程就是吸收能量的同化作用；相反，企业在技术创新的基础上，完成产品的生产、加工和推广，实现了能量释放的异化作用，而这些产品又能在今后科研机构和其他集群成员组织的创新活动中得以利用。产业集群生命体征从新陈代谢的过程中体现了集群创新中的协同关系。

(2)产业集群的依存与制约

生态系统中同种和异种生物间都存在相互依存与制约的现象。在产业集群中，企业与企业之间，企业与科研机构、高等学校、科技中介等其他机构之间也都存在着相互依存、制约的现象，这是因为作为产业集群的组成部分，它们面对的是同一市场环境和创新环境。举例来说，企业之间表现为企业在业务和创新领域的分工合作的相互依赖性，以及同业企业在同一市场中竞争的相互制约性；企业与科研、服务机构之间表现为产品、技术创新中的合作创新所产生在资源和技术上的依赖作用，以及在市场政策制定、管理监督等中的制约作用。产业集群成员组织之间的相互依赖与制约作用，不但为协同创新的开展提供了条件，也是协同创新得以有序进行的客观保障。

(3)产业集群的协同进化规律

在复杂的环境选择压力下，个体物种在适应环境的过程中存在着进化规律。物种的进化改变着其作用于其他生物的选择压力，将引起其他生物发生适应性变化，然而这些变化也会反过来促使相关物种的进一步改变，这种两个或多个物种单独进化而产生的相互作用，形成了生态系统中的协同进化规律，这种规律对于系统内行为的揭示具有相似性①。在产业集群中，各成员的创新发展必然导致整个集群环境发生变化。同样以集群企业为例，对于企业的创新产品而言，地理位置的临近和行业的关联性，使同业企业能够对其迅速反应并做出适应性的转变，而科研机构和高等学校能利用创新产品投

① Bateson G.Steps to an Ecology of Mind：Collected Essays in Anthropology, Psychiatry, Evolution, and Epistemology [M]. Chicago：University of Chicago Press, 2000：47-48.

入到科研和教学活动中，通过对创新知识的加工和深入挖掘，反过来帮助企业完成技术的升级。此外其他政府、中介和服务机构同样适应新产品和技术带来的环境变化，通过相应的政策扶持和推广方案等手段使集群创新环境完成质变，又反过来促使企业进入新一轮的创新过程之中，继而实现了产业集群的协同进化。

2.2.2 物理学视角下的产业集群协同创新演进

从物理学视角看，向心力与离心力的互动，以及耗散结构等理论的发展，都为解释产业集群协同创新提供了物理学依据。

(1)基于向心力与离心力的产业集群协同创新揭示

向心力，是使质点做曲线运动时所需的指向曲率中心的力，当物体做圆周运动时，即为沿半径指向圆心的外力或外力沿半径指向圆心的分力。由于匀速圆周运动的线速度方向时刻变化，说明有向心加速度，而向心加速度方向也时刻变化，故其为一个典型的非惯性参考系。在非惯性参考系中，离心力可被视为一种虚拟力或称惯性力，它使旋转的物体远离它的旋转中心，即成为向心力的反作用力①。当物体做匀速圆周运动时，向心力与离心力相等，而当离心力大于向心力时，物体则做离心运动。向心力的大小为 $F_{向}=mr\omega^2$（m 为物体质量，ω 为角速度，r 为物体的运动半径），可见向心力与质量和速度均成正比，而其与运动半径成反比②。对于产业集群而言，m 可视为任何一个企业的综合实力，其规模越大，向产业集群靠近所需要的吸引力就越大；ω 可视为创新能力，同综合实力一样，创新能力越大意味着产业集群也需要更大的吸引力来吸引其进入；r 则为该企业距离产业集群中心的空间距离，距离产业集群越远，其进入产业集群的代价越大，即所需的向心力越大。

将向心力与离心力应用于产业集群的协同创新中，不难发现产

---

① Wikipedia.Centrifugal Force[EB/OL].[2013-08-19].http://en.wikipedia.org/wiki/Centrifugal_force.

② Wikipedia.Centripetal Force[EB/OL].[2013-08-19].http://en.wikipedia.org/wiki/Centripetal_force.

业集群的形成与发展依赖于集聚力的作用,即向心力的作用。产业集群向心力的来源主要包括:

①外部效应,产业集群的区位优势和专业成员优势能够保证专业化产品与服务的可获得性,体现在劳动力市场上则促进了专业人才的流动和共享,从而在创新资源和知识层面上以知识外溢的形式使得产业集群具备了充足的吸引力;

②收益递增,产业集群一方面利用生产与创新活动中的规模经济效应降低成本,另一方面深入挖掘并扩大了市场需求,并依靠专业性合作创造了更多的市场机会,进而实现报酬递增。

③创新环境,产业集群具备良好的开放创新能力,这与高等学校、科研机构、科技中介等组织的加入密切相关,此外公共基础设施的建设成为体现产业集群创新环境优势的重要方面,特定的社会经济因素、基础设施条件和区域优惠政策等都成为企业选择产业集群的重要依据。

④互补资源,虽然产业集群企业处于相同产业领域,但由于职能分工和竞争优势的不同,其产品具有差异性和多样性特征,体现在资源上具有互补性特征,且相对集群外部资源而言,这类互补资源更具有专业优势,资源共享利用也促成了产业集群协同创新活动的开展。

⑤品牌效应,产业集群具有区域品牌特性,产业集群的品牌效应是其成员组织市场地位的象征,得到市场认可的集群也更容易对集群外部相关领域企业产生吸引力。

与之相对,离心力亦可看成是产业集群内部各因素促成的排斥力和产业集群外部其他生存发展机会而产生的外向吸引力综合的结果,具体而言影响离心力的因素包括:

①拥挤效应,产业集群带来规模效应的同时,也带来了拥挤的竞争环境,企业的竞争优势能够迅速被观察和模仿,此外拥挤效应还体现在产业集群的产品市场、要素市场、资源和基础设施等方面,迫使部分集群成员考虑脱离产业集群。

②知识溢出效果递减,随着知识外溢主客体间认知距离的扩大,以及知识转移和知识吸收能力的限制,知识溢出效果的递减亦会成为产业集群的离心力之一。

③机会成本，在追求利益最大化的过程中，面对产业集群内部有限资源和市场机会，产业集群竞争环境带来了市场风险，加之产业集群外部的潜在市场机遇，企业选择进入产业集群将付出机会成本，其即为产生产业集群离心力的重要因素。

④政策环境不适宜，产业集群创新发展是以区域性产业集群整体竞争优势的增长为前提，为推动集群创新发展，政策的制定并不一定能满足所有产业集群成员组织的发展需要，这种政策环境不适应同样会产生产业集群的离心力。

⑤需求的空间分散性，产业集群的集聚可共享创新资源，但对于具有空间分散的非流动性资源的需求，对于空间分散的资源的利用迫使产业集群部分成员离开特定的区域，成为产业集群又一离心力①。产业集群的向心力与离心力如图 2-5 所示。

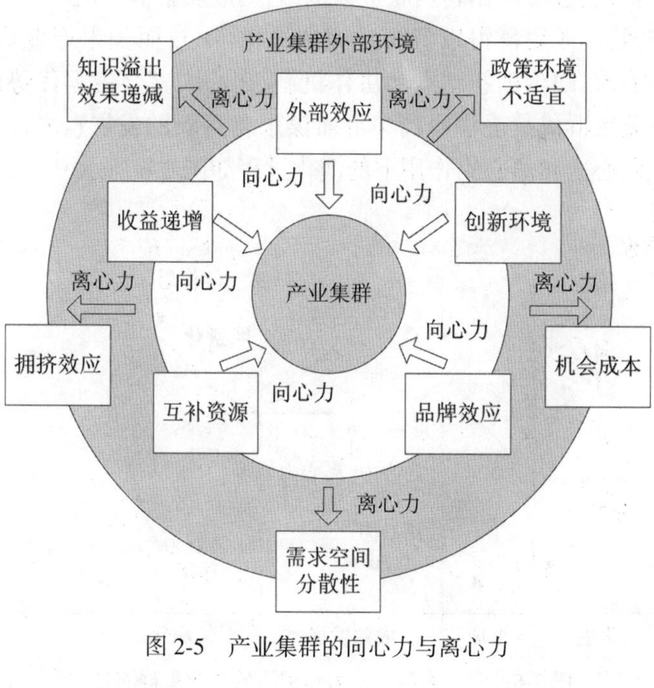

图 2-5 产业集群的向心力与离心力

① 孙鳌.企业集群的向心力和离心力[J].技术经济与管理研究，2011(2)：70-73.

在向心力和离心力的交互作用下，产业集群的创新演进表现为：在产业集群的萌生阶段（*oa*），由于成员数量很少，集聚产生的外部效应不够显著，向心力也较为有限。当产业集群从萌生阶段向形成阶段过渡时，可能发生的路径包括 *ab* 和 *ab′* 两种，*ab′* 则反映了离心力的作用，其使产业集群在未形成规模效应之前，成员组织纷纷脱离集群，最终导致产业集群的解体；与之相反，*ab* 反映了集聚外部效应的增强以及协同创新环境的逐渐成熟，使向心力不断放大，大于离心力的作用，使相关产业组织向集群靠近，成为集群的成员组织，扩大产业集群范围。随着产业集群的形成与发展，产业集群规模和结构逐步稳定，成员之间可以开展丰富的协同创新活动，且竞合关系也趋于平衡，此时，向心力与离心力达到平衡，产业集群达到成熟阶段（*bc*）。然而，面对激烈的竞争环境，产业集群必须面对不断的创新发展，这就使产业集群面临又一分叉点。如果产业集群能够迎合市场的需要，通过协同创新捕获市场机遇，则产业集群的向心力进一步得到增强，产业集群得以资源补充和进化（*cd*）；而如果产业集群适应市场需求，缺少创新动力和协作机制，离心力就会占据优势地位，导致产业集群成员逐步脱离集群而谋求自身新的发展（*cd′*）。产业集群在向心力和离心力作用下的演化过程如图 2-6 所示①。

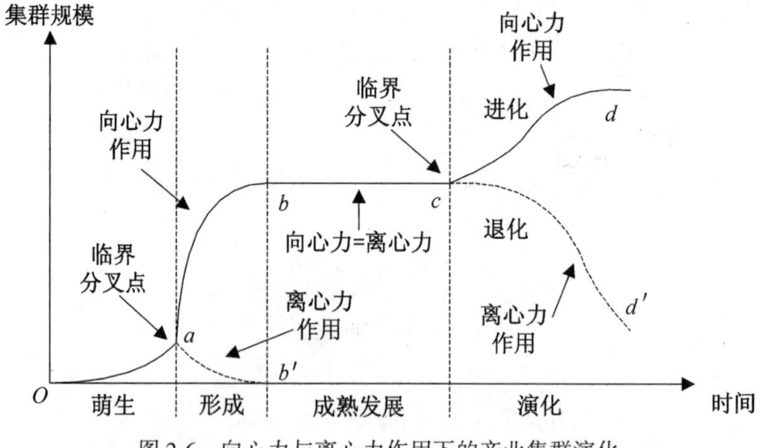

图 2-6　向心力与离心力作用下的产业集群演化

① 康胜.企业集群演化的动力机制——基于向心力与离心力相互作用的分析[J].科技进步与对策，2004(12)：10-12.

(2)基于耗散结构理论的产业集群协同创新揭示

热力学第二定律揭示了封闭的静态系统总是朝着熵增加的方向发展,并最终达到混乱无序的热平衡状态①。从热力学原理出发,Prigogine(1969)提出了耗散结构理论,即对一个远离平衡的开放系统而言,其通过与外界进行物质和能量交换,在外界条件达到一定阈值时,可从原先无序状态转变为有序状态②。体现在产业集群中,尽管产业集群有一定的区域边界,但其与区域外的经济活动是交互作用的,在交互中保障了产业集群的开放性,而产业集群内部成员间的关系也具有非线性特征,这均为产业集群耗散结构的形成提供了条件。然而平衡系统代表着产业发展活力的缺失,即产业集群只有远离平衡态才能维持集群内部的活力,体现在集群面对复杂的市场动态变化中,开展协同创新对市场机会做出的迅速反应,使集群不断处于平衡和打破平衡的转变之中,即实现了动态性平衡。在产业集群协同创新的动态性平衡中,涨落体现出了对系统平衡状态的偏离,随机驱动各系统在获取物质、能力和信息的非平衡过程,而微涨落则是涨落在不影响产业集群的稳定的前提下,集群内频繁起伏的表现③。在微涨落的驱使下,产业集群从无序到有序,形成自组织。由于无序到有序的转变需要熵的减少,即熵的增量 $dS=deS+diS$ 为负值,而其中 $diS(\geqslant 0)$ 为系统内部发展过程引起的熵的增加,只有熵流 deS 为负时才有可能抵消 diS 的正向增值,因而,反应集群与外界之间在进行物质、能量交换时引起负熵流④。产业集群在协同创新中就能主动面向市场需求,依靠有序的创新过程,利用协同管理机制,减少分布式创新而产生的集群创新混乱程度,并实现在持续性的创新活动

---

① 臧新.产业集群产生原因的理论困惑和探索[J].生产力研究,2003(1):187-189.

② 徐大伟,王子彦,郭莉.工业生态系统演化的耗散结构理论分析[J].管理科学,2004,17(6):51-56.

③ 乔俊峰.基于耗散结构理论的产业集群形成机理研究[J].经济与社会发展,2006,4(3):93-95.

④ 马费成.网络信息序化原理——Web 2.0 机制[M].北京:科学出版社,2012:93-94.

中不断优化协同模式。

2.2.3 经济学视角下的产业集群协同创新演进

产业集群协同创新同样是个经济学问题，因为协同创新可以分摊产业集群各成员的创新成本与风险，从利益最大化角度出发，利益分配问题也是影响产业集群协同创新发展的重要因素。因而，产业集群协同创新演进经济学视角下的揭示则可从交易成本、利益相关和风险分摊等方面论证。

(1) 交易成本

交易成本在经济学理论中主要指代事前和事后成本，事前指起草、谈判、保证落实某种契约的成本；事后则指交易已经发生之后的费用，如退出某种契约的费用、改变价格的费用、续约的费用等①。在产业集群中，协同创新机制使得资源配置效率达到最优化，充分调动了集群内各成员的创新积极性。通过政府的政策扶持与引导，以及中介服务机构对创新的支持，实现了交易成本的降低。谈判成本与履约成本对于企业而言是较为显著的交易成本组成部分，在缺少政府的宏观调控与引导下，其成为阻碍产业集群内企业发展的重要因素。然而通过政府部门的政策指引和监管，合约双方的权益能够从更高的视角进行调控和权威引导，继而寻找到降低交易成本，提升双方利益的协同方式，保障协同创新活动的开展。而产业集群中中介及服务机构的参与则使得创新组织更为灵活、合理。科技中介机构能够起到创新资源提供与管理的作用，也能够根据创新任务和创新需求，寻找和连接合适的协同创新对象，协调协同创新组织的创新活动，统筹创新资源的配置，进而大大提升协同创新效率，消减交易成本。此外，协同创新中的交易成本不可避免地给部分集群成员组织带来资金困扰，金融中介机构则可有效解决这类问题。其可从资金盈余的组织中吸收资金并提供给现金流出现问题的集群内成员组织，解决产业集群协同创新发展中的融资问题。

---

① Williamson O.E. The Economic Institutions of Capitalism[M]. New York: Simon and Schuster, 1985: 69-70.

(2) 利益相关

协同创新所带来的利益最直接的表现形式就是创新活动所创造的利润,其包括创新产品和服务的营销收入与成本的差值,同时也包括创新产品未在市场中应用所带来的其他价值,其通常发挥于协同创新主体自身,诸如生产技术的改进和管理效率的提升等。此外,创新过程中的交互共享则带来了协同价值,即实现"1+1>2"的利益收获。产业集群的组织形式能够更好地实现这些利益的获取,创造竞争优势,形成创新机制。而那些能影响创新目标实现,或者能够被创新目标实现过程所影响的任何组织都是利益相关者。在以共同创新目标形成的产业集群中,各协同创新主体均为创新利益相关者。产业集群协同创新机制带来的利益主要包括经济利益和社会利益两大方面。经济利益通常可由有形资产的形式表现出来,除此以外,产业集群协同创新活动所带来的品牌效益、集群效益等则凸显了其社会利益。为保障产业集群协同创新活动的开展,利益分配原则与规则的制定则成为决定产业集群发展的关键因素。于是,根据创新活动中的贡献大小、对创新活动的投入程度、承担的风险水平等方面施行利益分配,保障产业集群协同创新主体各方的利益,促进资源整合和优势互补,提升创新效率。

(3) 风险分摊

从经济学角度看,创新活动面临着不确定性,而这种不确定性通常利用与预期值偏离的程度,即风险的大小来衡量。创新活动中的风险可以划分为系统风险和非系统风险两大类①。其中系统风险包括:①政策风险,即国家的政治、经济、法律等环境对创新活动带来的影响;②信用风险,即创新活动协作各方在面对错综复杂的发展变化时的信任博弈;③市场风险,在市场需求不确定的情况下,创新活动不能适应市场发展的风险。非系统风险则包括:①技术风险,即创新活动的研发成功率受创新能力的制约,涉及技术成熟程度、技术吸收能力、技术制造能力等;②管理风险,即创新活动中战略决策的失误、

① 何卫平,张俊英,芮玉.基于工程项目风险分担的合作创新风险管理研究[J].改革与战略,2011(5):46-49.

组织结构不当、资源协调不力等;③财务风险,即创新活动中的资金流转问题导致组织运行效率的降低甚至创新活动的终止。面对创新活动中的风险,产业集群发挥产学研协同的创新优势,实现创新活动的合理分配,分摊创新风险。对于风险分摊对象而言,首先所有在创新活动中参与的组织及利益相关者都是风险分摊的主体,协同创新机制促使产业集群企业、高等学校、科技机构等组织在生产资源、信息资源、知识资源等方面的整合利用中,共同承担创新活动的技术风险和财务风险。其次,政府和创新服务机构在协同创新活动的参与,能够为产业集群创新活动提供实时的政策指导和市场指导,进而有效规避政策风险和市场风险。此外,在产业集群协同创新机制和规章的约束,以及管理机构的监管下,产业集群协同创新活动中的信用风险和管理风险也能得以明显降低。

2.2.4　社会学视角下的产业集群协同创新演进

产业集群的产生不仅是经济效益的作用,更是一种社会现象,其作为一种特殊的社会型组织,具有自我发展与完善的能力,其组织形式与关系,以及社会效益的发挥均属于社会学研究范畴,产业集群协同创新的演进亦可以从社会学视角进行解释。

从本质上来看,产业集群是一种营利性的社会群体。对于社会群体而言,群体组织的协调发展是关系到其生存和可持续发展的关键问题。产业集群存在于社会系统之中,必须与政治子系统、经济子系统、科技子系统、教育子系统以及文化子系统等要素建立良好的社会运行协调机制,而这种机制应具有完整和自控的特点。完整强调社会运行协调机制应囊括动力机制、控制机制、整合机制、保障机制和激励机制以实现运行机制的有机统一;而自控则强调产业集群社会运行各机制应是非人为的隐性控制机制①。除社会运行协调机制外,产业集群创新网络互动机制的确立也是其协同创新发展的关键。集群网络的互动机制可从 3 个层次进行归纳:①企业与上下游供应

① 陈朝宗.产业集群的社会学思考[J].福建行政学院福建经济管理干部学院学报,2004(1):17-20.

商、销售商、客户、竞争和互补企业之间构成的产业集群核心网络,其互动体现信息、知识资源在垂直互动和水平互动两个方面;②企业和科研机构、科技中介、地方政府和高等学校等组织机构之间构成的辅助网络,为核心网络成员提供资本、技术和咨询等资源与服务;③集群内部创新主体与外部创新环境构成了产业集群外部网络,其互动对于集群保持创新活力,促进创新协同发展同样至关重要①。

从互动关系上看,组织间的关系和整个集群的关系网络的结构必然要影响到产业集群成员的行为及其后果,因为在集群内成员间的互动发展起来的成员间的信任和合作关系有助于促进企业的创新和降低企业间的交易费用②。组织之间的这种交互纽带关系,可被视为一种客观存在的社会网络结构,在这种社会网络结构中,组织之间的关系会影响到组织行为,而环境所塑造的组织行为亦会反过来影响组织之间的社会关系。根据社会关系的强度,组织之间信任与合作频繁,即为强关系;相反,组织之间的业务关联与协作稀少,则为弱关系。

在产业集群中,由于空间的邻近和专业领域的关联,使产业集群成员间容易形成高度信任和互惠的协同关系网络。信任和互惠是这种社会关系网络的规范与准则,正是这种强关系促使集群成员更愿意在集群范围内共享和传播市场或技术信息,保证了集群成员在创新发展过程中可以通过其所在的网络关系结构获得创新资源,进而提升整个区域关系网络的创新效率和创新能力。但强关系为特征的产业集群网络中,成员组织所获得的大部分资源具有同质性。相反,弱关系虽然没有强关系稳固,但其促进了非冗余信息的传播,具有传播速度快和传播内容丰富的特点,对互动创新活动的开展具有极其重要的作用。因此,产业集群创新主体的关系强度以及所在集群网络的异质性程度间接影响了集群网络创新主体所获取创新资源的有

① 陈要立.基于社会网络视角的产业集群技术学习研究[J].科技进步与对策,2009,26(19):153-156.

② Granovetter M.Economic Action and Social Structure:The Problem of Embeddedness[J].American Journal of Sociology,1985,91(3):481-510.

效性，而集群内部网络的多元化及由此提供的弱关系弥补了创新资源传播的不足，即产业集群协同创新网络的构成除了具有专业分工强关系的企业成员，也有相关政府、高等学校、科技中介等弱关系创新主体。这种不同社会关系网络的协同，实现了跨界社会团体的交互，从而获得异质创新资源。产业集群层面的创新不仅要考虑集群内部成员的创新能力，还应考虑集群创新成果的应用与传播。集群内部的知识溢出与技术扩散能力是影响集群创新能力的重要因素，而集群网络内部的非正式交流同样发挥着重要作用。区域性产业集群为成员组织之间的非正式交流提供了便利的空间条件，通过组织层面和员工个体层面的社会网络互动与非正式交流，实现创新知识传播和创新产品应用推广。

从网络结构角度也可对产业集群创新发展实现深入探究。关系网络结构会对产业集群造成关系网络路径依赖性，进而使集群丧失创新活力，并逐渐走向消亡，体现了产业集群创新发展周期性演变过程。网络路径依赖性主要体现在三个层面：①信息渠道层面，长期稳定的集群网络协同关系会在集群内部形成固定的信息渠道，但其也具有相对封闭性，一定程度上阻碍了其他外部创新信息的传播，影响了集群创新水平；②认知层面，在高度集聚的空间结构特征和稳固的协同关系下，集群组织成员间频繁的互动，形成了一种群体式思维，同样可能阻碍组织转型与创新发展；③政策层面，为了整体上营造区域性代表产业并提升区域产业竞争力，政策围绕集群网络整体发展而制定，协调各组织成员之间的关联关系，并不一定是市场需求的真实反映，这也成为阻碍部分成员组织适应市场变革而实现自我升级的进程。此外，从结构洞理论出发，产业集群属于紧密型网络，其相对于松散型网络拥有较少的结构洞，这不利于改善整体网络结构的资源有效性和多元性。为避免集群创新发展走向衰退，实现产业集群的可持续发展，产业集群的边界愈发模糊，其成员组织也更加多元化，以解决创新资源的同质化问题①。

---

① 林竞君.嵌入性、社会网络与产业集群——一个新经济社会学的视角[J].经济经纬，2004(5)：45-48.

2.3　产业集群协同创新导向的跨系统信息服务融合

产业集群协同创新的演进需要有相适应的信息服务手段支撑，尽管属于同一产业集群内部，但创新资源仍然分散于各集群成员组织内部，缺乏有效配置与利用，具有分布式特征①。然而，协同创新需要进一步对这种分散式资源整合、加工，这就提出了产业集群协同创新导向的跨系统信息服务融合问题。

2.3.1　协同创新导向下的信息服务变革

协同创新旨在实现多元创新主体创新活动中的开放共享与协作，在协同创新的目标导向下，传统的信息服务模式为了实现跨系统的资源共享与业务协同，必须依据协同创新的需求作出相应的变革，这些变革主要围绕信息服务的社会化、服务系统的开放化以及服务产业链的延伸化等方面展开。

(1)信息服务的社会化变革

传统的知识创新以科学研究与发展为主体内容，其创新信息资源除公共服务机构所提供的信息服务外，主要来源于各系统内部，显现出信息服务的部门化与系统化局面②。然而，协同创新导向下的知识创新过程是企业、科研机构和高等学校以及其他创新服务机构等多元创新行为者与机构之间的复杂交互作用的结果。随着国际创新环境的变化，我国在国家创新体系建设政策驱动下，为了适应用户更为多元化的创新需求，信息服务机构开始突破封闭式、分布式的创新服务系统限制，提出了战略管理上实现知识创新由部门组织朝社会化组织方向的发展。通过在由多个组织、系统相互连接而形成的网络中实现协调合作，在避免资源重复建设的前提下，逐步形成一个

① 毕强，周浩，王雨.面向产学研合作创新的信息资源配置研究[J].情报科学，2013，31(6)：20-23，27.

② 胡潜.面向企业创新发展的行业信息服务重组研究[D].武汉：武汉大学，2009：4-5.

互通有无的信息资源共享利用体系与信息服务协同组织结构,以促进协同创新服务活动的开展。在这一背景下,面向协同创新的信息服务在利用现有资源和服务系统的基础上,打破了原有的部门行业界限,使条块分割的信息服务发展模式转向以信息资源共建共享和开放服务为特征的跨系统社会化资源共享与利用。

例如上海研发公共服务平台,其作为国家科技基础条件平台的重要组成部分,有效整合集成了上海及长三角地区众多创新主体的创新研发资源,在开放仪器设施与研究基地的基础上实现科学数据与科技文献的共享,并提供专业技术、技术转移、创业孵化等相关信息服务,促进了区域性的产学研联盟发展以及科技创新资源的社会化共享利用①。

(2)信息服务系统开放化架构演进

信息资源与服务由分散分布向集中利用转变的过程中,提出了信息服务系统的开放共享要求,其需要信息服务系统采用开放化的架构模式,以实现异构分布式系统间的互联互通。尤其是在协同创新中,知识创新具有循环反馈特征,同时要求面向创新的信息服务系统是能够支持知识生产、转移与利用的耦合系统。开放式架构实现了系统功能接口的开放化,并支持与网络第三方系统的交互和相互嵌入。随着信息系统开放性、兼容性的不断增强,信息系统之间的互操作亦愈发频繁,信息服务系统的开放化架构为系统间的协同交互演进提供了条件。

具体从信息服务系统的开发与设计方法上看,其开放化演进过程体现了面向过程、面向对象、组件设计、面向服务的发展趋势。其中,面向过程的服务系统设计方法以功能函数(Function)为组分,具有较高的耦合度,但系统重用性和独立性则相对较差;面向对象的服务设计方法则以对象(Object)为组分,耦合度次于面向过程架构,也具有较高的耦合度,但由于其开发依赖于特定的程序设计语言,可重用性依然维持在一个较低的水平线上;组件设计模式则以控件

① 关于上海研发公共服务平台[EB/OL].[2013-08-26].http://www.sgst.cn/bzxt/gypt/200708/t20070829_153220.html.

(Component)为组分,耦合程度相较面向过程和面向对象的架构模式进一步降低,而可重用性和独立性则得到了进一步提升,开发依赖于宿主语言,但对组件的集成仍需要二次开发;面向服务的设计模式则以 Web Service 为组分,实现了低耦合度、高重用性和标准化接口设计的开发模式。在这一演进过程中,体现出结构化设计中模块由非独立工作向可组合的独立子系统方向发展的途径,而系统架构则实现了由自顶向下朝自底向上方法的转变,注重系统间的信息传递、协作能力和信息标准化处理转变①。

(3)信息服务产业链的重构

对信息服务的产业链而言,其包括信息资源或信息服务产品的生产、传播、组织管理及面向用户的提供和用户反馈整理等有序阶段,各环节依照信息的流动规律实现组织加工,其在信息服务业中具有不同价值结构,共同组成了信息服务产业链②。协同创新环境下,信息服务提供者的业务已从单一的信息生产与传递,向信息的采集、加工与提供为一体的综合化信息服务模式转变,并协同多元信息服务主体构建信息管理平台对分布式信息资源全面整合。在这一转型过程中,信息服务提供者可以直接面向终端用户,降低了信息服务中介的价值。显然信息资源与服务的开放化、协同化发展正促使依托网络分布开发与集成组织的跨系统服务成为主流。例如,在开放存取(Open Access)以及机构知识库(Institutional Repositories)的推动下,信息生产者驱动的开放信息交流可以通过开放期刊或开放存储库等来实现③,拓展了用户信息交流环境中的信息传递和知识存储的途径,使得分布式知识资源能够得到良好的组织利用,且用户终端亦可在创新交互中发挥信息生产者的作用。

另一方面,信息服务业务链在由信息生产服务向信息内容服务

① 张树人.从社会性软件、Web 2.0 到复杂适应信息系统研究[D].北京:中国人民大学,2006:18.

② 凌美秀.产业链视角下国内信息服务业的发展定位研究[J].图书情报知识,2005(2):72-75.

③ 张晓林.从数字图书馆到 E-Knowledge 机制[J].中国图书馆学报,2005(4):5-10.

延伸的过程中，其业务分工界限也被逐步淡化，信息服务产业链的各个环节之间逐渐呈现交叉融合的态势。尤其是在面向产业集群的产业链服务中，信息服务的对象已从单一的企业组织朝区域产业集群整体的方向演化，在政府和创新管理部门的支撑下，以及行业协会和其他服务性机构的资源与服务保障下，形成协同创新导向下的开放化产业信息服务体系，并推动产业集群以创新为目标的跨系统信息服务发展。

2.3.2　面向产业集群协同创新的信息服务跨系统融合

为了适应创新过程中跨系统的协同共享需求，基于网络的跨系统知识创新与协同共享系统不断增多①。跨系统创新主体之间的协同多采用创新知识联盟形式。创新知识联盟是基于机构结盟，通过对优势资源的有效利用，实现知识的协同创造和分享交流②。创新知识联盟中既包括技术互补的潜在竞争对手，又包括供应链上下游企业间的合作，同时还包括创新服务机构的咨询合作。

然而，在产业的集聚程度与技术的复杂程度正相关的前提下③，创新活动尤其是高新技术的创新活动，依赖于产业集群协同创新来推进。与创新知识联盟类似，在一定区域范围内，产业集群协同创新以技术创新为核心，以服务或支撑区域产业、经济与社会创新发展战略为主要目标，在由企业、科研机构、高等学校等创新主体以及政府和创新中介服务机构等组成的区域产业创新网络中，开展机构协同的同时实现对区域优势创新资源的整合利用，从组织结构层面为创新主体间的跨系统协同提供了便利的条件。对产业集群协同创新而言，可从系统内部的协同创新和跨系统的协同创新两个角度来揭示。

---

① Maleewong K., Anutariya C., Wuwongse V. SAM: Semantic Argumentation Based Model for Collaborative Knowledge Creation and Sharing System[C]. International Conference on Computer and Computational Intelligence, ICCCI, 2009: 75-86.

② 蔡秒.论提升企业核心能力的有效途径——知识联盟[J].经济工作导刊,2003 (14):41-42.

③ Carrincazeaux C., Lung Y., Rallet A. Proximity and Localization of Corporate R&D Activities[J]. Research Policy, 2001, 30(5): 777-789.

区别于狭义的企业内部系统的协同共享行为,从广义上看,系统内部协同创新则将系统概念由企业系统延伸为行业系统,即以产业集群等形式实现行业系统内部创新主体之间的协同共享。如以光谷光电子产业园为代表的高新技术产业集群将同一领域内且地理位置相对集中的从事高新技术的研究、开发、生产、推广、应用等活动的企业或机构,通过协同共享实现相互关联,提升企业的创新能力,形成规模化竞争优势。而从跨系统角度来看,强调跨各行业、机构系统的协同,知识创新的跨系统性和社会协作性决定了创新主体信息需求具有跨系统特性。为了适应创新过程中跨系统的信息需求,广泛地开展跨系统协同共享能够弥补单一系统创新主体所普遍存在的知识缺陷和资源缺口。产业集群协同共享正是依赖主体间的跨系统协同效用,通过共享跨系统知识信息,实现互惠互利。

产业集群的协同创新是围绕产业集群内的横向联系和纵向联系展开的,如图 2-7 所示。其中,横向联系指代集群内企业与科研院所、高等学校、中介服务机构等创新主体之间的创新互动;纵向联系则指代集群内核心企业与其产业链上下游环节的配套企业之间的创新交互①。而事实上,产业集群协同创新的基础体现在学习效应和知识扩散之上②。显然,产业集群创新主体在创新活动中具有专业领域和创新目标的相近性,其有利于知识在创新主体中交换,提升知识传播与利用价值,也为产业集群协同创新的开展提供了条件。但考虑到创新主体创新资源与能力的区别,其体现在协同创新中表现为创新分工与需求的差异。为了避免各创新主体在创新活动中耗用过多精力于获取分散创新资源,需要集群各创新主体与创新服务机构实现跨系统的资源重组和信息服务整合,以实现面向协同创新的信息服务跨系统融合利用,提高创新资源与服务的使用效率,推动产业集群创新活动的协同演化。

---

① 许强,应翔君.核心企业主导下传统产业集群和高技术产业集群协同创新网络比较——基于多案例研究[J].软科学,2012,26(6):10-15.

② Baptista R.Swann P.Do Firms in Clusters Innovate More? [J].Research Policy,1998,27(6):525-540.

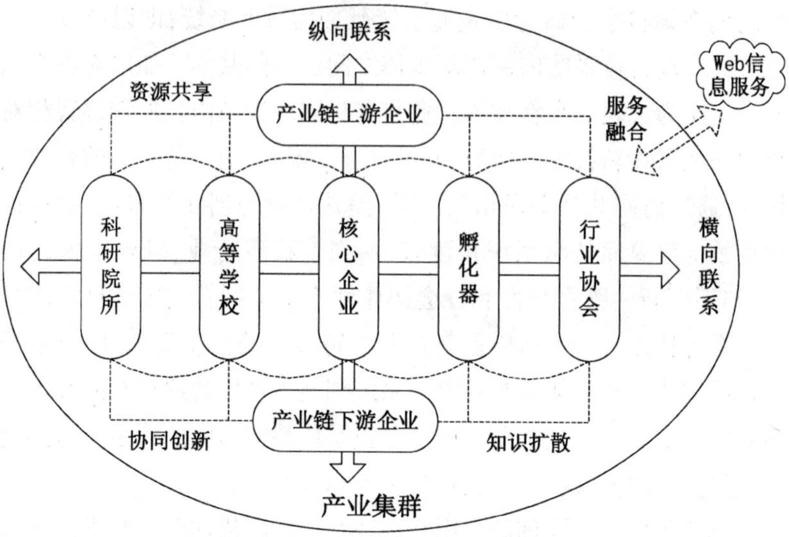

图 2-7　产业集群协同创新中的交互关系

综合来看,信息服务跨系统融合对产业集群协同创新的推进作用在于:①协同创新环境的拓展,信息服务跨系统融合立足于开放式创新,在产业集群内部实现分布式创新资源共享利用的同时,与广泛的产业集群外部第三方网络信息服务提供者开展了信息服务整合与交互,为用户开拓了创新共享环境与协作空间;②创新服务的增值,信息服务的跨系统融合通过对分布式信息资源进行再组织加工,实现信息内容和服务功能的增值,优化了创新服务利用过程,同时激发创新研究中的协同效应,提升创新知识创造、传播与管理效率;③创新服务的动态整合,产业集群协同创新具有动态性特征且创新资源的时效性强,信息服务的跨系统融合支持信息资源与服务的动态更新和替换,在适应协同创新主体的动态变更的同时,为协同创新活动的开展提供创新资源的有效性保障;④创新服务的定制,产业集群协同创新活动还具有高度的复杂性和不确定性,产业集群内各创新主体由于创新能力与创新分工的区别,在面对不同创新环节或任务时的需求具有差异,针对具体创新需求利用信息服务的跨系统融合优势,为其提供信息内容与服务方式的定制,实现产业集群创新服务的个性化发展。

2.3.3 跨系统信息服务技术的协同发展

面对产业集群创新发展中的跨系统协同需求，跨系统信息服务的技术与手段也呈现出协同化趋势，其变革同时推动着产业集群信息服务的跨系统融合发展，具体表现为由数据整合向信息集成，并最终朝信息服务融合发展的趋势，其中体现了跨系统信息服务技术手段从细粒度向粗粒度发展的过程。

(1) 数据整合

跨系统信息服务需要有统一的标准规范，实现对异构数据资源的整合利用。其中标准规范包括元数据规范、数字对象加工规范、接口规范、整合规范以及门户建设规范等内容，其中元数据标准规范和接口标准规范最为关键。对异构数据资源的标准化工作能够消除异构资源的互操作障碍，进而提高系统协同服务能力和兼容性，能够适应动态的系统更替和环境变更。此外，为有效支持数据交换和外部信息服务，跨系统数据整合采用标准化的数据收割协议和存储体系，实现标准化的数据发布与互操作管理。

具体而言，在各系统数据交换和共享的基础上，数据整合的服务方式需要完成数据抽取、转换和装载，屏蔽资源的异构性，实现对异构数据资源的整合与重组，使现有资源的利用率得到显著提高。基于数据整合的协同服务如图 2-8 所示，其中数据整合包括三个阶段，分别为：数据采集阶段，实现数据整合模式的整合服务器提取来自不同数据源的数据；数据整合阶段，对采集到的源数据进行合并，并转换为目标模型；应用阶段，整合服务器将经过加工的数据应用于目标数据存储，这一过程可以根据客观需求按时间计划重复运行，或者作为服务嵌入业务流程中重复调用，将整合信息提供给用户。

数据整合服务从元数据层面提供了数据资源有效链接和处理来自异构系统的解决方案。基于数据资源的采集、交换和传输，产业集群可以利用数据整合服务建立联合仓储系统，链接与组织集群内各个信息服务系统的特色资源，并形成一个异构的超大资源联合仓库，从而实现以整合产业集群分布式数据资源为基础的数据资源跨库检

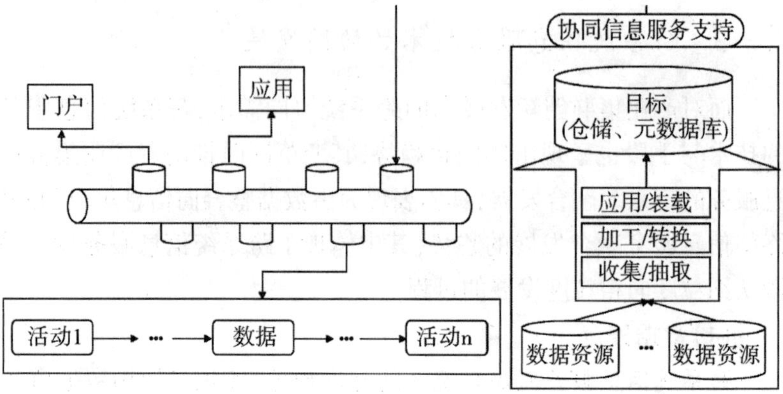

图 2-8　数据整合协同服务方式①

索服务、资源调度与协同利用。

(2)信息集成

信息资源是数据资源经序化加工后的集合体,其同数据资源一样具有多样性和分布性,这就要求在跨系统信息服务中集成具有相异信息内容、开发技术和表达形式的信息资源,以提升信息服务效率②。显然,信息集成服务是建立在数据整合基础之上,利用信息技术与应用软件,将分布信息资源链接在一起,以形成更高效的信息资源集成服务环境。

信息集成包括信息技术集成、信息资源集成、信息服务集成和信息机构的协作 4 个层面③。①信息技术集成。信息集成是由技术集成发展而推动的,尤其是计算机网络技术的发展,使得包括数据库、智能代理、信息过滤与数据挖掘等信息技术的组合运用变得更为容易,其要求简化、规范和优化服务流程,进而为用户提供便捷的服务。

① 张敏.面向知识创新的跨系统协同信息服务研究[D].武汉:武汉大学,2009:73.

② 邓胜利.面向用户的文献信息服务集成探索[J].图书情报工作,2006,50(1):109-111.

③ 胡昌平等.面向用户的信息资源整合与服务[M].武汉:武汉大学出版社,2007:262-264.

②信息资源集成。信息资源集成就是将分散于组织内外的结构化与非结构化信息资源有机地链接成为一个整体的动态过程,其强调对信息资源整体组织架构实现面向用户的组织管理。③信息服务集成。为深化信息资源集成,信息服务集成协调信息资源利用过程,其通过实现跨库检索、信息资源定制与推送、参考咨询等集成化服务手段体现在信息交流和利用过程中,使信息服务能够满足多元化的用户需求。④信息机构的协作。为向用户提供综合化、集成化的信息服务,需要进行机构间的协调,使信息机构内部的分布式信息资源能够在机构协作中得以重组利用,并供用户个性化定制选择。在信息集成中,以上4个层面相互关联,决定了网络环境下以用户为导向的信息资源与服务的集成利用。

利用信息集成,企业可以整合企业内外资源,优化企业活动的各个环节和系统功能,支持企业内外部业务流程的整体规划,提高企业的经济效益①。而对于面向产业集群的跨系统信息服务而言,信息集成从内容深度上显示了信息资源价值链的延伸,知识发现和数据挖掘技术的深度集成结果也带来了产业集群服务的增值效应,同时注重了服务于个性化需求的服务体验改进;从广度上注重产业集群成员组织之间的网络化合作,在产业集群或更广范围内发挥分布式信息资源的价值,实现基于信息集成的深层次信息资源整合利用。

(3)信息服务融合技术

相对于信息集成而言,信息服务融合技术更为强调各成分的有机融合,旨在将多源服务与软件应用融合为一个新的基于Web的内容复合的应用,是在信息集成基础上的一种可视化解决方案,其可被解释为允许开发者融合感兴趣的数据并利用标准Web服务和应用部件进行可视化展示的Web应用快速构建手段。在网络开发中,信息服务融合可被看成是通过融合功能或多源外部数据的一种Web应用、Web页面或桌面应用。

信息服务融合通常使用数据源和开放接口(APIs),其具有快

① 靖继鹏,吴宪忠.基于信息集成的企业信息化模式[J].情报科学,2007,25(4):481-484.

速、简易、集成的特点,且服务融合产出与原系统对原始数据源使用的目标有所区别。互联网的发展产生了新的 APIs,其允许通过支持网络交换的中间件实现快速编程和开发。伴随着 APIs 的不断发展,开发者只需从所需资源的网站获取 APIs,并将它们融合在一起以独创性地创建崭新的应用,最终使得多样式、多功能的服务融合应用也呈现快速增长的趋势。例如由 Inter 公司研发的 Mash Maker 工具①,它利用 Web 技术和中间件技术实现的 Web 浏览方式,具有高度概念化和创新性的特点,利用信息服务融合实现个性化和集成元应用的创建是十分快速和简易的。Mash Maker 的内置技术使用户能够浏览上下文信息,深入理解语义,并通过控制、剪裁、个性化布局等方式使信息以一种用户更易接受的方式进行可视化展示。其资源可从网页、地图、照片、视频、RSS 源等处获取,并融合在一起进行展示,用户可以利用其控制项目实现编辑、排序、合并、标注,并在好友或社交网络之间共享融合内容。这种服务融合技术实现了具有个性化特征用户偏好信息的即时传递。

信息服务融合技术对开发者编程能力要求较低,这是在服务融合过程中对数据处理和融合方式的改进结果,如图 2-9 所示。具体而言,在信息源获取途径方面,信息服务融合不再只依靠信息检索,而是更多采用固定数据源选取的方式;在信息处理方面,传统集成方式是通过数据建模和数据清洗,进而对数据加以集成并统一展示的方式,而信息服务融合技术则实现对数据源的定制和个性化链接,以形成多源资源间有机的联系,并根据使用环境不同可以灵活转换;在呈现形式方面,信息服务融合技术则在服务功能综合的基础上形成完整、统一的新服务,而不仅是众多分布式功能的集成展示。

此外,信息服务融合与资源门户技术均以资源聚合为目标,但其仍存在显著的不同之处②,见表 2-2。

① Ennals R.Intel® Mash Maker:Mashups for the Masses[EB/OL].[2013-08-27]. http://software. intel. com/en-us/articles/intel-mash-maker-mashups-for-the-masses.

② Wikipedia. Mashup [EB/OL]. [2013-08-28]. http://en. wikipedia. org/wiki/Mashup_(web_application_hybrid).

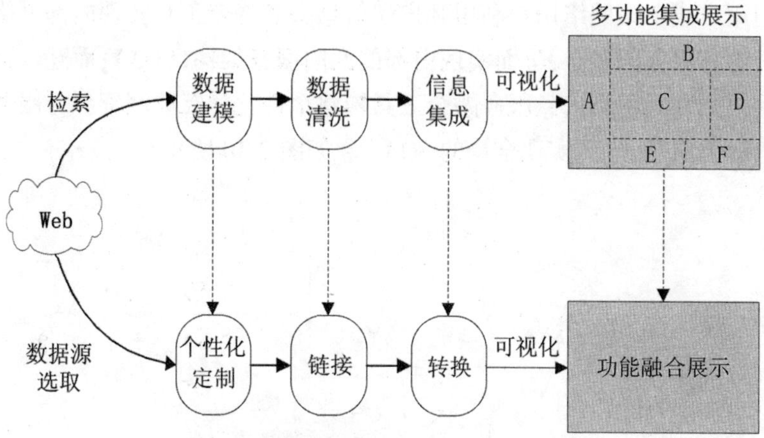

图 2-9 信息服务融合对信息集成的改进

表 2-2 **信息服务融合与资源门户的对比**

项目	资源门户	信息服务融合
分类方式	传统技术,拓展 Web 服务器模型	新技术,广义的 Web 2.0 技术
方法	服务器聚合两阶段,标记生成和标记片段的聚合	利用多个内容站点的 APIs,聚合并以新的方式重用该内容
内容依赖性	聚合面向表示的标记碎片,如 HTML、WML、VXML 等	既可在纯 XML 内容上,也可在面向表示的内容,如 HTML 上操作
位置依赖性	传统的内容聚合发生于服务器上	既可在服务器上,也可在客户端上
聚合形式	聚合内容是并行的没有重叠	个人习惯可被任意融入,形成内容上的任意构造混合
事件模型	读取和更新事件模型通过特殊的门户组件 API 定义	基于 REST 的 CRUD 操作(创建、更新、删除等关系数据库操作)
相关标准	尽管门户页面布局和门户功能未被定义或供应商指定,门户组件行为由标准的 JSR 168,JSR 286 以及 WSRP 支配	标准为 XML 与 REST 或 Web Services 互换。RSS 和 Atom 较为常用。更多的服务融合标准将出现

根据用户属性和需求的不同,存在两种信息融合模式:企业内联网用户或个人网络用户利用客户端信息服务融合工具实现内部网络资源和服务的融合,进而实现内部的面向服务架构(SOA);而互联网用户则利用网络信息服务融合工具构建个性化的互联网资源与服务的融合应用,进而实现全局的 SOA①。如图 2-10 所示。

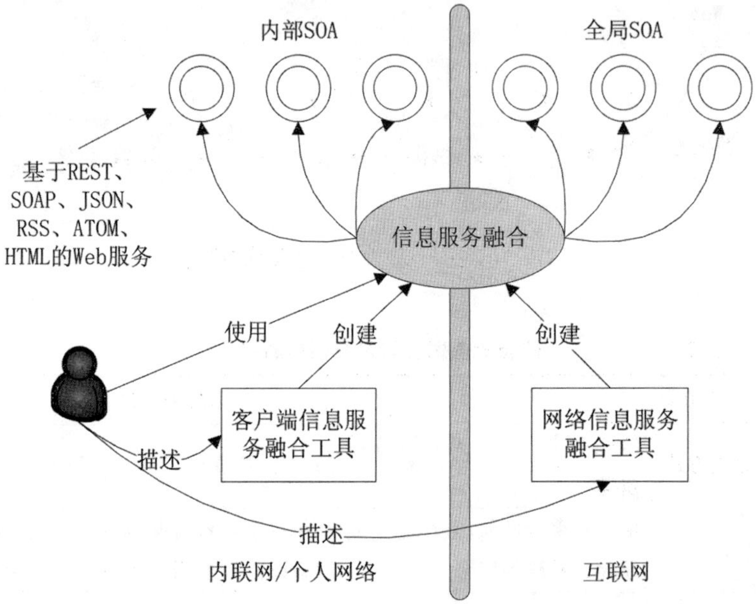

图 2-10　基于 SOA 的信息服务融合

从融合架构上看,信息服务融合可分成两类:基于 Web 的信息服务融合架构,即在用户的 Web 浏览器端完成数据融合或格式化;基于服务器的信息服务融合架构,即在远程的服务器端完成数据分析和格式化,而最后输出的结果将传递到用户浏览器端②。以此为

① Hinchcliffe D. Assembling Great Software: A Round-up of Eight Mashup Tools[EB/OL].[2013-08-27].http://www.zdnet.com/blog/hinchcliffe/assembling-great-software-a-round-up-of-eight-mashup-tools/63.

② Patel A.,Seyfi A.,Taghavi M.,et al.A Comparative Study of Agile,Component-Based, Aspect-Oriented and Mashup Software Development Methods[J]. Technical Gazette,2012,19(1):175-189.

基础,当前用于信息服务融合的应用软件工具可被划分为三类,分别是前端融合工具、后端融合工具和集成融合工具①。

①前端融合工具。利用微件构建应用小程序等 Web 前端服务,如 iGoogle、PageFlakes 等,其对编程的要求较低,用于在已构建的微件的基础上创建个人用户控制面板,以随时跟踪天气、股票、新闻等信息。

②后端融合工具。应用 REST 风格接口,融合可网络访问的数据和服务,以形成更具有实际应用价值的 Web 服务,如 Kapow、Yahoo! Pipes 等,用于将可网络获取的资源变成 Web 服务 API。

③集成融合工具。通过将微件与集成的数据和服务链接,实现端到端的 Web 应用的简易构建,如 IBM Mashup Center、WaveMaker,主要用于构建一个完整的 Web 应用面板或企业门户。

综合来看,基于小部件块结构的信息服务融合在面向产业集群的跨系统信息服务中的应用优势在于:利用信息服务融合手段,产业集群各成员组织现有的服务功能、应用可被重复使用;在跨系统协同创新过程中,较大程度上削减相关应用开发的开销;信息服务融合便捷、动态,且其开发并不需要专业的 IT 技能,使得其适应于创新活动的快速应用开发得以实现;用户对 API 的添加并不需要得到批准,在一定程度上加速了产业集群内部信息资源交换与协同利用效率;产业集群各成员组织可根据客观需求,方便地融合多源内容,以满足自身创新环节中的个性化需求。

---

① Keene C.Five Free Mashup Tools you should Know about[EB/OL].[2013-08-27].http://web2.sys-con.com/node/955886.

第3章 产业集群发展中的跨系统信息服务融合需求与定位

在产业集群发展中,信息技术的革新不断推动着产业集群创新需求的多元化演进。以集群创新主体对创新服务的个性化需求为基础,以信息服务融合为手段,实现面向产业集群的信息服务融合已成为必然趋势。这就要求以协同创新为原则,分析各创新主体信息服务融合需求,探索跨系统信息服务融合的因果关系以及影响其融合行为意图的因素,并最终明确产业集群发展中的跨系统信息服务融合定位。

3.1 产业集群协同创新中的信息服务融合需求

由于产业集群各创新主体在协同创新过程中所扮演的角色和承担的创新任务各异,其所拥有的创新优势资源与服务能力也各不相同,这就导致了其对创新服务的需求存在差异。为了最大限度地发挥产业集群协同创新能力,需要探究各创新主体在创新活动中的多元信息服务需求和信息服务融合组织需求,并以此为基础归纳信息服务融合需求结构。

3.1.1 产业集群创新发展中的多元信息服务需求

社会的信息化发展使得用户的信息需求范围扩大、内容深化,专业化信息需求亦不断扩展①。尤其是在协同创新的趋势下，创新活动的开展不仅需要来自组织内部的创新服务支持，还需要与其他创新主体乃至产业集群外部组织进行交互。根据产业集群内企业、科研机构和高等学校、中介服务机构、政府部门等创新主体的创新能力与分工，当前产业集群中各创新主体对信息服务需求可主要归纳为表3-1。

(1)企业信息服务需求

作为产业集群核心主体，企业在自身创新发展中推动着整个产业集群的创新进程。为了实现企业创新目标，企业在自主创新过程中对企业内部的信息服务需求体现在：从创新发展战略目标上看，需要竞争情报服务、技术专利服务等了解产业发展趋势和市场需求变化；从技术创新上看，需要服务于生产制造环节的创新技术服务提升生产制造水平和质量；从知识创新上看，需要知识管理服务促进企业内部知识交流和知识转移，实现企业内部隐性知识的显性化，提升企业知识创新能力以不断创造新的产业知识与专业技能；从管理创新上看，需要资源共享服务促进企业部门之间的资源交换，避免资源重复建设，提升资源的利用率，以更全面地发挥资源价值；从实践应用上看，需要创新应用服务将企业创新成果推向市场，发挥创新成果的市场价值与社会价值。

在与产业集群其他成员组织的协同创新中，企业还可利用组织外部的创新服务来满足创新需求，这主要体现在：对产业集群内其他企业而言，由于各企业所擅长的创新范围或所具备的创新能力均有所区别，协同创新企业之间通常具有创新分工特质，因而除实现协同创新所需要的协同创新服务之外，还需要这些企业提供的创新技术支持、市场发展分析、创新知识交流、创新应用服务及人力资源协作等服务；对科研机构和高等学校而言，主要从理论创新角度辅助企业创新实践过程，亦可辅助企业探索创新发展方向，因而企业需要其提供的服务包括研发合作服务、技术专利服务、科技查新服务、资源共

① 胡昌平.面向新世纪的我国网络化知识信息服务的宏观组织[J].中国图书馆学报，1999(1)：20-24.

表 3-1 **创新主体的信息服务需求分布结构**

产业集群创新主体	对组织内部的服务需求	对组织外部的信息服务需求				
	组织内部职能部门	企业	科研机构和高校	中介服务机构	政府部门	集群外部
企业	• 生产制造服务 • 技术专利服务 • 竞争情报服务 • 资源共享服务 • 知识管理服务 • 创新应用服务	• 创新技术支持 • 市场发展分析 • 协同创新服务 • 创新知识交流 • 创新应用服务 • 人力资源协作	• 研发合作服务 • 技术专利服务 • 科技查新服务 • 资源共享服务 • 知识管理服务 • 人力资源培训	• 产业发展分析 • 市场调研分析 • 科技查新服务 • 成果转化服务 • 产品推广服务 • 创新应用服务	• 创新政策扶持 • 法律法规保障 • 产业发展指导 • 产业发展监管 • 创新发展规划 • 协同利益分配	• 即时交互服务 • 电子邮件服务 • 可视化服务 • 评价服务 • 跨产业合作 • 社会网络服务
科研机构和高校	• 技术专利服务 • 科技查新服务 • 知识管理服务 • 学术科研服务 • 人才培养服务	• 生产制造服务 • 创新技术支持 • 研发合作服务 • 协同创新服务 • 创新应用服务	• 学术科研服务 • 研发合作服务 • 资源共享服务 • 创新知识交流 • 知识管理服务	• 产业发展分析 • 市场调研分析 • 成果转化服务 • 创新知识传播 • 创新应用服务	• 创新政策扶持 • 科研立项服务 • 产业发展指导 • 创新发展规划 • 协同利益分配	• 即时交互服务 • 电子邮件服务 • 可视化服务 • 跨产业合作 • 社会网络服务
中介服务机构	• 产业发展分析 • 市场调研分析 • 成果转化服务 • 创新应用服务	• 创新技术支持 • 技术专利服务 • 创新产品服务 • 创新知识交流	• 学术科研服务 • 成果转化服务 • 资源共享服务 • 创新知识交流	• 产业发展分析 • 市场调研分析 • 资源共享服务 • 创新应用服务	• 创新政策扶持 • 产业发展指导 • 创新发展规划 • 协同利益分配	• 即时交互服务 • 电子邮件服务 • 跨产业合作 • 社会网络服务
政府部门	• 区域发展规划 • 创新发展规划 • 组织利益协调	• 创新技术支持 • 创新产品服务 • 市场运营反馈	• 科技查新服务 • 专业发展分析 • 学术科研服务	• 产业发展分析 • 市场统计分析 • 资源建设分析	• 区域发展规划 • 创新发展规划 • 部门利益协调	• 即时交互服务 • 电子邮件服务 • 社会网络服务

享服务、知识管理服务及人力资源培训等;对中介服务机构而言,其同样可辅助企业定位创新发展目标,并实现企业创新成果的转化与市场应用,因而企业需要其提供的服务包括产业发展分析、市场调研分析、科技查新服务、成果转化服务、产品推广服务及创新应用服务等;对政府部门而言,主要为企业创新发展提供支持与保障,并协调产业集群创新发展中企业间的利益,因而企业需要其提供的服务包括创新政策扶持、法律法规保障、产业发展指导、产业发展监管、创新发展规划、协同利益分配等。除此以外,企业还可利用产业集群外部的网络服务资源,包括利用即时交互服务和电子邮件服务实现协同创新过程中便捷的沟通与交互,利用知识地图等可视化服务实现个性化的创新知识管理,利用社会网络服务等适应创新应用的社会化传播与应用需求,利用跨产业合作服务建立产业集群内部与外部的创新合作桥梁,实现跨学科、跨系统、跨产业的综合创新。

(2)科研机构和高等学校信息服务需求

科研机构和高等学校作为理论创新基地和应用创新源头,其不断探索着行业发展所需要的创新知识。以此为目标,科研机构和高等学校在创新过程中,注重发挥其创新资源优势、学术科研能力与价值,开展技术专利服务、科技查新服务、知识管理服务和学术科研服务;同时制定教学、培训机制开展人才培养服务,为产业集群其他创新主体输送创新人才。

同企业一样,科研机构和高等学校在协同创新中也扮演着重要的角色,其通过与集群内其他组织成员的互动与协同,发挥自身的创新效用。对集群内其他科研机构和高等学校而言,各科研机构和高等学校的优势专业与学科也有所区别,体现在创新上则是具体的创新研究方向会各有侧重,以弥补相互之间的不足,因而除基本的学术科研服务和知识管理服务之外,还需要研发合作服务、资源共享服务、创新知识交流等服务来进一步促进知识创造与传播;对企业而言,其可为科研机构和高等学校理论创新提供技术支持和应用场景,因而科研机构和高等学校需要企业提供的服务包括生产制造服务、创新技术支持、研发合作服务、协同创新服务及创新应用服务等;对中介服务机构而言,主要为科研机构和高等学校创新成果的转化与应用实现中介作用，提供包括产业发展分析、市场调研分析、成果转化服务、创新知识传播、创新应用服务等在内的服务；对政府部门而言，同样为科研机构和高等学校的科研创新提供政策支持与保障，即提供创新政策扶持、科研立项服务、产业发展指导、创新发展规划、协同利益分配等服务。而从产业集群外部，科研机构和高等学校也需要即时交互服务、电子邮件服务、可视化服务、跨产业合作、社会网络服务等的支持。

(3)中介服务机构信息服务需求

中介服务机构包括科技中介与创新服务机构，其作用在于连接产业集群内创新主体，促进协同创新活动的开展。一方面，通过产业发展分析和市场调研分析等服务对产业集群创新发展环境进行调研，为产业集群成员组织的协同创新发展提供参考；另一方面，通过成果转化服务和创新应用服务等为实现产业集群创新成果的创新价值和社会价值提供渠道和途径，进而促进创新活动的可持续开展。

对于产业集群内的不同中介服务机构而言，其所扮演的角色和基本服务业务具有类似性，这就要求中介服务机构之间在提供其基础的产业发展分析、市场调研分析、创新应用服务等基本服务的基础上，实现资源的共享，使得创新成果的转化效率得以显著提升；对企业而言，其创新成果体现在创新技术层面，因而可为中介服务机构提供创新技术支持、技术专利服务、创新产品服务等，亦可提供创新知识交流服务，实现与中介服务机构就知识创新内容进行交互；对科研机构和高等学校而言，则在企业所能提供服务的基础上突出了其学术科研服务对中介服务机构的支持；对政府部门而言，其服务优势依旧体现在创新政策扶持、产业发展指导、创新发展规划和协同利益分配等服务方面。同样，来源于产业集群外部的社会化网络沟通与交互应用服务也为中介服务机构完成创新活动职责所需。

(4)政府部门信息服务需求

政府部门作为产业集群创新活动的协调者和管理者，其不仅为产业集群区域发展战略和创新发展战略进行规划，同时也为协调创新各方利益产业集群协同创新的有效开展提供了全生命周期的监督和保障。

尽管产业集群具有区域性特征，但对政府部门而言，仍然涉及多个分管不同方面工作的职能部门，即政府部门之间除提供战略规划指导外，还应实现各部门利益的协调；对企业而言，除提供创新技术与产品的支持外，还可提供市场运营情况的反馈，为政府部门今后的政策制定提供依据；科研机构和高等学校则继续发挥其科研创新优势，完成政府部门的相关科研立项，提供科技查新服务、专业发展分析、学术科研服务等服务；中介服务机构则在产业发展分析和市场统计分析等服务，为政府部门提供市场发展情况反馈的基础上，利用资源建设分析为政府的政策扶持和资源配置优化提供线索。另一方面，对于产业集群外部的社会化网络服务等仍然是提升产业集群创新发展中政府部门工作效率的有效手段。

3.1.2 产业集群创新信息服务融合组织需求

产业集群创新是多元创新主体参与的创新活动，创新主体信息服务需求的差异产生了对跨系统信息资源的协同利用的需求。以此为驱动，产业集群协同创新的开展通常表现为创新主体之间组成的协同服务联盟，其以虚拟联合的形式实现资源共建共享，并在一定服务标准框架下支持系统互操作，以最大化信息资源效用①。以产业集群内组建的动态协同服务联盟为基础，分布式的创新资源得以共享和开放利用。

在实践中，浙江省为了提升科技创新服务能力，先后建立了 54 个区域、行业创新平台以及 124 个省级区域科技创新服务中心②。随着浙江省公共服务平台建设的推进，科技信息机构依托丰富的信息资源，通过与科技企业的交互，提供包括科技文献服务、产业分析研究、技术咨询服务等在内多种形式的信息服务。虽然在面对诸如宁波市区域产业集群内中小企业的知识产权相关服务需求与服务能

① 张敏.跨系统协同信息服务的定位及其构成要素分析[J].图书情报工作，2010，54(12)：64-68.

② 王衍，张培锋，潘杏梅.基于产业集群科技创新的信息资源组织与服务研究[J].科技进步与对策，2012，29(6)：57-61.

力不匹配的情况下,通过宁波市科技信息研究院、鄞州科技信息服务中心和浙江大学宁波理工学院共同建设知识产权服务平台,为区域集群企业提供专利管理及特色定制等服务①,但其仅能够提供专利信息服务,而不能为产业集群广泛的知识创新活动提供支撑。这一现象在浙江省创新平台的构建中普遍存在,即平台具有业务的专指性,加之平台数量众多,在功能上存在重复建设现象;产业特色不够鲜明,缺乏针对产业集群的特色创新服务支撑;信息资源组织深度不足,平台信息资源之间缺乏有效互动及整合利用。

武汉东湖新技术开发区是首批国家级高新技术产业开发区,区内光谷金融港则是全国性金融后台服务中心,为产业集群内开展以实现科技产业与金融产业融合为目标,以金融手段促进科技创新、科技成果转化以及高技术产业创新发展的科技金融服务创造了条件②。对高科技产业创新而言,由于具有鲜明的高风险、高投入和高收益特征,其科技创新活动需要资金作为保障,因而对融资、抵押、信贷等金融服务具有广泛的需求。然而成长期的高技术产业集群普遍存在融资障碍,这一现象在中、小微型科技型企业之中尤为明显。为解决此问题,武汉东湖新技术开发区通过为商业银行提供风险补助,推动商业银行在产业区内开设科技支行,在一定程度上拓展了科技企业融资的渠道并缓解了其融资压力③。此外,武汉市科技信息中心也建设了科技金融信息服务平台主要提供科技创业投资和银行专项贷款等服务④。然而,平台也缺乏对多元创新资源和服务的整合利用,咨询与中介机构缺失导致产业融合渠道不畅,且融资方式同质性严重,缺乏差异化金融服务⑤,最终科技优势未能有效转为融资优

① 宁波市知识产权服务平台[EB/OL].[2013-09-17].http://www.nbpis.com/.

② 赵昌文,陈春发,唐英凯.科技金融[M].北京:科技出版社,2009:231-232.

③ 海岚,王飞.论促进武汉高新技术产业集群发展的金融服务支持[J].武汉金融,2010 (10):38-39.

④ 武汉科技金融信息服务平台[EB/OL].[2013-09-17].http://stf.whst.gov.cn/.

⑤ 李宇平,王溪岚.武汉科技金融模式:现状审视、典型模式与完善策略[J].武汉金融,2013(2):29-31.

势,限制了集群科技创新的发展。

同样,针对佛山市科技服务业发展不均衡,以及区域性信息网络及信息服务平台的社会化运行机制建设较佛山产业发展需求相对滞后等现状,在佛山市"两化融合"的推进中,其主要手段是构建信息化与工业化相互融合、共同推进的公共服务平台,即实现以企业信息化的运行平台为主体,以工业与信息化融合服务平台和公共信息服务平台为支撑,开放并整合利用公共信息资源,推动区域产业集群企业的创新发展①。尤其是在面向产业集群的信息服务组织中,提出了依托行业协会建设提供项目监理、方案论证、管理咨询等各种专业化信息服务平台,以支持产业集群企业信息化转型,并逐步形成"两化融合"的行业信息服务体系。同时,在面向"两化融合"平台的构建中,也强调实现中小型企业信息化服务平台、物流信息公共服务平台、技术创新服务平台、消费信息综合服务平台以及企业诚信体系服务平台等信息服务功能的融合组织与利用。

由此可见,当前产业集群创新环境表现为创新资源丰富却存在分布式特征,在创新服务平台的建设中虽在一定程度上满足了资源共享利用需求,但创新资源仍缺乏合理的配置、融合组织加工与利用。在创新主体日趋多元化的信息服务需求驱动下,产业集群创新信息服务的开展必须利用服务融合的形式,充分调用各创新主体的创新资源,从信息内容和服务功能角度,一方面提升创新资源的价值属性,另一方面则扩展创新服务的应用能力与范围,最终使创新主体能够通过经融合组织加工的信息服务满足创新活动中的跨系统协同需求。

3.1.3 协同创新导向的信息服务融合需求结构

综合产业集群各组织成员在创新发展中对信息服务需求的特点,以及当前面向产业集群创新的信息服务组织形态,可见,在协同创新的导向下,产业集群必须克服系统内条块分割的服务障碍,降低

① 胡昌平等.创新型国家的信息服务与保障研究[M].北京:学习出版社,2013:388-389.

信息服务的滞后性和局限性对创新服务效果的影响,在服务层面提升系统间的协调程度和交互能力。尽管产业集群创新主体在创新过程中表现出多元化的信息服务需求,但在协同创新过程中,为有效整合利用产业集群各创新主体现有的创新资源与服务优势,打破不同创新主体之间的界限,其共同表现出对协同创新导向下的信息服务融合需求,其需求结构如图 3-1 所示。

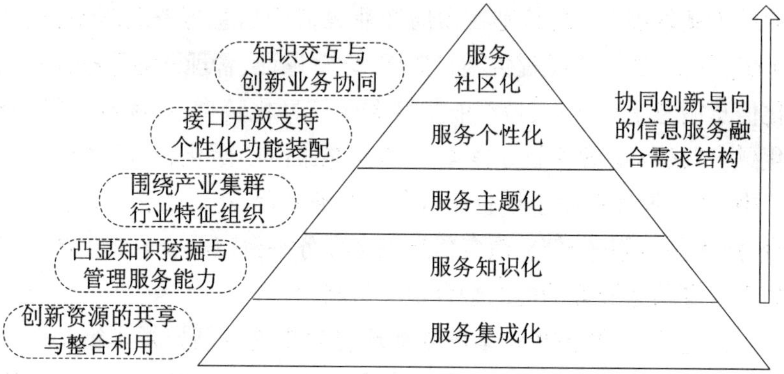

图 3-1　协同创新导向的信息服务融合需求结构

(1)服务集成化

对于企业、科研机构和高等学校、中介服务机构、政府机构等产业集群协同创新中的各创新主体而言,由于其优势资源和创新分工的区别,信息服务融合需要体现集成化特点,经过整合加工,新的融合信息服务需求诸如企业的竞争情报服务、科研机构和高等学校的科技查新服务、中介服务机构的成果转化服务,以及政府部门的产业发展规划等各协同创新主体的优势服务于一体,以避免用户分别从各创新主体或访问多平台来满足创新需求。此外,信息服务的集成化还体现在服务内容的全面性,尤其是对创新知识资源而言,除了公开发表的期刊文献资源之外,还有许多分布于各创新主体的非正式资源,这就要求信息服务融合的内容需注重知识的转化、转移,尽量涵盖产业集群内部所形成的各类创新知识,为进一步的知识创新奠定基础。

(2)服务知识化

由于融合信息服务主要为产业集群的协同创新提供服务,因而服务的知识化是所需强调的重要方面之一。为了使产业集群具备市场竞争力,其需要用户能利用融合信息服务快速掌握产业核心知识领域的关键知识和最新进展。这就要求信息服务融合,一方面在融合对象的选择上着重于整合产业知识领域核心文献资源和专利技术;另一方面强调信息服务融合功能的知识管理与挖掘能力,即能通过融合信息服务对完整的知识创新环节提供数据挖掘、知识地图等功能支持。此外,知识创新还需要广泛的跨知识学科、跨行业领域的知识交流与共享,因而,信息服务融合还可根据需要对相关行业知识资源为后续科学研究工作的开展奠定基础。

(3)服务主题化

根据产业集群行业特征,信息服务融合应具有主题特征,尤其是在对创新资源的整合利用上,创新资源在不同产业也有其特性,围绕产业特性对资源和服务的合理组织、加工能够使融合信息服务更有针对性,进而为产业集群的创新发展方向提供具有指导价值的市场调研分析、产业发展分析和创新发展规划等服务。

(4)服务个性化

由于信息服务融合可以对不同开放式 API 应用进行整合发布,因而产业集群创新发展中,除了可以整合各协同创新主体的服务应用开放接口之外,还可以整合集群外部广泛分布于互联网上的服务产品,并由用户进行个性化选择装配,实现个性化创新资源的定制与推送,满足用户的个性化需求的同时提升融合信息服务的效用。

(5)服务社区化

为了使产业集群各创新主体用户之间能够实现便捷的知识交互和业务协同,融合信息服务的实现还可依托于社会化网络,即利用知识社区融合社会化沟通工具、知识可视化展示工具等,创造用户协同知识创新的渠道,为广泛的科学研究工作中学术交互、技术研发工作中的知识转移、创新产品的社会化应用等提供环境。

3.2　产业集群跨系统创新中信息服务融合的动力学机制

产业集群中跨系统创新由于建立在多元创新主体的交互基础上而开展,其表现出复杂性特征。而在创新主体多元信息服务需求的导向下,显然单一的动力因素无法解释亦不能有效驱动跨系统信息服务融合,产业集群跨系统创新中信息服务融合业务的开展应是多种动力驱动下的结果。通过分析产业集群的创新服务要素对产业集群各创新主体的作用,并利用系统动力学揭示信息服务融合的因果关系,进而归纳跨系统服务融合的多源驱动力,是寻找推进产业集群跨系统创新中信息服务融合发展根源的有效途径。

3.2.1　产业集群跨系统创新服务融合的系统动力学分析

系统动力学(System Dynamics,SD)是一种利用计算机模拟技术,以系统反馈控制理论为基础,通过结构与功能分析研究复杂信息反馈系统动态行为的仿真方法①。通过结合因果关系分析和信息反馈控制原理,系统动力学针对社会发展中复杂系统问题,基于系统的内部结构和反馈机制,以系统思考的观点、方法来界定系统的组织边界、运作及信息传递流程,以因果反馈关系环路定性描述系统的动态复杂性,并以此为基础构建系统动力学流图②。同时,可利用计算机仿真模拟不同情境、策略下系统的行为模式,探索系统行为的结构性原因和解决系统内部复杂问题的有效途径和最优解决方案,从而发挥系统的最大运行效能。

系统动力学所研究的复杂系统可以是社会、经济、生态等具有自组织耗散结构性质的开放系统,其认为复杂系统结构通常由若干反馈环路构成,其中反馈环路包括状态、速率和信息三个基本组成部分,而反馈环路的交叉与相互作用则形成了复杂系统的行为。由于

---

① 钟永光,贾晓菁,李旭.系统动力学[M].北京:科学出版社,2009:3.

② 周德群等.系统工程概论(第 2 版)[M].北京:科学出版社,2010:115-116.

复杂系统是具有多变量、多回路的高阶非线性反馈系统，其拥有动态性、突现性、反直观性、对变动参数的不敏感性、对变更策略的抵制性等动力学特性。系统动力学结合了定性与定量方法，适用于处理具有长期性和周期性的问题，强调系统运行中的内在规律和发展趋势，加之其标准的建模方法和可视化呈现形式，可对多层次、多要素的复杂大系统从宏观与微观角度进行综合研究。而在基于系统动力学的研究中，利用系统动力学建模与仿真提供策略实验空间，其建模过程可划分为：系统边界确定、问题假设提出、系统动力学模型构建、模型检验与应用、政策设计与评估五个步骤①。

产业集群是一个由多元创新主体参与的开放、复杂的系统，这不仅体现在创新技术本身，也体现在创新过程和创新环境之上。而跨系统信息服务融合是产业集群系统中实现创新主体全面合作与协同创新的重要途径，其信息服务融合组织与实施依赖于产业集群协同创新要素和体系结构，也同时具有非线性、动态性、难以量化等特征。因而，系统动力学适用于研究面向产业集群创新发展中信息服务融合动力因素。结合系统动力学方法可以揭示产业集群各创新主体在信息服务融合中的内在关联，进而对信息服务融合的推进提供指导，其主要探讨信息服务融合中的以下问题：

①创新服务融合中的多重反馈回路问题。在产业集群创新发展中，协同创新主体彼此之间相互关联，伴随着创新资源传递与反馈机制，使产业集群创新系统内在创新服务融合过程中存在多种因果关联关系，并形成了多重反馈回路。而这些反馈回路之间的相互作用和相互耦合，则影响着产业集群创新主体之间的交互合作，可用以梳理创新服务融合活动中各要素间的关联关系，探索创新服务融合的持续运作模式。

②创新服务融合中的关键环节的探索问题。由于产业集群创新发展是个长期、持续性的过程，其创新绩效往往不能立即显现出来，而是经过各环节的关联，逐渐产生现实影响，即存在一定时滞性。这

① 赵杨.国家创新系统中的信息资源协同配置研究[D].武汉：武汉大学，2010：118-119.

就要求须利用系统动力学方法，基于创新发展现状分析创新服务融合中关键环节，对将来的发展趋势进行预测，并以此为参考进行动态的创新服务融合战略的调整，及时优化创新活动。

③创新服务融合的定性与定量分析问题。创新服务融合是一种难以量化研究的活动，其缺乏相应的量化指标和数据，完全依赖于定量研究是不能客观、完整的反映现实状况的。针对这种难以量化，且数据获取困难的问题，可以利用系统动力学方法将定性与定量研究结合起来，基于产业集群创新发展中各创新主体与要素间的因果关系分析，并利用可获取的数据进行定量解析，从而在深入探究产业集群创新活动中各要素相互作用机制的基础上，推动创新服务融合的开展。

由此可见，产业集群创新服务融合是一个典型的系统化问题，适应于利用系统动力学方法进行研究。通过系统动力学基本原理，可以揭示产业集群创新系统内各主体、各变量在信息服务融合过程中的内在关联，探寻推动创新服务融合开展的核心要素与环节，促进产业集群创新服务融合的可持续发展。

3.2.2　产业集群跨系统创新服务融合的因果关系分析

系统动力学方法中，系统内部各要素之间及系统环境之间存在固有因果关系，对这些因果关系的分析是构建系统动力学模型和分析行为模式的基础①。因果关系可分为同向变化的正因果关系和反向变化的负因果关系两种，在因果关系图中分别用标有“+”号和“-”号的因果关系键表示。在由各变量间因果关系组成的因果关系图中，存在由两个以上因果关系键首尾串联而形成的封闭环路，即因果反馈环，其反映了变量在经过多次因果关系转换后又反过来作用于自身，从而产生循环影响效应，这种循环反馈是推动系统发展演化、增强系统协同稳定性的重要动力②。随着反馈环中变量的增多，

① Wolstenholme E.F.System Enquiry：A System Dynamics Approach[M].New York：John Wiley & Sons，Inc.，1990：28-29.

② 张力菠，韩玉启，陈杰.供应链管理的系统动力学研究综述[J].系统工程，2005(6)：8-15.

如果某一反馈环中负键数量为偶数,则该反馈环为正反馈环,在其作用下,反馈环中任一变量的变动会最终导致该变量的同方向变动趋势加强,即产生自我强化效果;而如果负键数量为奇数,则该反馈环为负反馈环,在其作用下,反馈环中任意变量发生变动后,最终使其变化逐渐减少并趋于稳定和平衡,即具有自我调节作用。

对于产业集群跨系统创新服务融合而言,利用因果关系图中各因果关系键和反馈环的组合展示功能,将直观展现产业集群协同要素、关联结构、信息服务融合推进中的内部机理以及运行状态,以利用系统动力学方法探索产业集群跨系统创新服务融合动因,及其协同效应和信息服务融合作用演化规律。根据产业集群协同创新体系的基本结构,本书绘制了各产业集群创新主体相关要素及其创新服务融合之间的因果关系图(见图 3-2),揭示了企业、科研机构和高等学校、中介服务机构及政府部门在面向产业集群协同创新的信息服务融合中的相互关系,并强调了集群创新外部效应对产业集群跨系

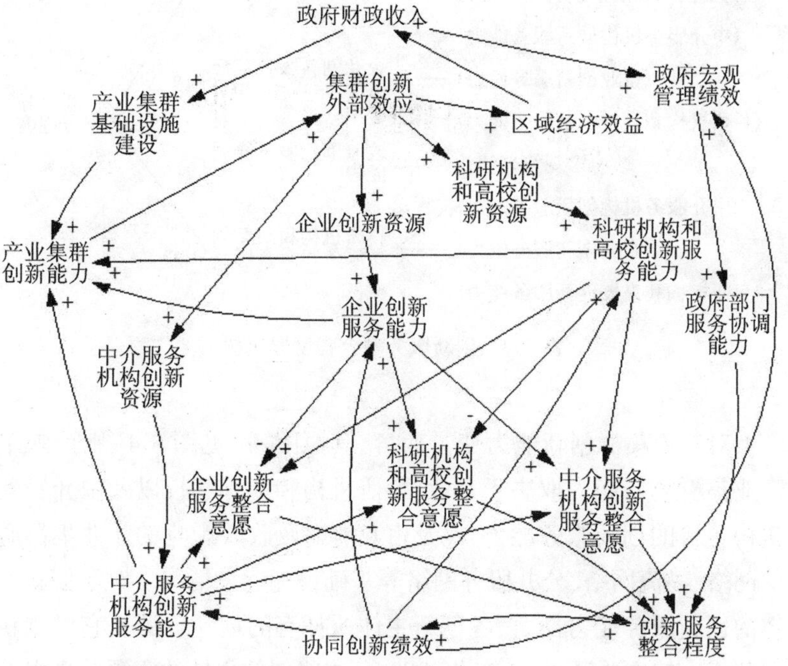

图 3-2 产业集群跨系统创新服务融合的因果关系图

统创新服务融合的影响。

为了更清楚地展示产业集群创新服务融合的因果关系图中创新服务融合程度、产业集群创新能力等关键变量的因果关系,在此利用原因树对因果关系图这些关键变量进行因果追踪,以直观揭示引起变量变化的各原因要素。例如,对创新服务融合程度变量而言,其原因树(见图 3-3)揭示了企业、科研机构和高等学校、中介服务机构各自的创新服务能力,是决定其自身及其他互补型创新主体创新服务融合意愿的关键,而各创新主体的服务融合意愿则决定了创新服务融合程度。除此之外,政府宏观管理绩效决定了政府部门的服务协调管理能力,进而对创新服务融合中各服务提供方行为提供监督与保障,同样对创新服务融合程度产生影响。

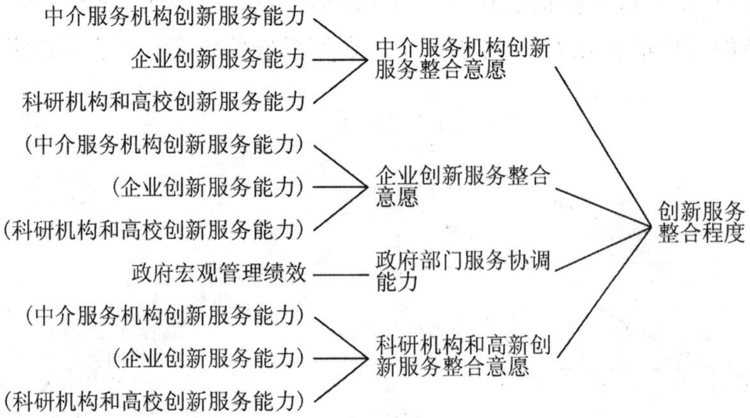

图 3-3　创新服务融合程度原因树

对产业集群创新能力变量而言,其原因树(见图 3-4)则反映了产业集群创新能力取决于企业、科研机构和高等学校以及中介服务机构各自的创新服务能力,以及由政府财政收入影响的产业集群通信网络、物流网络、公共服务网络等基础设施建设情况。对于创新主体的创新服务能力而言,各创新主体所拥有的创新资源是它们创新服务能力的主要源泉;而在此基础上,这些创新主体的资源共享水平与协同创新能力(体现在协同创新绩效上)则同样影响着它们的创新服务能力。

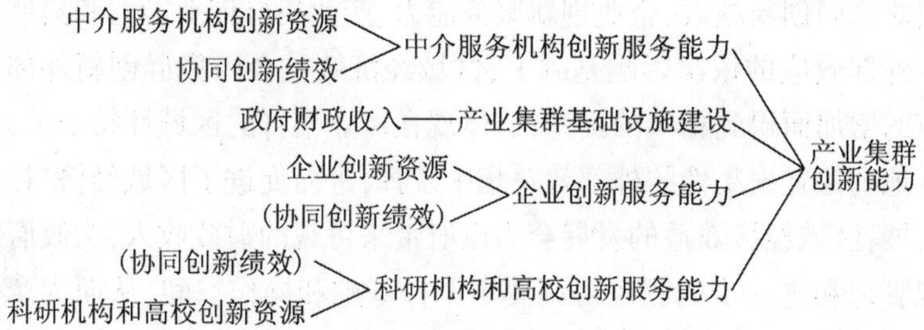

图 3-4 产业集群创新能力原因树

除原因树外,产业集群创新服务融合因果关系图中还反映出若干个反馈环将因果关系变量关联起来,由于其中所反映的反馈影响关系存在类比性,现就其中具有代表性的反馈环进行具体说明如下:

①反馈环 1:创新服务融合程度→协同创新绩效→企业创新服务能力→产业集群创新能力→集群创新外部效应→科研机构和高校创新资源→科研机构和高校创新服务能力→中介服务机构创新服务融合意愿→创新服务融合程度

该反馈环为正反馈环,以创新服务融合程度为初始变量,其服务融合程度的提高能够拉升各创新主体间的协同创新水平,进而体现在协同创新绩效的提升;在协同创新的发展模式下,企业创新能力将会得到显著改善,而其作为产业集群创新的关键成员,自然会使整个产业集群创新能力得到增强;在产业集群协同创新交互过程中,伴随着知识溢出和聚集优势等外部效应将会丰富科研机构和高校等其他产业集群创新主体的创新资源,进而影响其创新能力;同时各创新主体创新服务能力的改善也会进一步吸引其他创新主体对其创新服务的利用,即产生更深层次的服务融合意愿,并最终体现在创新服务融合程度的不断增强。

②反馈环 2:创新服务融合程度→协同创新绩效→企业创新服务能力→产业集群创新能力→集群创新外部效应→区域经济效益→政府财政收入→政府宏观管理绩效→政府部门服务协调能力→创新

服务融合程度

该反馈环为正反馈环，同样以创新服务融合程度为初始变量，在其对协同创新绩效、企业创新服务能力、产业集群创新能力和集群创新外部效应的依次影响基础上，区域经济效益会因集群创新外部效应的增加而得到相应的提升，这体现在产业集群的区域性特征上，具有地理位置聚集性的外部效益集中发挥，进而促进了区域经济、社会发展；区域经济效益的发展会为政府带来可观的财政收入，为政府宏观管理和进一步的服务协调奠定调控基础和操作空间，从而为产业集群创新服务融合提供更全面的指导与保障，不断提升创新服务融合程度。

③反馈环 3：企业创新服务融合意愿→创新服务融合程度→协同创新绩效→企业创新服务能力→企业创新服务融合意愿

该环为负反馈环，以企业创新服务融合意愿为初始变量，创新主体服务融合意识越强，所共享利用的服务种类、内容越丰富，促使创新服务融合程度越高，进而提升协同创新绩效，并使企业创新服务能力得以加强。但由于企业创新服务能力的加强，出于市场竞争考虑，会使企业将自身创新服务资源共享的意愿降低，即反向影响企业创新服务融合意愿。在这种负反馈环的循环作用下，最终企业会寻找到合适的资源共享与服务融合水平，并达到相对稳定状态。

④反馈环 4：产业集群创新能力→集群创新外部效应→区域经济效益→政府财政收入→产业集群基础设施建设→产业集群创新能力

该环为正反馈环，以产业集群创新能力为变量，在其促使集群创新外部效应发挥的基础上，产生区域经济效益，并增加政府财政收入，并将其应用于服务产业集群的基础设施建设中，为产业集群协同创新开展奠定物质基础并创造良好的创新条件，最终推进产业集群创新能力的进一步的提升，形成集群创新能力不断增强趋势。

综上所述，在产业集群创新发展中，跨系统的信息服务融合是以各创新主体的创新服务能力为基础，由其创新服务融合意愿所驱使，以产业集群外部效应的发挥为支撑和政府部门协调保障，在各要素间所形成的所有正、负反馈环的相互耦合作用下，寻求协同创新能力提升与信息服务融合水平动态平衡的过程下体现出的整体结果。对产业集群跨系统创新服务融合因果关系及各反馈环要素间的结构关系的探究,能为找出驱动跨系统创新服务融合的关键因素提供依据,以明确产业集群创新服务融合发展的关键环节和制约要素,从而通过针对性的定向调整与改善,实现产业集群协同创新发展。

3.2.3 产业集群跨系统创新服务融合的动力模型构建

在构建系统动力学模型之前,需在因果关系图的基础上进一步区分变量性质,系统动力学流图是一种可用更加直观的符号刻画系统要素之间的逻辑关系,明确系统的反馈机理和控制规律的图形表示法。系统动力学流图中主要包括以下几个变量①:

①状态变量(Level Variable),又称积累变量,其值观测点可为任意瞬间(即时点数),是系统从初始时刻到特定时刻的物质流动、能量流动或信息流动的积累,用来描述系统随时间的累积效应;

②速率变量(Rate Variable),又称决策变量,其值为非瞬时观测值,而是时间区间取值(即区间数),反映系统累计效应变化的快慢,用来描述状态变量的时间变化;

③辅助变量(Auxiliary Variable),是用来描述状态变量和速率变量之间信息传递和转换过程的中间变量,即决策过程的中间变量,其既不反映累积效应也不具有导数意义,而是描述状态变量和速率变量之间的局部结构,其局部结构与相关常量构成系统的"控制策略";

④常量(Constant),即表示系统中的局部目标或标准,是在所考虑的时间范围内变化甚微或者相对不变化的系统参数。这其中,状态变量(用方框表示)和速率变量(用箭头表示)是最重要的两个变量。

基于产业集群跨系统创新服务融合因果关系图,为了更清晰地展示和服务融合中各跨系统要素的关联关系,我们绘制了产业集群跨系统创新服务融合系统动力学流图,如图 3-5 所示。

---

① 钟永光,贾晓菁,李旭.系统动力学[M].北京:科学出版社,2009:89-92.

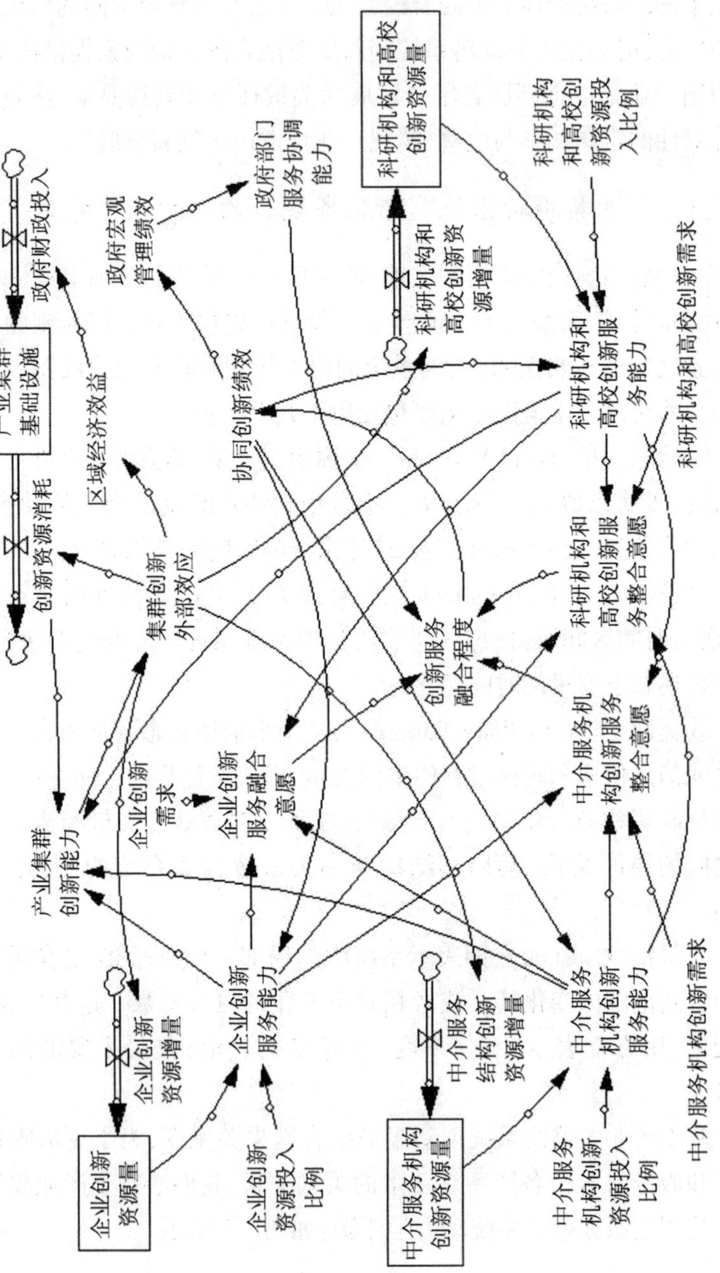

图3-5　产业集群跨系统创新服务融合系统动力学流图

在产业集群跨系统创新服务融合系统动力学流图中，所涉及的状态变量（L）、速率变量（R）、辅助变量（A）和常量（C）罗列如表3-2所示。

表3-2 产业集群跨系统创新服务融合系统动力学流图中的主要变量

序号	变 量 名	变量类型
1	企业创新资源量	L
2	企业创新资源增量	R
3	企业创新资源投入比例	C
4	企业创新服务能力	A
5	企业创新需求	A
6	企业创新服务融合意愿	A
7	科研机构和高校创新资源量	L
8	科研机构和高校创新资源增量	R
9	科研机构和高校创新资源投入比例	C
10	科研机构和高校创新服务能力	A
11	科研机构和高校创新需求	A
12	科研机构和高校创新服务融合意愿	A
13	中介服务机构创新资源量	L
14	中介服务机构创新资源增量	R
15	中介服务结构创新资源投入比例	C
16	中介服务机构创新服务能力	A
17	中介服务机构创新需求	A
18	中介服务机构创新服务融合意愿	A
19	政府部门服务协调能力	A
20	政府宏观管理绩效	A

续表

序号	变　量　名	变量类型
21	政府财政投入	R
22	产业集群基础设施	L
23	创新资源消耗	R
24	区域经济效益	A
25	集群创新外部效应	A
26	协同创新绩效	A
27	创新服务融合程度	A
28	产业集群创新能力	A

产业集群跨系统创新服务融合系统动力学流图中主要变量间的关系可以归纳为：

(1)创新资源量

创新资源拥有量是创新主体进行知识创新和创新服务的基础，其作为一个状态变量，随着创新资源增量的补充输入，得到不断积累。创新资源增量为创新主体固定时间段内为开展创新服务所投入的创新资源总量。由于创新资源较为宽泛，难以量化，可以创新资源建设开发投资额来代表创新资源增量。因此，企业的创新资源量可用以下公式表示：

企业创新资源量=INTEG(企业创新资源增量，初值)

同理，科研机构和高校、中介服务机构的创新资源增量也可用类似的状态变量公式表示。

(2)创新服务融合程度方程

在前文创新服务融合程度的因果关系分析中，产业集群创新服务融合程度依赖于企业、科研机构和高等学校、中介服务机构各自创新服务融合意愿，以及政府部门的服务协调管理能力，因而创新服务融合程度方程可表示为：

创新服务融合程度=企业创新服务融合意愿×科研机构和高校创新服务融合意愿×中介服务机构创新服务融合意愿×政府部门服务协调能力

而对于各创新主体创新服务融合意愿而言,显然,自身创新服务能力越强,其自主创新意识越强,而共享自身创新服务能力的意愿会越小。同时,对于其他创新主体创新能力越强,越具有创新服务方面的互补优势,越能够吸引创新主体进行服务融合,以利用其他创新服务资源。因此,以企业为例,其创新服务融合意愿公式可表示为:

企业创新服务融合意愿=(企业创新需求×科研机构和高校创新服务能力×中介服务机构创新服务能力)/企业创新能力

同理,科研机构和高校以及中介服务机构的创新服务融合意愿也可以通过类似公式表示。

(3)产业集群创新能力方程

产业集群创新能力依赖于产业集群各创新主体的创新服务能力,同时也受创新资源消耗所限制。因而对于产业集群创新能力方程而言,可表示为:

产业集群创新能力=(企业创新服务能力×科研机构和高校创新服务能力×中介服务机构创新服务能力)/创新资源消耗

其中,创新主体的创新服务能力一方面取决于创新主体所拥有的创新资源,以及创新资源投入到创新活动中的比例,另一方面,协同创新绩效也决定了创新主体在协同创新活动中的效率。因此,就企业而言,企业创新服务能力方程可表示为:

企业创新服务能力=企业创新资源量×企业创新资源投入比例×协同创新绩效

该公式,同样适用于科研机构和高校,以及中介服务机构等其他创新主体。

综合而言,产业集群创新服务融合动力学流图中主要变量方程可归纳为表3-3。

表3-3 产业集群创新服务融合动力学模型方程

序号	方程
1	企业创新资源量=INTEG(企业创新资源增量,初值)
2	科研机构和高校创新资源量=INTEG(科研机构和高校创新资源增量,初值)
3	中介服务机构创新资源量=INTEG(中介服务机构创新资源增量,初值)
4	产业集群基础设施=INTEG(政府财政投入-创新资源消耗,初值)
5	企业创新服务能力=企业创新资源量×企业创新资源投入比例×协同创新绩效
6	科研机构和高校创新服务能力=科研机构和高校创新资源量×科研机构和高校创新资源投入比例×协同创新绩效
7	中介服务机构创新服务能力=中介服务机构创新资源量×中介服务机构创新资源投入比例×协同创新绩效
8	产业集群创新能力=(企业创新服务能力×科研机构和高校创新服务能力×中介服务机构创新服务能力)/创新资源消耗
9	企业创新服务融合意愿=(企业创新需求×科研机构和高校创新服务能力×中介服务机构创新服务能力)/企业创新能力
10	科研机构和高校创新服务融合意愿=(科研机构和高校创新需求×企业创新服务能力×中介服务机构创新服务能力)/科研机构和高校创新能力
11	中介服务机构创新服务融合意愿=(中介服务机构创新需求×企业创新服务能力×科研机构和高校创新服务能力)/中介服务机构创新能力

续表

序号	方 程
12	创新服务融合程度=企业创新服务融合意愿×科研机构和高校创新服务融合意愿×中介服务机构创新服务融合意愿×政府部门服务协调能力
13	FINAL TIME=2012
14	INITIAL TIME=2002
15	SAVEPER=TIME STEP
16	TIME STEP=1

3.3 跨系统信息服务融合的影响因素

对于信息技术或网络信息服务而言,用户的相关行为意图显著影响着用户对其的实际利用情况①。因而,跨系统信息服务融合作为一种新的服务组织手段,为了更清楚地辨析影响跨系统信息服务融合实践应用的因素,可通过用户的跨系统信息服务融合行为意图及其影响因素进行评判。而对用户的技术使用意向的影响因素分析中,技术接受模型(Technology Acceptance Model,TAM)被广泛采纳,其认为在一些外部变量的影响下,用户的有用认知和易用认知将共同决定用户对技术的态度,从而进一步影响其行为意图,而系统实际使用则是由行为意图直接决定②。随着评测对象的发展与变化,TAM 模型的评测指标也发生着改变。其中,考虑到使用态度只能从情绪层面反映用户对技术的喜好,而并不能体现有用感知和易用感知对行为意图的影响,因而在 TAM 修正模型中舍弃了使用态度③。

① 孙建军.网络公共信息资源利用效率影响因素实证分析[J].图书情报工作,2012,56(10):35-40.

② Davis F.D.Perceived Usefulness,Perceived Ease of Use,and User Acceptance of Information Technology[J].MIS Quarterly,1989,13(3):319-340.

③ Davis F.D.,Venkatesh V.A.Critical Assessment of Potential Measurement Biases in the Technology Acceptance Model:Three Experiments[J].International Journal of Human-Computer Studies,1996,45(1):19-45.

本节即以 TAM 修正模型为基础,针对服务融合中的集成与交互特点,构建跨系统信息服务融合行为影响因素模型,以探究影响跨系统信息服务融合接受的因素及其影响程度。

3.3.1　影响因素模型与假设

(1)感知有用性和感知易用性

感知有用性和感知易用性作为 TAM 模型中的核心潜变量,被证明是影响用户行为意图的主要因素①②。其中感知有用性反映用户认为利用跨系统服务融合对其工作绩效提高的程度,当其认为跨系统服务融合能给其工作带来实质性帮助时,其跨系统服务融合意图将会得到加强;而感知易用性则反映用户认为跨系统服务融合在操作和使用的过程中的容易程度,当其认为服务融合的实现和利用是操作方便、容易上手的,其跨系统服务融合意图也会得到加强。此外,感知易用性也被大量研究证明能够对感知有用性产生影响,尽管也存在部分研究证明其间影响不显著③,但考虑到在服务融合中,其融合产物越容易使用越能让用户感受其融合价值,在此仍假设感知易用性影响感知有用性。因而,针对感知有用性和感知易用性提出如下假设:

H1:感知有用性显著影响跨系统服务融合行为意图;

H2:感知易用性显著影响跨系统服务融合行为意图;

H3:感知易用性显著影响感知有用性。

(2)感知集成性

由于服务融合是跨系统服务集成应用的一种拓展,其本身既具有跨系统特征也具有融合属性④,而集成性则一定程度上反映了服

---

① Van der Heijden H.Factors Influencing The Usage of Websites:The Case of A Generic Portal in the Netherlands[J].Information & Management,2003,40(6):541-549.

② Holden R.J.,Karsh B.T.The Technology Acceptance Model:Its Past and Its Future in Health Care[J].Journal of Biomedical Informatics,2010,43(1):159-172.

③ 孙建军,成颖,柯青.TAM 模型研究进展——整合分析[J].情报科学,2007,25(7):961-965.

④ 严炜炜.基于 widget 的知识创新价值链融汇服务协同组织[J].情报科学,2013,31(8):47-52.

务融合在内容上的完整程度和功能上的融合程度，是衡量其融合产物服务能力的关键性指标之一。从内容上看，用户对集成性的感知越强，意味着服务的涵盖面越宽广，体现为其所囊括资源的内容越丰富，为用户免去查询多源信息的繁琐工作，并快速定位所需资源；从功能上看，用户对集成性的感知越强，意味着服务的一体化程度越高，体现为其功能选择优势和融合效果佳，同样减少了用户对信息的多元处理环节，增强了易用性的同时也能够吸引用户采用①。从而，基于内容与功能上的考虑，感知集成性对感知易用性产生影响的同时，也会对服务融合意图带来影响。因此，针对感知集成性提出如下假设：

H4：感知集成性显著影响感知易用性；

H5：感知集成性显著影响跨系统服务融合行为意图。

(3)个性化程度

个性化程度同样影响着用户在利用服务过程中的感知体验，其也被通常运用于用户满意度的影响因素研究之中，被证明是影响网络信息服务用户满意度的重要因素之一②。尤其是在面向用户的定制式服务中，个性化程度能够反映系统能否为用户提供差异化的服务内容与服务方式，进而体现其与用户的个性化需求与习惯、偏好的匹配情况③。因而，其也被认作影响知识门户网站信息服务质量的微观信息技术因素之一④。显然，在跨系统服务融合中，用户的个性化定制需求显著，这体现在系统对融合内容的个性化定制、对服务融合功能的个性化组合以及对融合服务的可视化展示效果的个性化设置等方面。具有良好个性化程度的服务融合系统能够保持良好的灵

---

① 胡昌平等.面向用户的信息资源整合与服务[M].武汉：武汉大学出版社，2007：124-125.

② 焦玉英，雷雪.基于用户满意度的网络信息服务质量评价模型及调查分析[J].图书情报工作，2008，52(2)：81-84.

③ Schafer J. B., Konstan J. A, Riedl J. E-commerce Recommendation Applications[J].Data Mining and Knowledge Discovery，2001(5)：115-153.

④ 靖继鹏，尹焱鑫.知识门户网站信息服务的影响因素作用机制分析[J].情报科学，2011，29(10)：1488-1493.

活性和动态性,即依据用户需求的变更实现服务融合对象甚至功能的及时调整,同时能够提升用户在使用服务融合功能中的交互体验,保证了服务的参与性和生命力,即对用户感知有用性和易用性均有所影响。因此,针对感知交互性提出如下假设:

H6:个性化程度显著影响感知有用性;

H7:个性化程度显著影响感知易用性。

(4)网络外部性

网络外部性表现为,产品或服务对用户的价值随着其用户以及其可兼容产品或服务的用户数量增加而增大①。尤其是在Web 2.0环境下,产品与服务的价值与用户的数量密切相关②。而服务融合具有天然的跨系统优势,其服务融合产品的价值也应与其用户数量紧密相关。尤其是在信息系统领域,由于用户通常不会选择独自利用某项服务或技术,而是选择接受有众多用户使用的应用,以产生一种集体行为,从而使用户产生数量上的安全感③。当用户感知到参与到服务融合其中的用户数量优势时,他们会为能够获取更多源的资源与服务而感到服务融合的有用性,同样潜在的用户使用交互也为学习使用服务融合带来帮助,并鼓励新用户的参与。网络外部性在关于移动服务的接受模型中,被证明对感知有用性、感知易用性和使用行为均有显著影响④。因此在跨系统服务融合应用中,针对网络外部性提出如下假设:

H8:网络外部性显著影响感知有用性;

H9:网络外部性显著影响感知易用性。

---

① Kauffman R.J., McAndrews J., Wang Y.M. Opening the "Black Box" of Network Externalities in Network Adoption [J].Information Systems Research,2000,11(1):61-82.

② Wang C.C.,Hsu Y.,Fang W.Acceptance of Technology with Network Externalities:An Empirical Study of Internet Instant Messaging Services[J].Journal of Information Technology Theory and Application,2004,6(4):15-28.

③ Lou H.,Luo W.,Strong D.Perceived Critical Mass Effect on Groupware Acceptance[J].European Journal of Information Systems,2000,9(2):91-103.

④ 邓朝华,鲁耀斌,张金隆.基于TAM和网络外部性的移动服务使用行为研究[J].管理学报,2007,4(2):216-221.

(5)感知风险性

感知风险性是一个在研究消费者行为中比较常用的指标,其概念维度涵盖了包括财务风险、功能风险、时间风险、心理风险和社会风险等方面①,而在广泛的有关感知风险的研究中也证明了感知风险对使用行为会产生显著影响②。事实上,不仅在消费行为中,在新服务方式尤其是服务融合技术的接纳中,也是存在着风险的。服务融合势必需要协同各方利益,共享资源与服务,这就产生了信任风险以及知识溢出风险和产权风险,同时服务融合中也可能会发生用户隐私泄露风险以及功能风险等不可预计的情况,都将会对服务融合意图带来影响。因此,针对感知风险,提出以下假设:

H10:感知风险显著影响跨系统服务融合行为意图。

综上所述,跨系统服务融合的影响因素结构方程模型图如图3-6所示。

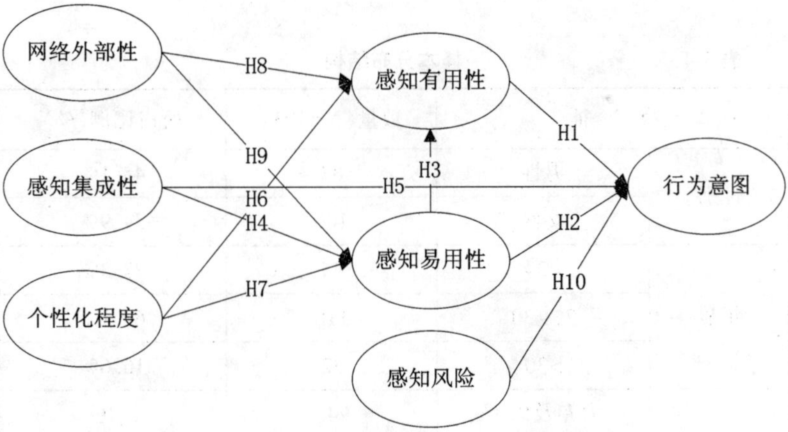

图3-6 跨系统服务融合结构方程模型

① 井淼,周颖,吕巍.互联网购物环境下的消费者感知风险维度[J].上海交通大学学报,2006,40(4):607-610.

② Featherman M.S., Pavlou P.A.Predicting E-services Adoption: A Perceived Risk Facets Perspective[J].International Journal of Human-Computer Studies,2003,59(4):451-474.

3.3.2 影响因素模型验证分析

通过网络问卷调查的形式,本次调研采用 Likert 五分法衡量用户对服务融合感知有用性、感知易用性、感知集成性、个性化程度、网络外部性、感知风险以及行为意愿共7个潜变量、27个测量指标的态度,问卷利用问卷星平台发放。本次调研时间为2013年10月至11月,共收集问卷216份。由于在问卷测试中发现,完成本问卷至少需要耗时120秒,故剔除答题时间少于120秒的问卷,最终获得有效问卷193份。其中,男女比例基本均衡,而具有本科及硕士学历的用户占据了80%,样本用户主要年龄分布于25~30岁之间,这类青年用户群往往具备对新服务的尝试精神,尤其是对新的网络服务具有快速的接受能力①。而从职业分布上看,被调查对象的职业分布也较广,具有一定的代表性。该样本分布结构如表3-4所示。

表3-4 **样本分布结构**

特 征		数量(*N*=193)	所占比例(%)
性别	男性	87	45.1%
	女性	106	54.9%
年龄	<24	45	23.3%
	25~30	116	60.1%
	>30	32	16.6%
学历	大专及以下	4	2.1%
	本科	45	23.3%
	硕士	109	56.5%
	博士及以上	35	18.1%

① Palfrey J., Gasser U. Born Digital: Understanding the First Generation of Digital Natives[M].New York:Basic Books,2008:167.

续表

特征		数量(N=193)	所占比例(%)
职业	技术/研发	31	16.1%
	综合/管理	27	14.0%
	其他专业人士	72	37.3%
	教师/学生	63	32.6%

在研究样本中,用户基本一致认为融合服务的优势主要在于一站式服务(83.9%),而超过半数的用户也都认为对资源的整合(62.2%)以及服务功能的集成性(53.9%)是融合服务的价值所在。这证明,用户对服务融合而言更看重其对功能与内容的整合效果与一体化服务能力,这些特点相比其他的个性化设置、拓展能力、可视化效果等方面而言,更能够代表服务融合的独有优势。除此之外,还有部分用户提出服务融合的优势还在于能够迎合目标人群需求、能够发挥资源与服务的最大价值、能够利用综合服务展示实力等方面。具体服务融合优势的选择分布如图 3-7 所示。

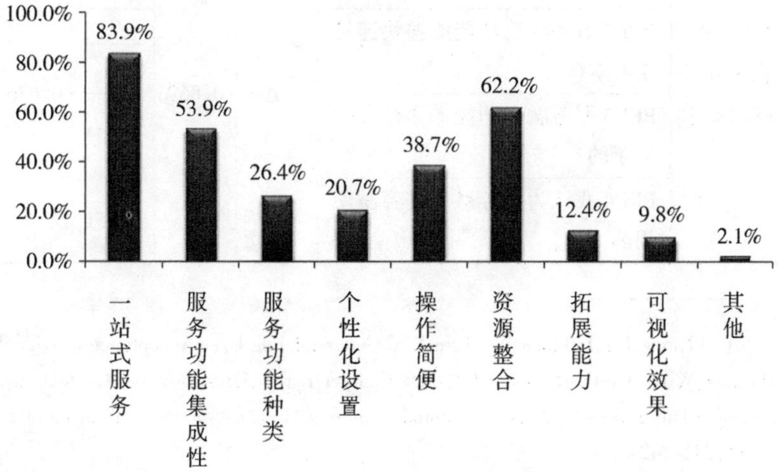

图 3-7 服务融合优势选择分布

在影响因素模型验证分析中,我们利用 SmartPLS 2.0 软件进行数据分析。首先对模型测量指标的信度和效度进行评估。信度是指测量结果的一致性和稳定性,通常用 Cronbach α 值和组合信度(Composite Reliability, CR)来衡量。本次调研的各潜变量的 Cronbach α 值及 CR 值均大于 0.7(见表 3-5),说明问卷内各问项的结果趋于一致,表明因子具有较好的可靠性,问卷信度高。

表 3-5　　**量表指标及负载、Alpha、CR、AVE 值**

研究概念	测量指标	α	CR	因子载荷	AVE
感知有用性(PU)①	PU1 服务融合可以帮助我获得多来源的资源	0.755	0.842	0.701	0.573
	PU2 服务融合可以满足我多方面的工作需求			0.756	
	PU3 服务融合可以帮助我提升工作的效率			0.742	
	PU4 我认为服务融合是有用的			0.822	
感知易用性(PEU)②	PEU1 服务融合功能能让我快速找到我所需要的信息	0.796	0.869	0.670	0.626
	PEU2 服务融合功能能够快速被学习掌握			0.775	
	PEU3 服务融合功能操作是方便简单的			0.853	
	PEU4 我认为服务融合是容易使用的			0.851	

① Thong J.Y.L, Hong W., Tam K Y. Understanding User Acceptance of Digital Libraries: What Are the Roles of Interface Characteristics, Organizational Context, and Individual Differences? [J]. International Journal of Human-Computer Studies, 2002, 57(3): 215-242.

② Van der Heijden H. Factors Influencing the Usage of Websites: The Case of A Generic Portal in the Netherlands[J]. Information & Management, 2003, 40(6): 541-549.

续表

研究概念	测量指标	α	CR	因子载荷	AVE
感知集成性(PI)①	PI1 服务融合能集成我所需求的应用	0.829	0.886	0.792	0.661
	PI2 服务融合所集成的应用功能之间衔接良好			0.808	
	PI3 服务融合后的应用能够提供一站式服务			0.852	
	PI4 我认为服务融合的集成效果是明显的			0.798	
个性化程度(IND)②	IND1 我在服务融合应用中能按个人需求定制推送资源	0.851	0.899	0.782	0.691
	IND2 我在服务融合应用中能按个人需求组合服务功能			0.848	
	IND3 我在服务融合应用中能按个人需求进行可视化(界面、布局等)设置			0.848	
	IND4 我认为服务融合是具有个性化的			0.844	

① Chen L., Gillenson M.L., Sherrell D.L. Enticing Online Consumers: An Extended Technology Acceptance Perspective[J]. Information & Management, 2002, 39(8): 705-719.

② 焦玉英,雷雪.基于用户满意度的网络信息服务质量评价模型及调查分析[J].图书情报工作,2008,52(2):81-84.

续表

研究概念	测量指标	α	CR	因子载荷	AVE
网络外部性(NE)①	NE1 我认为可供服务融合的资源是丰富的	0.780	0.858	0.748	0.602
	NE2 我认为支持服务融合的应用接口是丰富的			0.798	
	NE3 我认为现有的服务融合产品是丰富的			0.790	
	NE4 我认为正在使用服务融合的用户数是庞大的			0.769	
感知风险(PR)②	PR1 服务融合会引发知识溢出和知识产权受侵害的风险	0.822	0.871	0.899	0.631
	PR2 服务融合会引发用户隐私泄露的风险			0.847	
	PR3 服务融合会引发系统性冲突			0.681	
	PR4 我认为服务融合是存在风险的			0.731	
行为意图(BI)③	BI1 假如有机会,我觉得我会尝试使用服务融合	0.855	0.912	0.882	0.776
	BI2 我愿意在将来使用服务融合			0.920	
	BI3 我愿意将服务融合推荐给周围的人			0.840	

① Lin K.Y.,Lu H.P.Why People Use Social Networking Sites:An Empirical Study Integrating Network Externalities And Motivation Theory[J].Computers in Human Behavior,2011,27(3):1152-1161.

② Featherman M.S.,Pavlou P.A.Predicting E-services Adoption:A Perceived Risk Facets Perspective[J].International Journal of Human-Computer Studies,2003,59(4):451-474.

③ Pavlou P. A. Consumer Acceptance of Electronic Commerce: Integrating Trust and Risk with the Technology Acceptance Model[J].International Journal of Electronic Commerce,2003,7(3):101-134.

效度检验方面则是反映测量内容与测量目标之间的适合性和逻辑性，主要考察测量潜变量的测量指标的完整性（内容效度），以及潜变量的测量指标之间的相关系数（建构效度），该相关系数用因素负载来衡量。由于观察指标在已有研究成果和对服务融合各潜变量特征总结的基础上确定，在一定程度上保证了内容效度，而建构效度的检验一般可从收敛效度与区别效度两个方面来进行测量。其中，潜变量的收敛效度可通过反映测量指标对潜变量相对重要性的因子载荷，和反映测量指标方差被解释程度的平均变异抽取量（AVE）来测定，通常良好的收敛效度需要各测量变量因子载荷大于 0.7，且 AVE 值大于 0.5①。由表 3-5 可知各因子载荷和 AVE 值均满足以上要求，表明该测量指标具有较好的收敛效度。区别效度则反映了某一潜变量与其他潜变量的区别程度，若潜变量 AVE 的平方根大于与其他潜变量间相关系数，即说明了该潜变量与其他潜变量之间具有良好的区分性。表 3-6 显示了各潜变量 AVE 值的平方根均大于该潜变量与其他潜变量之间的标准化相关系数，表明该测量指标同样具有良好的区别效度。综上所述，测量模型具有良好的信度和效度。

表 3-6 **AVE 值的平方根（对角线上）及因子相关系数**

	PU	PEU	PI	IND	NE	PR	BI
PU	**0.757**						
PEU	0.482	**0.791**					
PI	0.478	0.507	**0.813**				
IND	0.386	0.435	0.502	**0.831**			
NE	0.418	0.439	0.558	0.454	**0.776**		
PR	0.213	0.202	0.172	0.274	0.331	**0.794**	
BI	0.484	0.387	0.570	0.404	0.439	0.285	**0.881**

① Fornell C.A National Customer Satisfaction Barometer: The Swedish Experience[J].The Journal of Marketing, 1992, 56(1): 6-21.

在对模型进行的路径分析中，跨系统服务融合行为意图影响因素模型路径系数如图 3-8 所示。

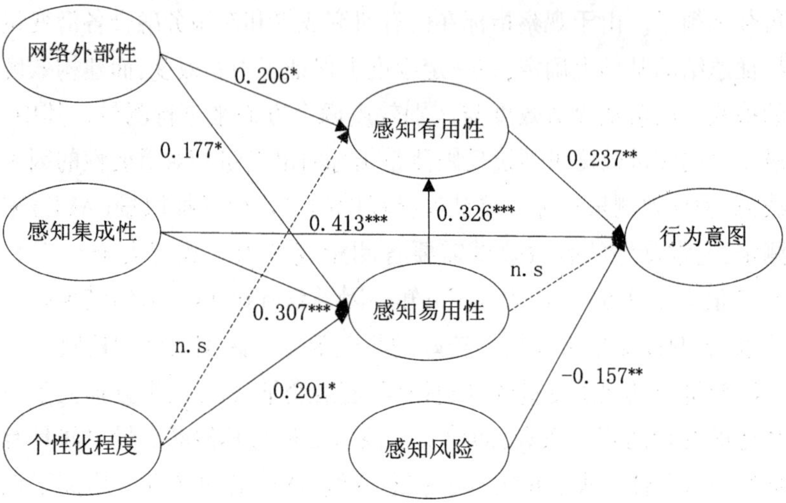

注：n.s 表示 $p>0.05$，* 表示 $p<0.05$，** 表示 $p<0.01$，*** 表示 $p<0.001$

图 3-8　跨系统服务融合行为意图影响因素模型标准化路径系数图

从图 3-8 中可发现，除了信息组织加工服务和信息交互服务对整体满意度的影响不显著之外，其余路径均至少在 95% 置信水平下具有显著性，因此拒绝假设 H2 和 H6，接受其余假设，假设检验结果如表 3-7 所示。

表 3-7　**假设检验结果**

假 设 内 容	假设是否成立
H1：感知有用性显著影响跨系统服务融合行为意图	成立
H2：感知易用性显著影响跨系统服务融合行为意图	不成立
H3：感知易用性显著影响感知有用性	成立
H4：感知集成性显著影响感知易用性	成立
H5：感知集成性显著影响跨系统服务融合行为意图	成立
H6：个性化程度显著影响感知有用性	不成立

续表

假设内容	假设是否成立
H7:个性化程度显著影响感知易用性	成立
H8:网络外部性显著影响感知有用性	成立
H9:网络外部性显著影响感知易用性	成立
H10:感知风险显著影响跨系统服务融合行为意图	成立

3.3.3 基于验证模型的影响因素分析

通过对跨系统服务融合影响因素模型的验证分析,我们可以发现,对服务融合意图产生直接影响的因素为感知有用性、感知集成性和感知风险性,而对于感知易用性、个性化程度和网络外部性而言则对服务融合意图产生间接的影响。

对服务融合意图产生直接影响作用最大的为感知集成性,这与在服务融合的优势选择中,大多数用户对功能与内容的整合效果与一体化服务能力认可的结果具有一致性。显然,作为服务融合的特有优势,其与其他服务手段的本质区别就体现在集成性方面,即通过融合其他服务优势资源与信息处理技术,实现一站式乃至一键式的服务,在极大程度上提升了服务融合产物的易用性的同时,对用户产生吸引,促使用户尝试使用服务融合技术,亦可吸引更多服务提供商加入到服务融合进程中,实现最终的互惠互利。因而,集成性的提升是推进服务融合采纳与应用的最关键的因素。

在服务融合中,除了感知集成性以外,个性化程度和网络外部性也对感知易用性产生显著的积极影响。对于网络服务而言,依据用户的个性化偏好为用户提供功能与服务的定制、推送以及可视化效果的设置,无疑能够使用户更加容易上手和掌握。服务融合更多的也是体现在对多元网络服务功能的融合之上,因而个性化服务程度的提升自然也会使服务融合更快速的被用户所接受。此外,服务融合往往实现了功能的独立封装,用户只需通过简单的选择与拖拽实现服务功能的融合,为用户实现各服务功能的自由筛选与组合带来了便利,进一步凸显了易用性。同时,网络外部性所展现可用于融合的丰富的资源与接口,以及同样使用服务融合手段的用户数量,也都为服务融合的学习与使用带来了客观的便利性。感知易用性的提升也被证明可以显著促进感知有用性的提高,并进一步作用于服务融合意图上,促使用户服务融合行为的开展。然而,对于服务融合而言,感知易用性对服务融合意图的影响并不显著,这体现出,相比于对服务融合的易操作和易掌握而言,服务融合的实用价值及其对工作效率的促进作用才更能影响用户对服务融合的采纳行为。

网络外部性的作用也不仅仅体现在对感知易用性的影响上,同时也体现在了对感知有用性的影响上。这也反映出服务融合的另一个特质,即可融合的资源与功能越多,其融合后所能发挥的价值越大。随着众多网络服务提供商提供了可应用于服务融合的开放API,网络资源与服务的共享利用也成为一种趋势,这也为服务融合的网络外部性的提升奠定了良好的基础。然而,服务融合仍旧处于一个发展初期,其网络外部性的价值也还未真正凸显出来。因而,网络资源与服务的深层次的开放共享也是促进服务融合的重要途径之一,而服务融合的发展以及服务融合的参与程度的提升也会反过来作用于网络外部性,形成良性的循环作用。

另一方面,感知风险也是不容忽视的因素之一,其对服务融合意图也产生显著的影响,只不过其风险性会在一定程度上阻碍服务融合行为的开展。而为了规避这一现象的出现,其着力点还是需要放在服务融合资源的产权保障和用户的隐私安全保护上面,通过制定开放存取标准与协议,或者从功能技术角度防止网络知识资源与隐私泄露的发生;同时,确保服务融合功能的兼容性,利用系统互操作手段实现跨系统服务融合功能运作的流畅性和安全性。

3.4　跨系统信息服务融合的发展定位

跨系统信息服务融合行为意图的影响因素及影响程度决定了产业集群信息服务融合的任务和目标,尤其是在面向产业集群协同创新的工作中,尽管服务融合具有协同服务优势,但为了推进产业集群跨系统信息服务融合的实现,须以跨系统信息服务融合行为意图的影响因素分析为基础,结合产业集群的资源开放共享与服务现状,明确协同创新导向下的产业集群跨系统信息服务融合发展中的功能定位和目标选择。

3.4.1 跨系统信息服务融合任务

基于影响跨系统服务信息融合行为意图的因素分析,在力求凸显服务感知集成性、推动服务融合个性化和网络外部性价值发挥、规避感知风险的前提下,促使服务融合感知价值稳固提升的基础上,面向产业集群协同创新发展,跨系统信息服务融合的开展与推进任务可归纳为:

(1)以集群化创新战略为基础的服务融合形态确立

国家创新发展规划对产业集群创新发展具有指导作用,产业集群创新发展战略应始终与国家创新发展战略要求保持一致。以此为基础,不同产业集群由于产业结构、区位特征和发展现状的区别导致了创新发展战略定位的差异,从而形成了不同的集群化创新发展目标与战略。在面向产业集群协同创新发展的服务中,依据集群化创新发展战略,一方面,应通过创新资源布局的动态配置与优化实现产业集群创新资源的协同建设,实时满足产业集群创新活动中的各种信息需求;另一方面,根据产业集群各创新主体创新发展基础与条件,将创新主体作为有机关联的系统进行考虑,以系统互操作为基础,以跨系统协同为目标,利用信息服务融合形式调用分布式创新服务资源实现协同运作,进而深化创新服务中知识水平与服务能力,实现集群创新发展中的全方位知识保障,并带动产业集群创新服务模式的调整与转型,实现国家创新发展目标驱动下产业集群创新服务能力的整体联动。

(2)以集群创新资源共建共享为依托的服务融合基础奠定

在开放创新环境下,产业集群创新资源保障是创新服务开展的基础,尤其是对创新服务融合而言,需要促进创新主体之间的合作创新,综合集群创新优势资源加以整合并形成新的服务。因此,对融合资源的共建共享与开放存取自然成为提升创新资源使用效率,以及实现集群跨系统信息服务融合的基础任务。从共享资源层面上看，还应加强知识共享力度，在跨系统信息服务融合中注重虚拟社区等知识交流环境的融入，并利用智能化的知识资源匹配机制，实现产业集群内部的快速知识交流与转移，发挥知识共享在知识创新中的促进作用；从组织机制层面上看，产业集群各创新主体在协同创新目标的驱动下，在政府的调控及创新服务机构等相关部门的辅助下，容易形成战略合作联盟关系，并基于资源共享平台的建设，依据区域产业空间与结构特征进行重组。

(3) 以应用接口开放与集群权益保障为支撑的服务融合机制完善

从利益保障层面上看，通过建立规范化的服务融合开展机制与条例，实现创新主体在为服务融合提供资源以及获取服务融合资源的同时，保障集群协同创新合作各方的利益。在创新服务融合中，服务融合组织方式可按服务功能、服务内容、服务对象等方面进行组织。从服务功能上看，除单一功能的地图功能部件、图表功能部件、统计分析功能部件、网页剪辑功能部件等之外，还可根据用户知识创新过程中的基本需求，将各功能部件进行搭配封装，实现科技查新、协同合作、交互共享、参考咨询、应用推广等功能的组织，以供创新用户选择，这就要求服务融合对象提供开放接口以满足跨系统信息服务融合的需求；从服务内容上看，除了强调资源来源的多渠道外，可根据用户的资源需求类型进行封装，并提供资源的具体内容或链接，如文献资源(期刊资源、书目资源等)、影音资源、Web 资源等，多元资源的开放存取要求完善服务融合机制，以确保这些资源的知识产权不受侵害，保持协同创新与服务融合的可持续发展；从服务对象上看，划分创新用户的类型，为其提供不同层级的服务功能，这就要求在服务融合中为保障用户隐私与企业机密，对不同用户提供具有差异化安全防范级别的标准与措施。同时，利用多样化的激励政策和标准化的补贴制度鼓励产业集群不同创新主体加入到协同创新与服务融合之中，并共享自身的优势资源，实现创新环境下的信息服务融合资源的充分利用。

(4) 以面向集群用户可定制化服务呈现的服务融合功能拓展

由于产业集群用户之间创新需求存在差异，为了适应创新用户的个性化需求,信息服务融合可采用个性化定制方式,主动将融合服务资源推送到创新用户终端,以减轻创新用户自主寻找资源的负担。融合资源的个性化推送是服务融合个性化定制的主要手段。个性化推送服务的开展可以由创新用户主动定制推送资源,由服务器端定时将更新资讯即时或以邮件、消息提醒等方式推送到用户端,大幅度提升用户自主创新的效率;也可以利用数据挖掘和机器学习的方式,收集创新用户的注册信息以及访问历史记录文件等,对用户进行聚类分析,进而有针对性地主动推送融合资源,在与创新用户的不断交互与反馈中,最终实现准确的智能推送服务。同时为了提升用户的体验,信息服务融合功能需要增强可视化效果,根据其个性化的需求,信息服务融合的可视化展示也可以充分集成可视化工具来实现,通过对众多可视化部件所提供的信息融合服务功能进行筛选,并在页面上进行设置和拖拽以实现个性化布局与功能拓展。

3.4.2 跨系统信息服务融合功能定位

基于上述服务融合任务,参考对跨系统信息服务融合具有显著直接影响的感知集成性和感知有用性,在面向协同创新的产业集群跨系统信息服务融合功能中,在强调跨组织机构协同的基础上,应突出其功能的复合性和知识性定位,实现对创新服务资源的整合与重构、知识挖掘与发现,以及流程化装配与嵌入。

(1)异构创新系统的整合与重构

信息服务融合功能的复合性是建立在异构创新资源的整合与重构利用的基础之上的。在产业集群跨系统信息服务融合推进中,集群成员组织信息服务系统应为开放系统,并借助其系统源要素的流动,实现异构系统资源与功能的开放式运行。异构系统创新资源的整合关键在于建立一种有效的协作与交互机制,实现对分布在多个异构信息服务系统之间差别的屏蔽,并识别不同信息服务系统的协同信息内容,从而实现达到数据共享和基于协同标准的整合。在创新系统整合的基础上,为了实现对创新资源的调用,还需要按新的融合服务的资源组织方式实现对整合资源的重构。在创新资源重构的过程中,按创新用户对创新资源的加工需求实现对信息内容的增值处理,使内容单一的信息内容转变为内容复合的信息内容并为融合信息服务所利用,以简化用户利用信息服务满足创新需求的环节。

(2)创新资源的知识挖掘与发现

信息服务融合功能的知识性则体现在对经整合与重构加工的创新资源的知识挖掘与知识发现处理之上。产业集群中的跨系统信息服务融合本质目标是更为高效地支持集群知识创新活动,知识创新活动需要知识资源的支撑,而知识挖掘服务是对知识资源所包含的知识提炼、归纳的过程,从中将新颖的、有效的、潜在有用的知识信息以最终用户可理解的形式呈现出来的过程①。在知识资源共享利用的基础上,通过知识挖掘和知识发现技术,能够从知识创新资源中挖掘出潜在的知识并加以组织,进而实现知识创新。因此,在跨系统信息服务融合中,强调融合数据挖掘、机器学习等手段,对产业集群专业领域的知识文献资源、技术专利资源以及相关技术操作资源进行归纳分析,提取创新知识为产业集群的知识创新和知识交互所用,服务于产业集群知识创新周期,并致力于提高产业集群整体的知识创新与应用能力。

(3)创新服务流程的自定义装配与嵌入

在体现跨系统信息服务融合的复合性和知识性的基础上,其服务提供流程与方式也须根据产业集群创新需求进行定义,即体现信息服务融合的个性化组织与装配能力。作为融合信息服务的呈现形式,创新服务流程的装配充分体现出了信息服务融合手段的个性化、灵活性和可拓展性。对于具有差异化创新能力的产业集群创新主体而言,一方面可以根据自己的创新需求选择装配跨系统信息服务功能,并按符合自身业务流程的需求进行信息服务融合组织和可视化呈现;另一方面可以定制创新资源内容与服务功能,按需支付相应有偿创新资源与服务,优化信息服务融合的应用策略。此外,在跨系统信息服务融合的嵌入中,也能够实现其与创新主体创新流程的有机结合,适应于创新主体的创新环境,并利用融合信息服务所提供的服

① Nasukawa T., Nagano T. Text Analysis and Knowledge Mining System[J]. IBM Systems Journal, 2001, 40(4): 967-984.

务内容实现与其他创新主体的协同。

最终,跨系统信息服务融合在资源整合、知识挖掘利用和个性化流程嵌入的基础上,实现一站式创新服务。从功能上看,通过在海量的、分布于各创新主体的各类创新资源中提取创新活动所需信息,挖掘潜在知识,并经过加工处理和序化操作,简化创新主体的创新过程的同时实现知识资源的增值利用,为产业集群的创新发展中获取产业创新情报、提供创新参考咨询等带来多元知识服务支撑。

3.4.3 跨系统信息服务融合目标选择

当前,我国虽然以中关村、光谷等为代表的高技术产业集群创新发展迅速,但多数区域产业集群的优势还局限于价值链较低端的生产制造环节,表现为利润较低的生产制造环节能力较强;而能创造丰厚利润,且分别位于生产制造环节上游和下游的研发设计与市场营销等环节则较弱,即出现"中间大、两头小"的现象。为了以跨系统信息服务融合作为手段,提升面向产业集群的创新服务水平,在跨系统信息服务融合实施推进与发展中,还需要明确跨系统信息服务融合的目标,以指导产业集群跨系统信息服务融合的实践。概括而言,面向协同创新的产业集群跨系统信息服务融合的目标可从宏观、中观和微观三个战略层次来制定。

从宏观层面上看,在国家创新发展中,产业集群协同创新不仅为国家科技创新与经济发展提供重要支撑,而且对促进国家在各产业领域实施全面创新发展战略具有重要的推动作用。为支撑国家知识创新任务并适应与之对应的产业集群协同创新要求,需要不同创新主体共同参与、密切合作。为保障创新活动的顺利开展,除了依赖区域政府的对产业集群公共资源与产业 R&D 经费投入,还需要引导社会资源加大对创新活动的投入,逐步形成财政支持、主体投入、社会各界广泛参与的协同配置新局面。跨系统信息服务融合旨在构建面向区域集群创新特色的融合化服务平台,实现包括产业创新所需资源的互通与互动,重构面向产业集群创新的服务模式,建立稳固的创新协作关系与协同创新机制和覆盖产业集群创新多层次的社会网络资源与服务保障体系,形成以可持续创新为宗旨,全面协调的集群化生态服务系统。

从中观层面上看，信息服务融合的开展需要从整体上理清产业集群创新主体的交互关系，并协调集群创新资源配置与共享，为产业集群产学研联合创新攻关提供研发互动式共享环境和协作空间，并依托于知识产权保障与激励机制的建设，借鉴产业集群跨系统信息服务融合的驱动力分析结果，从区域层面结合区域创新发展目标，制定产业集群协同创新中的跨系统信息服务融合战略发展规划。此外，有效组织可应用于信息服务融合的创新资源及服务融合成功案例，以最大程度上发挥网络外部性效应，实现信息服务融合的可持续发展。跨系统协同服务的目标是针对具体产业领域，基于开放的服务架构，通过对跨系统资源与服务的有机组织和揭示，突出产业特色的同时，创建一个能够实现面向创新各环节的整体化信息服务环境。

从微观层面上看，信息服务融合的基础是对分布式异构数据资源的互操作，并以跨系统服务手段，屏蔽资源异构属性，实现元数据的标准化加工处理和协同开发与利用。以此为基础，一方面构建标准化服务接口，对多源创新资源进行整合与加工，凸显信息服务融合的集成属性与一站式服务能力，为用户构建一个无缝的、关联的跨系统协同创新服务空间；另一方面利用服务功能封装、融合和嵌入式技术在实现服务功能拓展，并在功能上凸显知识创新的知识属性和服务的个性化特征，不但提供面向知识创新的咨询、挖掘、推荐等服务功能，拓宽用户间的知识交流渠道，也能使创新用户可根据创新任务需求指定服务融合目标与内容，提升用户的服务融合体验。

第 4 章　面向产业集群的跨系统信息服务融合架构

信息服务开展的关键在于信息服务的内容和服务手段,因而,在信息服务融合中首先需要明确信息服务融合的对象和信息服务融合的方式。在面向产业集群的跨系统信息服务融合架构中,可依赖于集群创新主体的创新发展需求确定融合要素,并在此基础上选择适用于产业集群协同创新的信息服务融合方式,再借助于开放接口实现信息服务数据层面和功能层面的融合。

4.1　面向集群创新主体的信息服务融合要素

信息服务融合的对象亦即信息服务融合的要素,分布是非常广泛的,所有在 Web 上遵循开放接口规范的公共服务以及特定组织机构创建的、可授权调用的资源与服务都可以成为融合的对象①。信息服务融合要素的选择应以当前产业集群发展情况为背景,根据阶段性创新发展目标与任务,选择融合各创新主体以及来源于 Web 中的优势资源与服务。我国产业集群正处于由发展初期向成熟期的转变过程之中,针对创新资源未能得到有效组织利用的现状,信息服务融合要素选择应遵循以下标准:注重知识性,适应集群由成本优势向

① 李春旺,肖伟.集成融汇:概念、模式与应用[J].现代图书情报技术,2008(12):22-26.

技术优势发展的转变;注重多元性,适应集群由群生型组织结构向共生型组织结构发展的转变;注重专业性,适应集群由综合运作向分工细化发展的转变;注重创新性,适应集群由复制模仿向自主创新发展的转变;注重交互性,适应集群由封闭式制造向协同创新发展的转变。

4.1.1　创新主体信息服务融合资源要素

从资源要素角度来看,其旨在为产业集群创新主体开展知识创新、技术创新等活动提供信息资源的支撑。为了整合与产业集群创新活动密切相关的信息资源,并服务于其协同创新过程,产业集群信息服务融合资源要素的选取可以从创新信息资源的提供者入手,即以服务于产业集群的各级政府部门和相关中介服务机构为主,也包括产业集群区域内的企业、科研机构和高等学校等创新主体。

国家各级政府部门对产业集群创新发展具有政策指导和支持作用,其政策性纲要与指导文件对产业集群实际工作开展而言具有重要的参考意义。①国家层面。工业和信息化部(工信部)负责推进产业结构战略性调整、优化升级;拟订并组织实施信息产业等高技术产业的规划、政策和标准;指导行业技术创新和技术进步,并推动跨行业、跨部门的互动以及信息资源的开发利用①,因而相应的产业集群发展战略性规划与政策等宏观指导文件可作为信息服务融合的资源要素。科学技术部(科技部)负责提出科技发展的宏观战略,制订国家重点基础研究、高技术研究和科技支撑计划,统筹协调技术研究活动,并推进国家科技资源的共建共享;指导国家级高新技术产业开发区建设以及科技成果转化等工作②,因而产业集群产学研协同科技成果推广与转化等信息可被选为融合信息源。商务部负责拟订国

① 工业和信息化部主要职责内设机构和人员编制规定[EB/OL].[2013-10-30].http://www.miit.gov.cn/n11293472/n11459606/n11459642/11459720.html.

② 科技部职能[EB/OL].[2013-10-30].http://www.most.gov.cn/zzjg/kjbzn/.

内外贸易合作的发展战略；负责推进流通产业结构调整，并研究提出引导国内外资金投向市场体系建设的政策①，因而市场发展现状和资金引导政策等信息可为信息服务融合所用。发展和改革委员会（发改委）负责拟订国民经济、社会发展以及区域协调发展的战略规划和综合性产业政策，统筹协调地区经济协作活动，推进经济结构战略性调整②，因而产业经济协调中长远发展规划和产业政策信息亦可成为融合信息源的组成部分。②省市层面。与各部委相对应的各省市级部门依据国家级各部委的宏观战略、规划与政策，以本省市具体产业发展情况为基础，推进本省市的产业集群发展。如各省市经济和信息委员会（经信委），负责拟订工业行业计划和产业政策，优化产业布局，推进本省市的两化融合工作；组织企业技术改造和技术创新，推动软件服务业和新兴产业发展，推进产学研结合及相关科研成果的产业化；拟订省市经济发展规划和政策，指导省市培育发展特色产业和产业集群，因而产业布局规划与推进政策，以及区域产学研合作与科技成果转化政策可作为信息服务融合的资源要素。③产业集群区域层面。以各开发区、集群管理委员会为代表，根据区域产业特色，提供产业集群发展与创新保障服务，并促进科技成果转化，因而区域性的产业布局方案和产业发展推动政策同样也是平台的重要信息源。

中介服务机构是除政府部门外对区域产业集群创新发展具有重要保障作用另一类主体，例如科技咨询机构、生产力促进中心、技术创新促进中心、创业服务中心、技术产权交易所，科技企业孵化器等。中介服务机构的“中介”特性使得其能够提供产业集群创新知识技术、创新市场的供需信息、创新成果转化信息、创新专家/人才信息、描绘产业发展现状的统计信息以及集群企业黄页等信息资源。

---

① 商务部主要职责[EB/OL].[2013-10-30].http://www.mofcom.gov.cn/mofcom/zhizi.shtml.

② 国家发展和改革委员会主要职责内设机构和人员编制规定[EB/OL].[2013-10-30].http://zfxxgk.ndrc.gov.cn/PublicItemView.aspx?ItemID={2050a9f4-cd8e-41de-836e-e2ea2a9950d5.

相对于政府部门和中介服务机构所提供的创新环境与指导性质的信息资源,产业集群内的企业、科研机构和高等学校所提供的创新信息资源则来源于产业集群内部创新实践,且集中于与该产业集群创新发展直接相关的各类科技文献资源,不仅包括期刊,还包括会议、标准与专利等数据库资源,以及与产业集群创新方向吻合的各类知识创新与技术创新资源和科研成果。

而具体到信息服务融合资源要素的内容方面,融合资源要素还可划分为以下几类:

(1)政务信息

产业集群的发展很大程度上依赖于政府部门的支持与保障,而这种政策性的动态支持则通常反映在政务信息的公开上,这其中包括了国家总体创新发展战略、行业政策、法规及相关文件的制定与发布,同时区域性的保障条例、实施意见、激励机制与扶持政策等政务要闻与文件也是产业集群创新主体所需关注的内容。例如,在宝鸡市产业集群信息服务平台中,整合了国家级、省市级和区域级关于原材料加工、新能源、航空装备等产业集群相关扶持政策资讯、实施意见、法律法规等内容①。

(2)数据库资源

创新发展需要以知识资源为基础,数据库是知识资源的贮藏载体,产业集群创新主体的知识创新需要依靠期刊、专利与标准等文献资源的支撑,特别是在信息产业中,数据库资源的建设是产业发展战略的核心②。因而,对数据库资源,尤其是专利与标准数据库资源的融合是不可或缺的。例如,由佰腾科技有限公司负责建设的面向南山区特色产业的科技创新专利服务平台,其将专利数据库按行业产品分类,实现专利资源的分类导航与全文浏览服务。其数据库资源不仅包含了国内失效专利库,也包含了中国、日本、美国、俄罗斯、英

① 宝鸡市产业集群信息服务平台[EB/OL].[2013-10-31].http://bjic.baoji.gov.cn/cluster/webSite/newPolicyList.action.

② 牟洪兰,林春实,靖继鹏.数据库建设是信息产业的核心[J].中国图书馆学报,1995(5):21,34-36.

国、德国、法国、瑞士、欧洲专利局及世界知识产权组织近两千万数据,可供产业集群内专业人员学习与分析①。

(3)技术知识交流

除数据库资源所带来的知识创新支撑外,技术创新对于产业集群发展也极为重要。在技术创新过程中,技术的交流与学习有助于知识的传递与共享,其能够使隐性知识显性化,并以直观的形式供其他用户或创新主体学习与应用,起到技术创新指导作用,也为协同创新的开展奠定合作基础,达到技术知识交流的目的。充分的技术知识交流,可以促使人力资源在技术领域的探索与创新效率达到最高。例如,南通市通州区科技成果转化平台专门开辟了产学研对接板块,综合了产业集群发展中产学研之间的合作交流咨询内容,同时提供集群用户产业技术交流的板块,以及发布技术难题咨询的渠道,实现产业集群创新主体之间的技术知识资源的交互分享②。

(4)产业发展情报

产业发展情报是关系到创新主体创新战略制定的关键要素,产业发展报告及其相关产业的发展情况都将会影响到创新主体的创新行为。此外,对于市场的反馈也同样是产业发展情报的重要组成部分。市场对创新产品的反馈不仅可以为持续创新指明方向,也可以影响相应的创新产值,以达到市场均衡状态。例如,成都电子信息产业集群"窗口"服务平台,将产业最新动态以定期发布的快讯形式整合发布,同时也集成了电子信息产业相关的市场新闻,供其电子信息产业集群创新主体更便捷地了解市场发展情况③。

(5)供需信息

创新资源的供需信息以及创新项目的招标、投标信息是关系创

---

① 深圳市南山区科技创新专利信息服务平台[EB/OL].[2013-10-31].http://old.5ipatent.com/cn/5i-2/nskj/index.asp? act=ptjs.

② 南通市通州区科技成果转化平台[EB/OL].[2013-10-31].http://tz.5ipatent.com/list? categoryCode=cxydj.

③ 成都电子信息产业集群"窗口"服务平台[EB/OL].[2013-10-31].http://www.dzxx.smesc.gov.cn/.

新主体创新发展的又一类关键信息。特别是对于创新主体创新成果的应用来说,市场供求关系无疑提供了创新主体协同合作的契机,同时其供求信息的整合发布,能够加速实现创新成果的经济价值与社会价值,而通过招商引资也能进一步提升产业集群的发展速度和竞争实力。例如嘉善县科技创新公共服务平台就设置了项目投资、项目合作、专利购买等板块,发布产业项目、技术专利等的供需信息,加速集群创新成果的转化过程①。

4.1.2　创新主体信息服务融合功能要素

对于信息服务融合而言,不仅要选择融合的资源要素,还要选择适合的功能要素。在创新主体信息服务融合功能要素选择上,以面向产业集群协同创新的跨系统信息服务融合功能定位为前提,以网络信息服务功能为主要对象,将产业集群内部创新主体和产业集群外部网络服务提供商所提供的分布式服务功能进行有机重组和融合,主要归纳为以下几类:

(1)跨库检索功能

跨库检索是实现创新文献资源获取的重要途径,是面向产业集群创新主体提供信息服务融合的必备功能。其需要有机融合各创新主体的文献数据库、专利与标准数据库等创新资源数据库,并通过构建一站式资源门户,以及检索约束条件的设置,实现对创新文献资源的跨库检索。

(2)知识管理功能

对于产业集群创新而言,提供知识管理及相关服务保障能够辅助知识创新环节并提升知识创新效率。因而在面向产业集群创新主体的信息服务融合的功能要素选择中,知识管理功能是极为重要的。其区别于一般的信息提供服务,强调对知识的归纳、整理、挖掘以及其他组织加工等操作的能力。知识管理功能不但能在创新主体创新活动中及时梳理知识结构,也能实现知识层面的共享,典型的知识管

---

① 嘉善县科技创新公共服务平台[EB/OL].[2013-10-31].http://js.zj.5ipatent.com/.

理功能应用包括概念图服务、知识图谱服务等。

(3)协作办公功能

协作办公功能旨在为产业集群协同创新活动提供服务支撑。考虑到各创新主体通常都拥有自己的OA系统支撑各自的日常创新活动的开展，而对于协同创新而言，又需要及时调用跨系统创新资源，或分配相关创新任务，这就要求利用支持多元创新主体参与的协作办公功能，支持基于创新项目的进度管理、任务划分与监督，以及协同办公活动中的各类文件流转与共享等功能。

(4)沟通交互功能

沟通交互功能是在协作办公功能的基础上，进一步支撑产业集群协同创新主体的信息交互行为的功能要素。网络环境下，信息服务用户之间的沟通交互愈来愈凸显其价值，在协同创新中也不例外。这不仅体现在知识创新过程中关于创新知识、创新方式与手段等的交互，也体现在知识创新前后对于创新技术、创新经验等分享之上。在面向产业集群创新主体的信息服务融合上，可以充分利用当前Web 2.0服务提供商提供的诸如即时沟通软件、微博应用、虚拟社区应用等社会化交互工具来实现围绕产业集群创新发展的沟通交互。

(5)管理咨询功能

管理咨询也是服务于产业集群创新主体创新发展的重要服务功能，借助产业集群创新主体协同创新的优势条件，融合各创新主体的咨询能力和参考资源，实现多主体的协同参考咨询，可为创新活动提供知识保障和决策支持。此外，也提供竞争情报服务，包括最新专利技术定制与跟踪、市场环境与需求分析以及用户调查分析等服务功能。

4.2 基于跨系统协同的信息服务融合方式选择

以面向集群创新主体的信息服务融合的要素选择为基础，立足于实现跨系统协同，信息服务融合方式可从融合应用的终端开发实践角度来划分，分别为信息融合方式、过程融合方式、网站融合方式以及混合融合方式①。

4.2.1　信息融合方式

在大数据环境下,用户对信息的需求体现出动态性和综合性的特点,单一的数据源往往不能适应用户这种对信息的复杂需求。信息融合方式专注于对数据、信息的融合处理,其强调从本地或网络中的一个或多个开放数据源中检索和获取相关数据,在经过对检索数据的处理后,形成新的数据对象,并通过订阅(Feeds)或其他小部件的形式对外进行结果发布。采用信息融合方式的代表性开发环境包括 Microsoft Popfly、Google Mashup Editor、IBM Mashup Center 等。其中,Microsoft Popfly 支持通过拖放可被连接在一起的 3D 块到工作区并链接各种数据资源进行展示,各数据块可被灵活的配置和重用,实质上可看做一种基于可视化数据流语言的开发环境,其基于 Web 页面创建的融合信息可由用户自主发布到空间中进行分享;Google Mashup Editor 则是通过一种用于扩展 HTML 和 JavaScript 的文本域特定语言,帮助创建用户界面和数据处理过程,实现基于 Web 编辑器的信息融合;IBM Mashup Center 则是通过 Lotus Mashups 和 InfoSphere MashupHub 两个工具集创建融合信息,其中前者允许用户布局和配置小部件并有机串联起来,而后者则包含了可视化的数据流语言,允许用户聚合网络源。

根据信息融合中对数据的处理方式,信息融合还可分为简易组合和分析聚合两种②。

(1)简易组合

简易组合方式将用于信息融合的数据资源要素按照主题、位置和时间等要素,进行重新组织。例如,生物物种信息搜索引擎 iSpecies.org,用户在提交物种相关查询请求之后,根据物种关键词分

---

① Grammel L.,Storey M.A.The Smart Internet:A Survey of Mashup Development Environments[M].Berlin:Springer Berlin Heidelberg,2010:137-151.

② 李春旺.图书馆集成融汇服务研究[J].现代图书情报技术,2009(12):1-6.

别从美国国家生物技术信息中心(NCBI)的 GenBank 基因序列数据库中查询其基因组序列,从全球生物多样性信息机构(GBIF)查询其地理分布信息,从雅虎(Yahoo)的图片搜索引擎查询其图片资源,并从 Google 学术搜索引擎(Google Scholar)获取研究文献资源,最后获得一个经过简易组合操作的、综合的物种信息查询结果①。在产业集群创新活动中,可采用这种方式实现对产业动态资讯的综合组织与发布,即融合多元创新主体和相关部门的创新信息源并以多样化途径展示。

(2)分析聚合

分析聚合方式不同于简易组合方式所采用的仅对多源数据的获取操作,还需要在所获取的数据对象中利用特定的技术抽取所需的信息,即在分析加工的基础上创建新的对象。例如,疾病监控与预警平台 HealthMap.org,其利用非正式来源的网络信息源实现疾病爆发情形和实时新兴公共卫生威胁的监测,为政府、当地卫生部门、图书馆以及国际旅行者等多用户群体提供广泛的新兴传染疾病实时情报。其融合了新闻聚合器、专家讨论、目击者报告以及官方验证报告等不同的信息源,并基于 Google 地图(Google Map)进行多视图的、统一的全球传染病现状展示。通过对多元信息源系统监控、组织、集成、过滤的自动化处理基础上,按疾病发病时间与地区、疾病种类等属性进行分析与可视化展示,并利用自动翻译技术以 9 种语言帮助全球用户及时跟踪全球公共卫生威胁②。产业集群创新中可采用这种方式实现对创新技术或应用市场的综合化咨询分析,以提供创新战略支撑。

4.2.2 过程融合方式

以信息为导向的融合方式在不通过客户端浏览器使用时并不会

① Page R.D.M. Biodiversity Informatics: The Challenge of Linking Data and the Role of Shared Identifiers[J]. Briefings in Bioinformatics, 2008, 9(5): 345-354.

② Brownstein J.S., Freifeld C.C. HealthMap: The Development of Automated Real-time Internet Surveillance for Epidemic Intelligence[EB/OL]. [2013-11-02]. http://www.eurosurveillance.org/ViewArticle.aspx? ArticleId=3322.

消耗处理资源,然而,以过程为导向的融合方式即便没有客户端控制,融合依旧是实例化运作的①。因此,过程导向的融合应用需提供独立于客户端浏览器的控制流。相对于信息融合方式,过程融合方式对数据、行为,以及描述处理数据或触发行为的时间、位置、方式等状态信息有更多的控制,强调通过对工作流中多元服务、表单以及其他资源的协调组织,实现自动化的融合处理。当用户需要执行任务时,这个自动化操作通常包含从一个地方获取信息,经过聚合、过滤和加工成形,并最终将结果发送到另一不同地方,这些步骤一直持续循环直至处理过程结束。Serena Business Mashups 就是采用过程融合方式的代表性服务融合开发环境之一,促进了用于实现办公自动化的协同业务应用的创建。Serena Business Mashups 最为关键的环节就是定义工作流,其包含了一个用于定义工作流的编辑器,以及类似于集成开发环境中提供给开发者的图形化用户界面,其使用领域特定扩展的文本语言以实现工作流逻辑的合理化施行。

对于过程服务融合方式而言,其为了保持新融合服务的敏捷性,需要加速新系统建设工作与缩短开发周期,这就强调了对于现有的、不同来源的多种 Web 服务选择特定的执行功能,并加以流程化组织。例如,天气预报服务 Weather Bonk 的工作流程是:首先通过 IP 地址位置定位应用 HostIP.info 来调用当前用户所在地区的位置信息,然后利用 Google 地图查询与该位置临近的城市信息,基于城市信息在天气预报网站 Weather.com 中查询该城市的天气信息,同时调用天气可视化应用 WeatherBug.com 获取该区域实时天气图像信息,最后调用 Google 地图将以上信息标注在地图相关区域,使用户能够自主实现基于地图的可视化天气查询②。而对于产业集群来说,基于过程的融合方式可以充分按照创新活动环节来组织,即根据各创新环节的创新目标与需求,结合现有的创新服务功能或第三方

① de Vrieze P., Xu L., Bouguettaya A., et al. Building Enterprise Mashups[J]. Future Generation Computer Systems, 2011, 27(5): 637-642.

② Kim K., Lee W.R., Altmann J. Patterns of Innovation in SaaS Networks: Trend Analysis of Node Centralities [EB/OL]. [2013-10-03]. http://147.46.237.98/DP-104.pdf.

软件服务功能实现知识创新、技术创新等过程。

4.2.3 网站融合方式

网站融合方式是通过改变网站界面外观,增添额外功能部件或精简其他功能要素等方式,直接面向网站的服务融合改进。网站融合方式是一种最为简易的融合形式,通过选择不同来源的表示层对象并加以组合,实现一站式服务。例如,Intel MashMaker 允许用户利用编程实例方法从网站中提取数据,用以清洗所获数据中的表格和树结构,并通过额外的小部件形式置入到页面中。

网站融合的对象均为表示层组件,其通常表现为 HTML 代码片段,无需编译就可以被粘贴到第三方 HTML 页面中,实现代码的重用,其融合操作仅需定义两部分内容,分别是浏览器中组件的显示属性以及内容的输入与输出属性。前者强调界面布局的设置,而后者则可细分为数据型与操作型。数据型组件所指定的数据源可以是 RSS 订阅源、二进制数据文件 URL 或者是可返回结构化数据的 REST 查询请求等;同时其也需要定义对应输出不同组件类型的数据显示方式,诸如数据网格与地图、统计图表、时间轴组件等。而操作型组件则一般表现为采取内嵌脚本语言方式实现的功能连接交互界面,其需要定义 Web 服务调用接口、操作方法等内容。同时,表示层组件也可以定义成 XML 对象,通过在第三方服务融合应用服务器上注册,实现组件的嵌入和便捷的网站服务融合。

iGoogle 就是一种典型的网站融合应用,其支持表示层对象的开放注册与定制,并借鉴门户与门户块的思想,将门户页面分解为可由用户按照个人偏好进行个性化定制的门户块,整合不同来源的信息和功能组件,使之成为用户可自定义的个性化门户。此外,中国科学院国家科学图书馆(国科图)为了整合自身资源、国内外图书馆资源、出版界等第三方提供的多种类型服务以形成服务资源库,也利用网站服务融合方式构建了 iLibrary 系统,实现了基于资源库的服务获取、管理与使用,并通过门户系统为用户进行综合性的服务呈现,适应了用户检索、利用多源文献资源的需求①。而对于产业集群创

① 王科,纪姗姗,刘芳等.iLibrary:表示层集成融汇服务及系统实现[J].现代图书情报技术,2010(11):30-36.

新而言,网站融合可以用于面向不同产业集群创新主体提供自定义融合部件的筛选与布局,即在表示层丰富创新活动的互动体验。

4.2.4　混合融合方式

混合融合方式旨在汲取信息融合方式、过程融合方式以及网站融合方式的优势,实现从信息到流程的综合性服务融合,并封装为小部件在个性化平台上利用网页融合方式进行布局和展示。在产业集群信息服务融合实践中,混合融合方式以内部创新主体数据资源和 Web 信息源为基础,在多元融合方式的交互中,相对其他三种融合方式而言能更好地满足产业集群创新发展中客观存在的多元性、复杂性、有序性服务需求。混合融合方式结构如图 4-1 所示。

从数据源来看,面向产业集群的融合服务是面向多元协同创新主体开展的,为了适应不同创新主体的需求,其信息源须具有代表性特征。数据源除了集群内创新主体的自建数据库外,也包括了广泛的 Web 信息源,其涵盖了各政府及事业单位部门信息源网站、第三方信息服务机构网站以及其他相关产业门户网站或社会化网站的信息资源。

以此为基础,在信息融合层,根据客观需求的不同,可以综合采用信息源的简单组合和分析聚合两种方式进行融合。例如,对于产业政务信息的融合,可按国家宏观政策、区域产业发展政策、激励政策以及各种保障机制,分别从国家级、省市级、区域级政府相关网站获取相应信息源并进行简单的组合,为产业集群发展提供全面的政策支撑信息;而对于招投标/招商引资信息而言,除了采集各中介服务机构发布的招投标信息外,还需要充分获取产业集群内创新主体的供求信息,而考虑到各创新主体对供求信息发布的途径各有不同,需要通过抽取、过滤等步骤准确定位相关信息,并实现供求信息的集成发布,条件允许时还可对供求紧迫程度进行排序,以最高效率地匹配产业集群创新发展的需求。

由于信息源得到了预先的加工处理,在面向工作流的融合过程中,信息资源能够得到充分的保障。根据创新主体的运营工作流程与创新流程,基于工作流的过程融合能够为工作流自动化提供全方

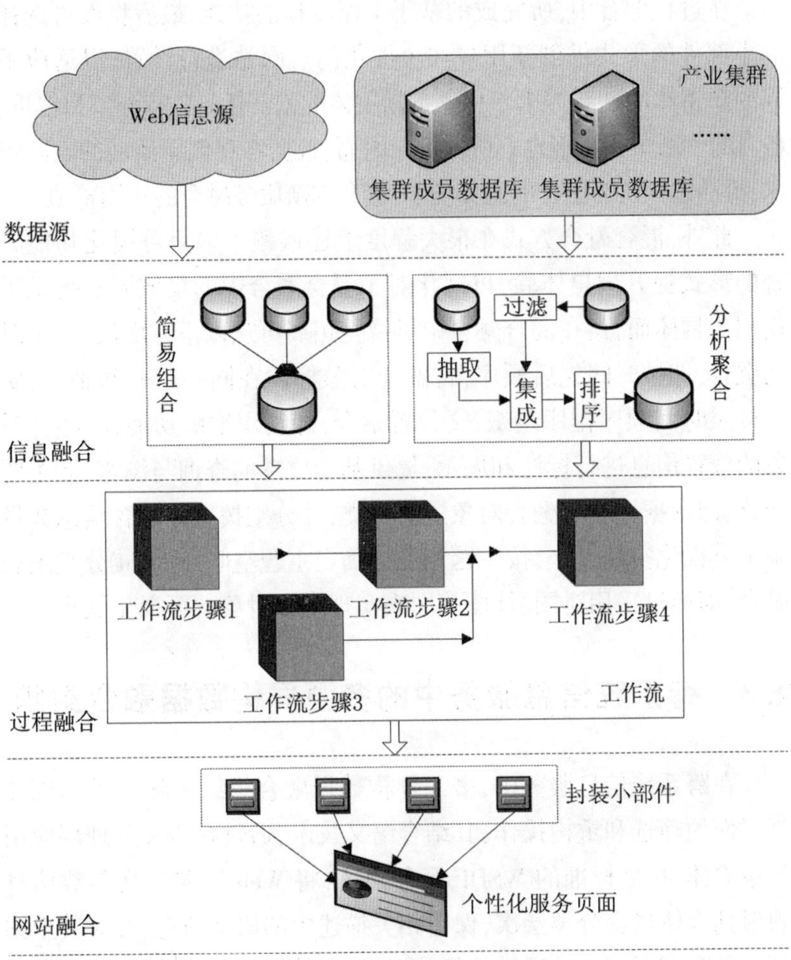

图 4-1　混合融合方式结构图

位的信息保障。由于工作流融合通常利用块结构实施,可根据功能进行工作流程块的划分,并配置与之相对应的融合信息。例如,科技查新是产业创新分析创新趋势、定位创新目标的关键步骤,在提供科技查新功能块时,需要关于创新方向的包括科研期刊文献资源、相关专利及标准等在内的综合性知识资源作为支撑,在统计分析的基础上,为科技查新的定性研究提供定量数据支撑,并将分析结果作为科技查新功能模块的输出,以指导后续阶段的创新过程。

在过程融合中,所完成的基于工作流程的功能,最后将以可选择的小部件的形式供创新用户在个性化门户网站进行设置,以适应不同创新主体的创新需求。由于创新主体的创新任务各有分工和偏重,各自的创新工作流程也有所区别。因而,根据客观创新活动的实际需求,灵活选择所需融合的服务功能,提升创新服务融合的实用价值。

此外,混合融合方式在很大程度上还依赖于多元可视化功能融合的形式提升用户体验,可视化对于混合融合中的集成展示提供了便利。具体而言,在混合融合中可视化拓展可从以下方面展开:①时间融合,即按时间先后顺序,将融合对象标注在同一个时间轴上,实现按照时间顺序排序组织;②位置融合,即利用地图功能,将融合对象的位置信息进行标注和展示,提供基于位置的查询与浏览;③主题融合,即依据主题将融合对象进行分类,并分别按主题包含信息数量确定可视化空间大小,按主题相关性确定主题空间布局;④分类图表融合,即通过采用饼图、柱图等图表实现融合对象的可视化展示。

4.3　跨系统信息服务中的多源异构数据融合组织

在跨系统信息服务中,多源异构数据融合组织实际上是基础数据层面的筛选和重构操作,其结合语义技术,通过在语义处理层应用领域本体,扩展标准的 WSDL 服务描述,将 Web 资源及其参数信息映射到本体概念分类层次,保留相关描述中的语义信息,并对其中的领域概念实现同义扩展和特征扩展,确保数据融合的有效性,最终实现基于语义扩展的数据融合①。

4.3.1　语义网与数据融合的关系

数据融合所要解决的问题是互操作和访问异构数据源的问题。在过去的研究中,对数据的集成操作都关注于数据库,尤其是联邦数据的提出,阐明了一种自治数据库的联邦合作模式。在此基础上,联

---

① 陆璐莹.Mashup 与语义网络结合的研究与应用[J].电脑知识与技术,2008,2(16):1351-1352.

邦数据管理系统提供了对数据库管理系统的控制与协调,其可划分为松耦合模式和紧耦合模式。其中紧耦合联邦数据库管理系统要求数据库部件的创建、维护和访问控制由管理员进行操作,保持一个静态的属性;而松耦合联邦数据库管理,则由用户掌控数据库部件的创建和维护,是一种动态模式。

为了保障数据的真实性、内在关联性以及完整性,在考虑到异构数据源之间的表示规范都不尽一致,以及数据源返回的数据格式、类型与其含义也都有所不同的基础上,需在对非结构化多源数据的处理中,将数据置入语义环境,抽取出结构化的信息,并对领域内不同数据之间的语义关系进行定义,消除数据格式差异的同时实现数据的有序化组织。归纳起来,在数据融合中语义网可以发挥以下作用:

(1)发布数据集

通过在网上以 RDF(Resource Description Framework)格式发布数据,可以克服各资源数据模型之间的结构边界,推进数据集间互操作的实现。RDF 所具有的图形结构对比 XML 的树形结构而言,能够提供一个可及时响应变化的、灵活的模型,并支持数据的语义描述,同时还可以自描述输出数据,使其更容易被集成系统或服务融合系统解读。

(2)链接数据集

通过在语义网上公开、共享和链接数据片段,可利用诸如 Piggy-Bank 等语义网浏览器,从某数据集中的数据项目与其他数据源中相关数据的链接实现网络数据的导航。在不同以 RDF 格式发布数据源的数据项目之间的 RDF 链接也可以被诸如 Sindice.com 等语义网搜索引擎抓取和索引,以提供对抓取数据的复杂检索和查询功能。由于查询结果为结构化数据,且并不仅为 HTML 页面的链接,它们可以被 DBpedia 等其他应用所利用。

(3)本体映射

使用 RDF 架构和 OWL(Web Ontology Language),不仅可以实现知识组织系统中简单的分类,也可以创建一系列丰富的成熟知识模型。此外,通过利用语义网的链接和推理能力,还可以构建本体和数据实体简单的映射。

(4) 语义改进

通过资源注释，利用内容与其注释分隔开的分离式标注，可以描述服务和工作流以支持服务发现与工作流装配。嵌入的微格式和基于 XML 的语义叠加(如 RDFa)允许通过语义丰富 Web 内容。此外，还可丰富数据的来源、上下文语境或者其他支持其与相关数据对应的要素。

(5) 支撑性元数据

利用 RDF 以一种灵活、可拓展的方式表述集成系统的来源途径。

在面向产业集群创新的跨系统信息服务融合中，为了从数据层面解决异构数据资源的互操作问题，基于语义技术的多源异构数据融合能够从分布式的半结构化或非结构化资源提炼结构化要素，保持相关数据资源的语义关联关系，为服务融合的复合型功能拓展与实施提炼数据资源。

4.3.2　基于语义的数据融合关键技术

W3C 的语义网远景(Semantic Web Vision)的目标是使 Web 信息拥有确切的含义，并可被计算机理解和处理，进而实现计算机从 Web 上整合信息①。基于语义的数据融合是为支持不同数据资源间的映射，将语义网技术与融合技术相结合，在对融合数据对象语义描述的基础上，建立对象间的语义映射关系，其关键技术归纳如下②：

(1) 基于 RDF 和 URI 的数据组织

RDF 是用户在遵循描述词汇表的定义规则的基础上通过使用自定义的词汇表，描述网络资源的标记语言的技术标准。RDF 是一个处理元数据的 XML 应用，其结构化形式能够使元数据含义可被搜索引擎理解，进而增强搜索结果的准确性。RDF 文件通常包含多个

---

① W3C.W3C Mission[EB/OL].[2013-11-18].http://www.w3.org/Consortium/mission#vision.

② 李峰.语义 Mashup 技术研究[J].现代图书情报技术，2010(1)：46-50.

资源描述,而每个资源描述又包括了多个语句,其中任一语句都对应着资源所具有的某一个属性的描述,其由资源、属性类型和属性值所构成的三元组所组成。对应于自然语言的语句,资源描述的语句亦可理解为主谓宾的结构,即主语对应于资源、谓语对应于属性类型而宾语则对应于属性值①。同时,包括 HTML 文档、图片、视频与程序等在内的网络资源都可以利用通用资源标识符(Uniform Resource Identifier,URI)进行定位,每个 URI 都意味着一个指向新链接资源的描述。通过利用 RDF 和 URI 建立数据资源之间的链接,实现 Web 数据资源组织中的语义揭示、共享和链接操作。关联开放数据项目(Linked Open Data,LOD)就是通过发布语义化数据集并支持开放调用与融合的语义化数据组织项目,该项目基于 RDF 和 URI 发布了包括 DBpedia、Open Calais、PubMed、RDFBookMashup 等在内的超过百个语义化数据集。

(2)基于 RDFa 的语义标注

RDFa(RDF attribute)作为一种用于(X)HTML 文档的语义标注技术,可以用于在 XML 中携带元数据,其允许发布者把 RDF 嵌入到(X)HTML 中,使机器可以理解,其也可被看做利用各类型的文档标记所表示的 RDF 图②。RDFa 一般可以通过创建包含有 RDF 词汇表中特性(property)的固定属性,以及递归的解析规则,使用(X)HTML 元素和属性的集合,使页面可以标准的(X)HTML 内容呈现形式包含任意复杂程度或数量的机器可读的语义数据,还可以随着语句的输入将 RDFa 语义标签赋予相关文字之上,例如在标签中添加 property 描述属性,指明相应的题名、日期和创作者等语义。系统利用这些语义标记可以准确、迅速地抽取相关信息内容,进而实现资源之间的语义融合。

(3)基于 SAWSDL 的语义标注

基于 SAWSDL(Semantic Annotations for WSDL and XML Schema)

---

① W3C.RDF [EB/OL].[2013-11-18].http://www.w3.org/RDF/.

② W3C.RDFa Core 1.1 (Second Edition) [EB/OL].[2013-11-18].http://www.w3.org/TR/rdfa-core/.

的语义标注方案是由 W3C 提出的可支持对多种 WSDL 文档添加语义标注，并为特定的 XML Schema 类型与本体间的数据映射定义标注机制①。为将 Web 服务和语义网关联起来，SAWSDL 通过引用 RDF 和 OWL 语义模型的方法，在 WSDL 中嵌入本体对象 URI。SAWSDL 标注方式包括：利用 modelReference 明确语义模型中特定概念与 WSDL 或 XMLSchema 组件之间的关联，用以标注 XMLSchema 类型定义、元素及属性声明，WSDL 接口以及操作、故障；以及利用 liftingSchemaMapping 和 loweringSchemaMapping，用以添加 XML Schema 元素声明和类型声明中，进而指定语义数据和 XML 之间的映射。在这两种标注方法中，前者用于直接引用语义模型中的概念，转换 XML 为语义数据；而后者则通过指明数据映射，实现语义数据向 XML 的转换。

(4) HTML 页面中语义内容的抽取

基于语义的数据描述技术还包括直接从 HTML 页面中抽取语义内容。例如，MIT 就开发了适用于 Firefox 的插件 Piggy Bank，同时开发了 Solvent 工具以辅助编写屏幕抓取器，进而使用户在抽取网页信息基础上实现语义融合。而 Piggy Bank 可以在 HTML 页面中未找到 RDF 数据时，通过调用屏幕抓取器将页面信息重新组织并保存为 RDF 格式，并通过关键词标注，以供所储存页面信息的检索获取或者分享所用②。

此外，基于语义的数据融合技术还包括基于语义推理机制的本体融合推理等技术，其需要建立相应的语义推理机制，并支持自动化的数据分析、过滤、组合等操作，实现不同来源数据的语义融合。

4.3.3　基于语义的数据融合实现

网络数据集成框架一般采用中介方式，即在代理与数据集之间

① W3C.Semantic Annotations for WSDL and XML Schema[EB/OL].[2013-11-18].http://www.w3.org/2002/ws/sawsdl/spec/.

② PiggyBank[EB/OL].[2013-11-18].http://simile.mit.edu/wiki/Piggy_Bank.

的接口中利用中介提交代理发出的查询语句，整个过程如同由用户在操纵一个同构的、集中的数据源。而随着数据源的巨幅增长以及更新的不断频繁，要求用户能够迅速、有效地利用集成数据源。中介方式由于难以动态的统一数据源，而且通常需设置一个全局中介模式来模型化处理数据源，因而已不能较好适应数据融合需求。而通过语义技术实现数据源的调和，创建一种多数据源融合语言，允许从多源数据源中界定和检索数据，则可以实现对网络抽取数据的自动化集成，同时降低对用户的要求。

多元数据融合方法（Multi-data source Fusion Approach，MFA）采取松耦合方式，其目的在于促进动态网络环境下异构数据源的融合。数据源存在静态和动态之分，静态数据源可以是结构化或是半结构化的，如 XML 文档或者数据库；而动态数据源则通常为服务，诸如 Web service。基于多元数据融合方法是由用户添加新数据源而引发，然后实现最为关键的信息抽取。数据提取器将生成与指定的数据来源特性相关的封装器，而封装器则能将内部应用语言中查询语句转换为源语言，还可将产生的 HTML 页面转换为程序内部格式，它要求用户给出其想从 Web 页面中提取的内容特征的一些实例，基于这些特性封装器在之后自动添加相匹配的信息，从 Web 页面提取的信息将存储在一个 XML 文档中①。

假设关系 R 指代一个抽取网页数据的实例集，实例集中的每个实例都由一个元组 t 来表示，其中 $t=(v_1, v_2, \cdots, v_n) \in R$。在 Web 页面中，实例的出现都伴随着前后的语境，这个语境用其在 Web 页面中的路径来表示。

具体而言，给定一个文档 d 和关系 R 中的一个实例 t，那么 t 出现的语境用元组 p 来表示，其中 $p=(p_1, p_2, \cdots, p_n)$，这里的 p_i 即指代从文档 d 的根节点（如标签<html>）到包含值 v_i 的节点的路径。对于用户所要抽取的对象实例的语境描述，就称为相应的数据抽取模式。而封装器则代表了能够在 Web 页面中抽取数据的功能。

① Nachouki G., Quafafou M. Mashup Web Data Sources and Services Based on Semantic Queries[J]. Information Systems, 2011, 36(2): 151-173.

信息抽取的方式包括搜索与用户期望抽取的数据具有相似结构的数据，以及概括抽取数据的语境。即先对用户所选择 Web 页面 HTML 代码的预处理，该代码可被转换为半结构化的文档，在去掉一些样式、脚本、图片、超链接等属性标签后，用 XHTML 格式进行表述。而抽取过程则从给定的由一系列语义化链接在一起的属性集开始。在初始阶段，用户将会指定关系 R(实例集)，以说明其想从文档中抽取的内容，将其定义为 $R(A_1[v_1],A_2[v_2],\cdots,A_m[v_m])$，其中 v_i 指代属性值，而 A_i 则代表在文档 d 中访问 v_i 的路径。

例如，对于关系 R，其有三个属性实例 A,B 和 C，分别指代访问文档 d 中信息 i 的路径 HTML/...PATH/PATH1/$T_1[i]$，$i\in[1,2,3]$。那么信息抽取的步骤为：

步骤 1：从文档 d 中抽取关系 R 中指定的实例，即为选择了 A,B 和 C 三个实例，抽取器利用同一路径(HTML/...PATH/PATH1/T_1)以访问值“1”“2”“3”，如图 4-2 所示。

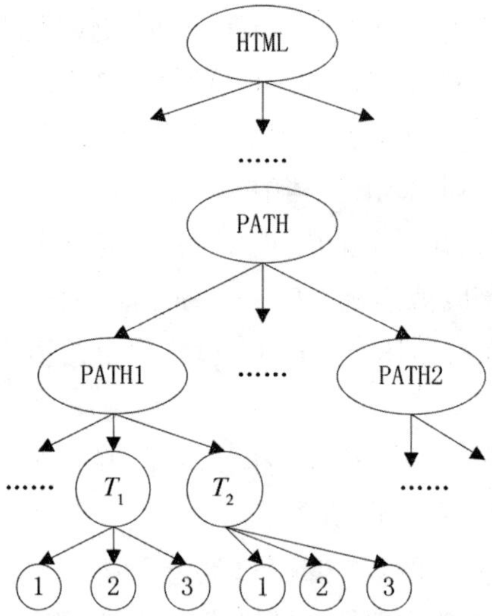

图 4-2　数据抽取步骤 1

步骤 2：该步骤是对选择的节点进行标记，以避免这些实例被重复选择。图 4-3 展示了经过步骤 2 后的变化。

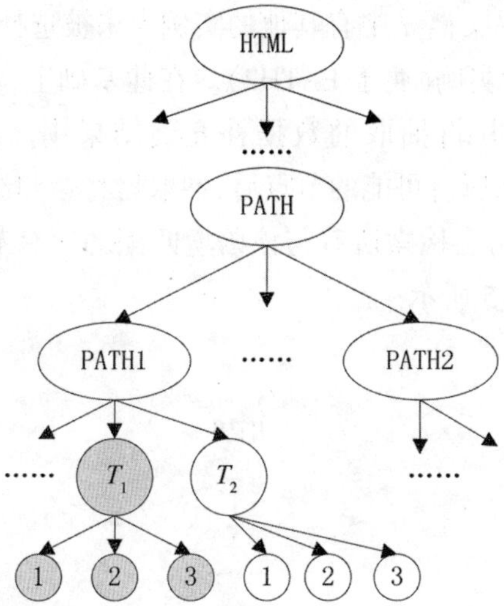

图 4-3 数据抽取步骤 2

步骤 3:该步骤将从文档 d 中选择与用户初始列举的关系 R 中的实例具有相似结构的其他路径。如节点 T_2就具有 T_1相似的结构,且具有相同的父节点 PATH1。因而,抽取节点 T_2的属性值并标记,如图 4-4 所示。

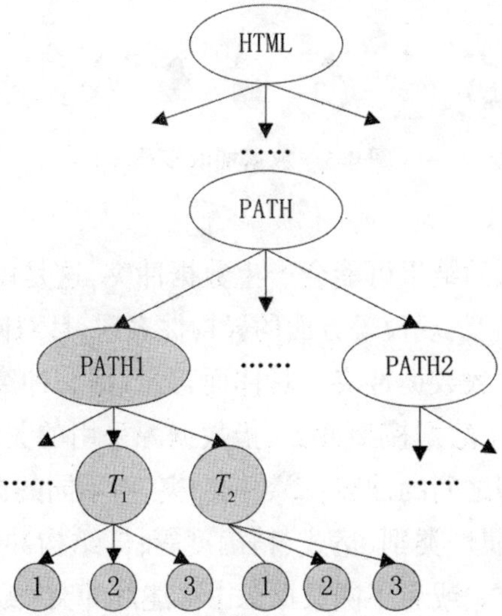

图 4-4 数据抽取步骤 3

步骤 4:如果文档 d 中有其他的实例尚未被选择,而用户可能也会补充新的参考实例(属于 PATH2)。在此基础上,步骤 1 至步骤 3 将会重复进行,并将抽取的数据补充到结果中。在从 PATH1 和 PATH2 中选择了所有可能的节点后,抽取器将会归纳抽取数据的语境,那么抽取器将会检索所有与该语境匹配的所有节点。抽取器的最终结果如图 4-5 所示。

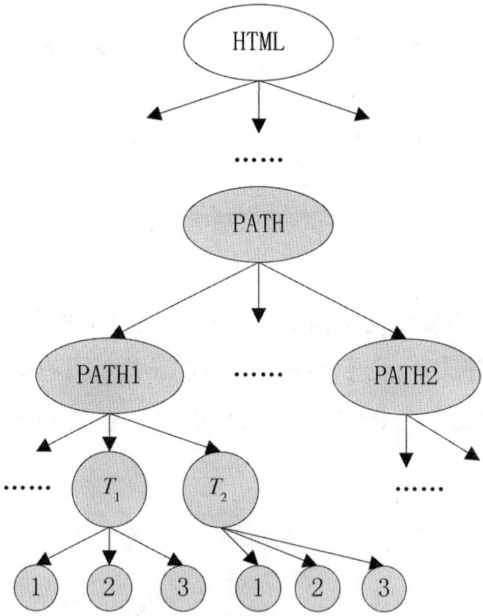

图 4-5　数据抽取步骤 4

对信息抽取的结果可能会产生数据冲突,这是由于数据源在名称、数据结构、类型、规模等方面的异构性表现,且对同一客观对象的不同感知也会导致数据冲突。具体而言,数据源冲突的来源可以归纳为以下几类:①数据模型冲突,指数据源采用的关系型或 XML 等相异的设计模型之间的冲突;②数据冲突,指不同的数据定义与描述之间的冲突,如属性类别、格式、精确度等;③结构冲突,指对同一概念在不同描述方式或者不同数据源中描述的冲突;④描述冲突,指对同一实体对象的不同命名(如近义词)冲突,身份标识冲突,以及尺度(单位)冲突等;⑤抽象冲突,指概念的泛化与组成成分之间的冲突;⑥语义冲突,指不同数据源中元素含义的冲突。对于包含数据冲突的待融合的数据源,在对数据冲突中可通过领域本体,实现冲突数据源的更新与处理。考虑到数据有时嵌入在XHTML或其他描述框架中,而不是被明显的分割开,通过利用小范围的领域本体模型标注的形式将语义加入到数据中,从而实现基于网络服务语境的数据源语义标注,尤其是对于产业集群而言,可以将鲜明的产业特征等作为主题实现语义标注,以辅助产业集群数据融合工作的开展①。而在利用本体映射对数据冲突进行基于本体集成的改进与调和处理后,则可实现异构资源的语义查询操作。多元数据融合语言使系统可接受用户的查询语句,允许用户查询多数据源模式中的静态数据源(如关系数据库或XML文档)或动态数据源(如Java程序或Web服务)并将查询结果存储于数据库中。

4.4 基于知识创新价值链的功能融合实现

数据融合是服务融合的内在基础,而功能层面上的融合则是对服务的动态调用和组合的直观呈现。产业集群在创新活动中依据创新阶段性的需求,选择融合功能对象,并实现基于知识创新价值链的功能融合,可有效促进产业集群基于知识创新价值链的跨系统协同,提升知识创新效率和创新应用范围。

4.4.1 基于知识创新价值链的产业集群创新阶段

在产业集群知识创新价值链中,其参与主体实质上即为集群各创新主体,伴随着基础研究中的科学探讨与分析,应用研究中的技术嵌入与运用,试验发展中的实践验证与测试,产品设计中的产品化封装,工业生产中的产业化运作以及市场营销中的应用推广等系列活

① Sheth A.P., Gomadam K., Lathem J.SA-REST: Semantically Interoperable and Easier-to-use Services and Mashups[J].IEEE Internet Computing,2007,11(6):91-94.

动，各创新主体通过完成各自的创新任务和相互间的交互协作，在知识创新价值链中被有机的联系起来。而知识创新价值链根据创新任务的不同，可划分为知识创新、技术创新、创新传播与创新应用四个阶段①，如图4-6所示。

在知识创新价值链中多元创新主体的各阶段性创新交互活动中，知识在四个创新阶段中实现了循环流动，不断实践价值创造和增值。其中，知识创新是技术创新的基础和源泉，技术创新是企业发展的根本，创新传播是创新成果传播和增值的渠道，创新应用促使科学技术知识转变成现实生产力②。而由于各创新阶段内创新活动开展的主要内容不同，形成了对跨系统信息服务融合的不同功能需求。针对知识创新价值链不同创新阶段，服务功能融合提出了相应的要求：

①知识创新阶段。作为知识的生产创造环节，其需要集成众多科研机构和高等学校的科技文献资源以及企业的生产实践资源作为支撑，为知识创新活动的开展提供资源的检索、推送，以及对产业创新领域的发展趋势的分析预测和可视化展示等功能。

②技术创新阶段。考虑到技术创新与专利研究热点密切相关，因而融合服务需主要提供专利技术与标准的查询和分析功能，揭示产业相关领域知识与专利的研究趋势和关注热点，同时实现技术创新活动中的协同开发，并为技术创新的开展提供咨询支撑。

③创新传播阶段。针对网络环境下的创新传播特征，利用融合服务明确创新传播目标，对创新知识以及其他创新成果整理加工后，实现知识的共享与定向传递，并结合社会化软件实现创新主体之间的交互沟通。

④创新应用阶段。针对创新成果在市场上的应用，利用融合服务集成创新成果的展示与市场营销推广工具，并借助市场调研功能

① 胡吉明.创新型国家的信息服务体制与信息保障体系构建(2)——基于创新价值链的信息服务转型[J].图书情报工作，2010，54(6)：10-13，35.

② 万汝洋.从国家创新体系到创新型国家转变的哲学基础[J].科技管理研究，2007(7)：6-8.

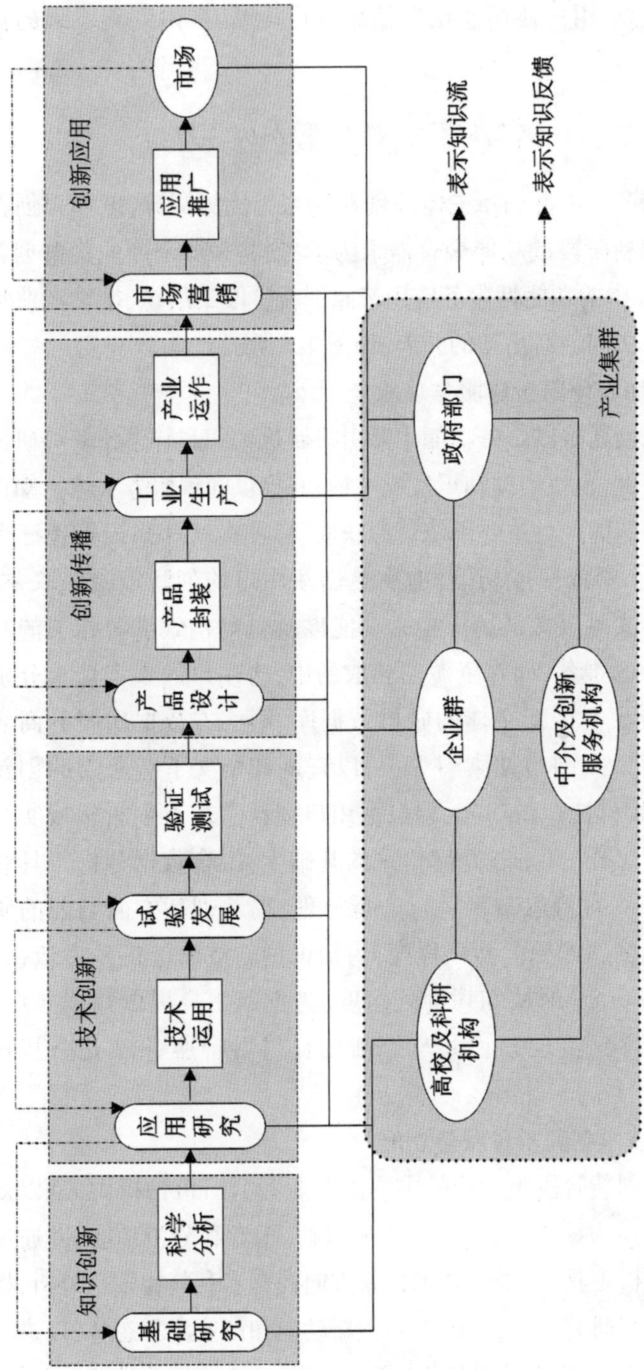

图4-6 基于知识创新价值链的产业集群知识创新阶段

将市场信息、用户使用意见等信息进行反馈，推进创新成果的社会利用。

4.4.2 基于知识创新价值链的服务功能组织

依据产业集群创新主体的创新能力与优势资源，以知识创新价值链各创新阶段的功能融合需求为参考，将来源于产业集群创新主体和 Web 中的功能性服务应用按照创新阶段来组织，推动产业集群中跨系统协同创新活动的开展，如图 4-7 所示。

(1) 知识创新阶段服务功能

知识创新阶段服务功能主要由科研机构和高等学校等科研创新主体所提供，旨在辅助知识发现过程，并提供知识服务支撑。知识创新服务功能的融合主要围绕资源获取、科技查新和知识管理三个层面展开：①资源获取功能，即满足创新用户的创新资源获取要求，需要融合文献资源的跨库检索功能以及对与检索资源相关的其他 Web 资源的推荐，而在资源的获取的中，将用户的查询请求分别提交到产业集群创新主体的联机数据库、第三方数据库服务商的文献数据库以及网络搜索引擎中，以查询和全文下载所需的创新文献资源；②科技查新功能，即根据用户创新需求对创新领域实行的科技查新工作，其是在跨库检索的基础上，融合数据分析工具和图表展示工具对检索结果进行分析处理，揭示创新方向当前的研究进展以及创新课题的新颖程度，为知识创新战略提供参考依据；③知识管理功能，即从知识管理角度，为创新用户提取知识要点、梳理知识结构、实现知识共享等活动提供融合服务以支撑其知识创新。

(2) 技术创新阶段服务功能

技术创新阶段服务功能主要由企业和科研机构提供，是以知识的技术实现为核心而开展的，主要包括：①专利分析功能，即通过融合专利分析工具，实现对技术创新方向现有专利的检索与分析，揭示专利申请与研究趋势，把握专利创新动向和产业竞争态势，以进一步优化产业集群创新主体的技术创新策略；②协同作业功能，即通过融

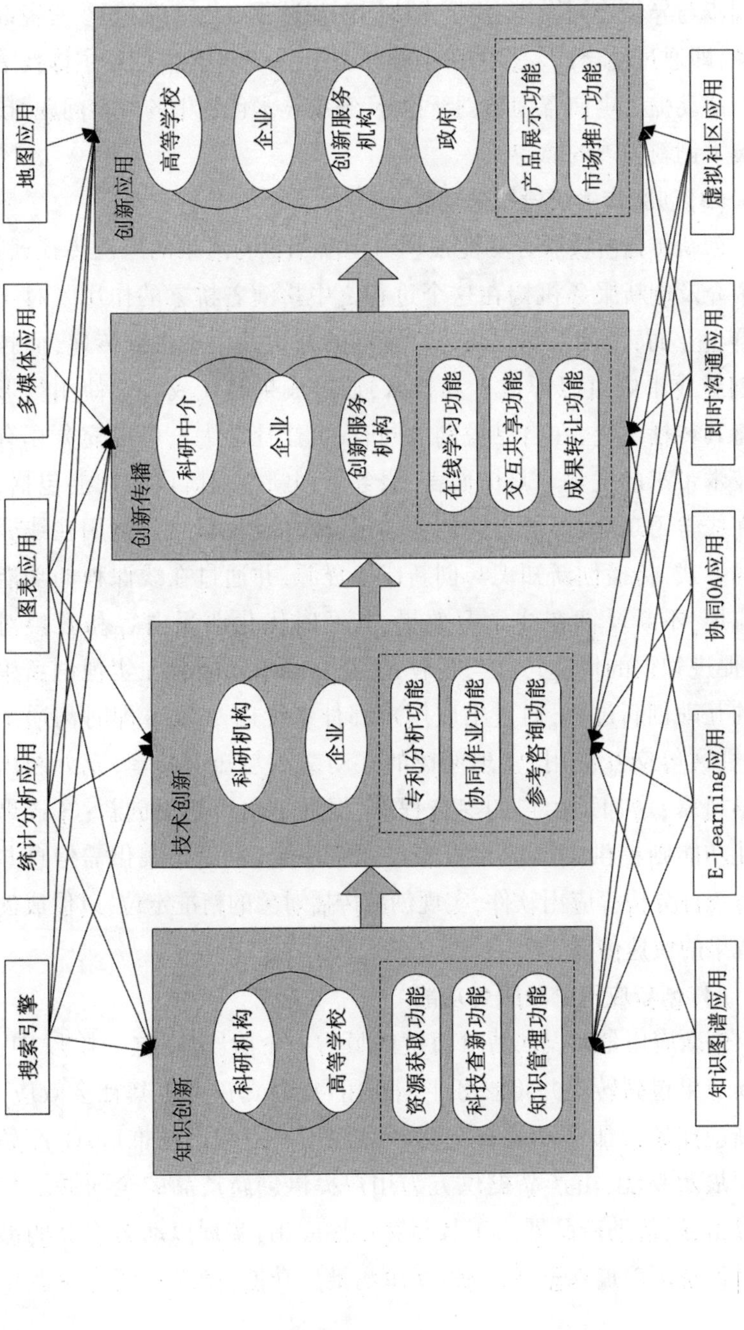

图4-7 基于知识创新价值链的服务功能组织

合具有协同开发功能的应用，使产业集群创新用户能够实现跨系统协同合作来完成技术创新工作，其支持分布式创新用户技术创新中的同步与异步协同操作，使技术协同创新过程更为高效；③参考咨询功能，即通过融合嵌入式的咨询服务功能，为产业集群创新主体技术创新活动提供定向咨询与创新指导，解决技术创新中的疑难问题，排除技术创新发展的障碍。

(3) 创新传播阶段服务功能

创新传播阶段服务功能强调对创新知识与成果的广泛传播，科技中介及创新服务机构在这个过程之中扮演着桥梁的作用。对于集群企业而言，创新知识可以在定向的知识共享中得到传递，而技术创新成果则可以形成专利技术，通过成果转让或有偿使用等形式将其传播出去，在自己盈利的同时，也让社会大众可以充分享有新技术带来的优势。具体而言，服务于创新传播阶段的功能包括：①在线学习功能，即通过对创新知识资源的组织加工，利用在线课程的形式，传播创新知识与创新成果资源，并通过在线课程的功能性应用，不断反馈在线学习效果，并及时优化课程内容和教授对象，促进知识的快速转移与吸收；②交互共享功能旨在实现创新用户的互动创新过程，通过集成用户邮件系统以及 Web 即时沟通工具、社区等交互应用，实现便捷的互动交流与知识共享，充分利用头脑风暴，增加了用户的参与程度，促进了用户知识创新；③成果转让功能则提供创新成果发布展示的平台，同时汇集供需信息并融合统计分析等应用软件，实现创新传播对象的精准定位，以促成创新成果的快速传播。

(4) 创新应用阶段服务功能

创新应用是知识创新价值链的最后一个阶段，在这一阶段中，创新成果得到转化并将服务于创新用户，以真正产生其社会效应。创新应用阶段服务功能可分为产品应用展示和市场推广：①产品应用展示功能，由产品提供方为用户提供创新产品的全面展示与全程指导，借助产品展示工具与交互性应用，实现以动态交互的形式向创新用户展示创新产品；②市场推广功能，则是在综合企业自身以及创新服务机构对市场分析情况的基础上，在统计分析应用的数据挖掘支撑下，以可视化图表等应用形式跟踪推广情况，并结合地图应用进行基于位置的推广与营销服务，同时，利用市场调查工具及时了解市场需求和反馈意见，以对市场推广战略的优化提供参考依据。

第5章　产业集群背景下跨系统信息服务融合的技术实现

在产业集群协同创新中,以跨系统信息服务融合架构为基础,在信息服务融合的技术实现上,应立足于发挥信息服务融合的轻量级、可拓展、动态性强等特点,依托开放接口和可自由封装的部件的设计以及流程化的服务融合框架,以产业集群创新主体的跨系统创新服务资源的有效整合利用为宗旨,构建面向产业集群协同创新的跨系统信息服务融合平台,以为产业集群中跨系统协同创新活动的开展提供一站式的服务环境。

5.1　基于 RESTful 的融合接口设计

信息服务融合技术实现了多来源的数据与功能的融合应用,围绕这一应用中的数据表示以及交互过程,存在众多相关技术与标准,如(X)HTML、CSS、Javascript、Ajax(Asynchronous JavaScript and XML)。尤其是在基于 Web 的服务功能融合中,可以采用基于 XHR(XMLHTTPRequest)、XML-RPC、JSON-RPC、SOAP 以及 REST 等协议的开放接口(API)服务①。丰富的 Web 应用需要选择适合的接口来承担起从多信息源搜集和获取多元信息的职责,以辅助用户完成

① Jung J. J. Collaborative Browsing System Based on Semantic Mashup with Open APIs[J]. Expert Systems with Applications, 2012, 39(8): 6897-6902.

Web 信息获取的工作,减轻用户在检索信息时的负担。

5.1.1 融合接口设计样式选择

数字资源对象具有完整的情境和开放接口,才具备支持信息服务融合和用户工作流嵌入的条件①。信息服务融合所需求的分布式 Web 资源,通常可以利用 Web 资源提供方发布的公共 API 传递相关的参数,实现信息的传输和资源的调用。不同 Web 资源和服务提供方采用的 API 存在多元性和差异性,如 Google、Yahoo、Amazon、Flickr 等都发布了自己的公共 API。为了有效实现服务融合,对融合接口提出了开放的、可伸缩的设计要求。当前,主流的融合接口样式一般遵循以下技术规范或标准协议进行设计。

(1) Ajax

异步 JavaScript 和 XML 的 AJAX(Asynchronous JavaScript and XML),是指一种创建具有较强交互能力的 Web 应用的开发技术,其关注内容的异步加载和呈现方式,利用 JavaScript 将 Web 服务嵌入到 Web 页面中,使用 HTTP 协议实现由客户端浏览器向指定 Web 服务的动态连接,在客户端浏览器与服务器之间使用异步数据传输,仅请求少量信息而不是完整页面,并基于采用压缩方式传输信息的 JSON(JavaScript Object Notation)数据描述规范,可使 Web 应用程序更为友好、便捷,也成为一种支持客户端浏览器服务融合的接口规范。目前研究的核心技术包括②:①XMLHttp,提供客户端同 HTTP 服务器通信的协议,即利用 HTTP 协议在 JavaScript、VbScript 等脚本语言中传递 XML 等数据的应用程序接口,实现网页部分内容而非完整页面的刷新;②文档对象模型(Document Object Model, DOM),是处理可扩展置标语言的标准编程接口,实现动态访问文档内容,或更新结构、风格等操作的应用程序接口;③JavaScript,是一种被客户端

① NISO Framework Working Group. A Framework of Guidance for Building Good Digital Collections[EB/OL].[2013-11-24].http://chnm.gmu.edu/digitalhistory/links/pdf/chapter3/3.2a.pdf.

② 奉永桃.Mashup 国内外研究综述[J].图书情报工作,2010,54(8):60-63.

的浏览器全面支持的轻型设计脚本语言。

(2) XML-RPC

远程过程调用协议(Remote Procedure Call Protocol,RPC),是一种通过网络从远程服务器端程序上请求服务,而不需要了解底层网络技术的协议。使用 XML 作为传送信息的编码格式进行通信,并使用 HTTP 作为传输协议的远程过程调用形式即为 XML-RPC。作为一种进行 Web 服务通信的协议标准,其不受操作环境的限制,且可处理和传递复杂的数据结构,旨在提供一种采取基于 XML 的 HTTP 的远程调用标准的机制。XML-RPC 的基本原理为:RPC 客户端调用 RPC 服务器端现成的函数,将 XML 封装请求并发送至 RPC 服务器端,服务器端再以 XML 形式将经过处理的结果反馈给客户端,从而使客户端通过对 XML 数据的解析获取自己需求信息①。

(3) SOAP

简单对象访问协议(Simple Object Access Protocol,SOAP)同 XML-RPC 一样,也是 Web 服务协议标准的一种。其同样基于 XML,是一种用于发送消息的格式,其标准化数据传递方式,使应用程序在 HTTP 之上进行结构化信息的交换。同时 HTTP 得到了所有的互联网浏览器及服务器的支持,SOAP 通过 HTTP 在应用程序间通信具有良好的兼容性,其独立于平台和语言,但其相较 XML-RPC 而言较为复杂,主要适用于需要健壮、稳定、安全并且复杂交互的情形②。

(4) REST

代表性状态传输(REpresentational State Transfer,REST)是一组架构约束条件和原则,可根据这些原则设计以资源为中心的 Web 服务,包括使用不同语言编写的客户端如何通过 HTTP 处理和传输资

---

① 仇涵,周明全,耿国华.基于 XML-RPC 的分布式 Web 体系结构研究[J].微机发展,2005,15(10):138-140.

② 李东,周晓宇.SOAP 及其对 Web 服务的影响[J].计算机工程与应用,2002,38(12):78-81.

源状态。REST 是基于 SOAP 和 WSDL(Web Services Description Language)的 Web 服务更为简单的替代方法,满足其约束条件和原则的设计即为具有 RESTful 架构风格的设计①。基于 RESTful 架构风格的接口设计,可以使融合服务利用广泛分布于 Internet 上的开放 APIs 来获取并处理主题数据资源。REST 作为一种分布式超媒体系统的架构风格,现已被诸如 Flickr、Twitter、Ebay 等众多社会化网络服务提供商利用以提供 Web 服务。

5.1.2 基于 RESTful 的接口技术及其特征

当前对于 Web 服务开放接口主要采用 SOAP 和 REST 两类标准。SOAP 采用基于远程过程调用式交互模型,对接口方法调用的参数类型以及逻辑顺序等均有较强的约束,可支持复杂的信息传输与交换并实现基于工作流的服务融合,但由于其要求应用开发人员熟悉 WSDL、UDDI 等服务描述与发现机制,这就对开发设计人员的计算机编程应用能力提出了更高的要求,因而比较适用于用户已知且共用一个数据模型的闭合应用环境中,属于重量级接口。相较而言,REST 则依赖于 HTTP 方法实现对资源的操作,规避了 SOAP 对接口的复杂式设计,降低了对开发人员的要求,属于一种轻量级接口②。基于 REST 的接口具有良好的灵活性,可以提供标准化、格式化的数据以适应不同种类的应用程序需要,进而扩展基于 REST 的基本服务集,以满足集成需求,是构建服务融合系统的关键。

对 REST 而言,最为重要的是资源,即数据来源。资源通常拥有多种格式,如 HTML 页面、图片、视频或者标注文件等,同时资源也是可利用 URI 被唯一识别的。为访问资源,REST 使用 HTTP 协议由客户端向服务器端发送 URL 请求并接收响应,而包括 GET、PUT、

① 许卓明,栗明,董逸生.基于 RPC 和基于 REST 的 Web 服务交互模型比较分析[J].计算机工程,2003,29(20):6-8.

② 李春旺.图书馆集成融汇服务研究[J].现代图书情报技术,2009(12):1-6.

POST 和 DELETE 等通用的 HTTP 方法则实现了对资源的检索查询、更新、创建和删除等操作。

REST 架构风格(RESTful)既强调了组件的交互、扩展、可重用性,以及接口的通用性和组件的独立部署,如图 5-1 所示,同时也包括 6 个方面的约束。

①客户端/服务器(Client/Server,C/S)架构。在通常是由一个采用图形用户界面的程序所呈现的客户端与服务器端之间利用统一的接口区分开来,改善了用户接口跨多个平台的可移植性。

②无状态。服务器端并不储存客户环境信息,因而要求每个由客户端发送到服务器端的请求都是独立的,并且必须包含能够解读和实现该请求的所有信息,即客户端与服务器端的通信是无状态的,而请求的顺序也是非序化的。

③可缓冲。对于请求响应中的数据而言,可以被显性或隐性地标记为可缓存或不可缓存,可缓存的响应则可以对相同请求重用该缓存于客户端的响应数据,以减少客户端与服务器之间频繁的交互,提升响应速度。

④分层系统。通过将架构逐层分解,使只有与组件交互的紧邻层才对该组件可见,进而限制组件的行为,明确系统层次边界,提升各个层次之间的独立性和系统的可伸缩性,客户端也因此不能确定其是直接连接到终端服务,还是连接到中间件,同时以层次结构为基础封装遗留服务,使新服务免受遗留客户端影响。

⑤按需代码。服务器利用可执行代码传输暂时性的扩展或定制客户端功能,即允许在部署之后下载功能脚本代码以改善系统的可扩展性,同时减少必须被预先定义的功能的数目,降低了客户端开发要求。

⑥统一接口。它是基于 REST 的服务最基本的设计,REST 架构风格的核心特征就是强调组件之间有一个统一接口,所有资源在这一接口中被分别用 URIs 在请求中进行标注,所有的客户端与服务器端的交互通过统一的 HTTP 方法完成,同时为简化系统整体架构,提升系统的交互性和可重用性,须保证系统服务均为解耦的。

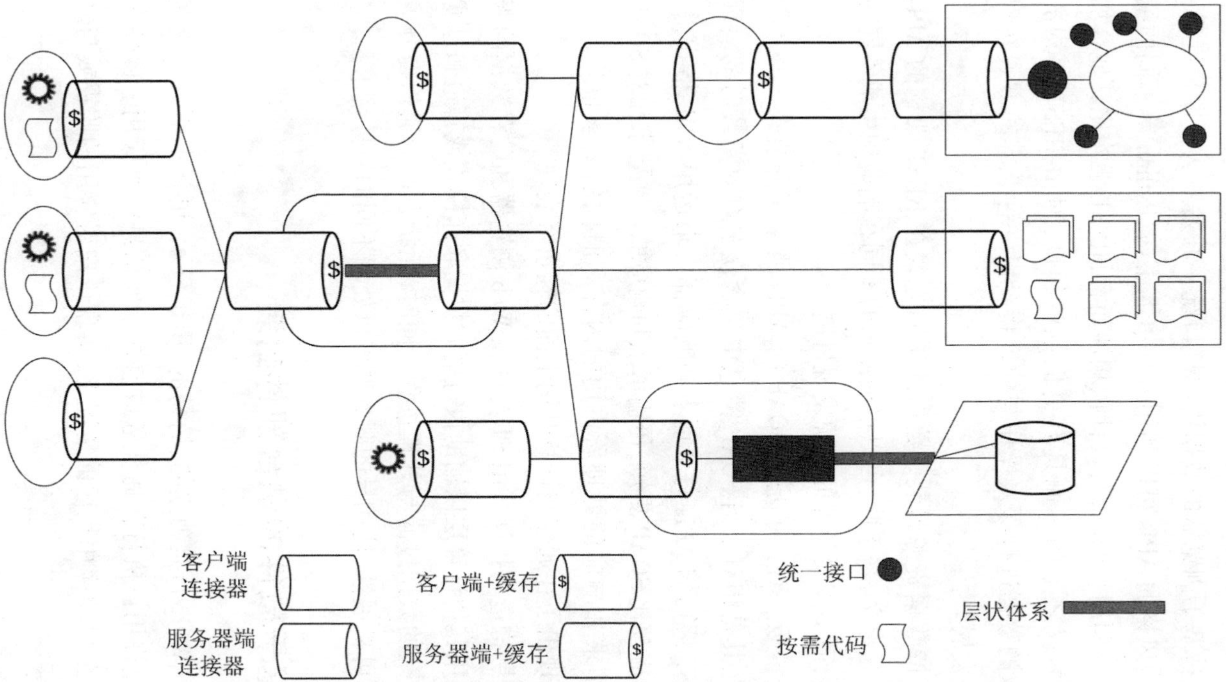

图 5-1 基于 RESTful 的架构模式①

① FieldingR.T.Architectural Styles and the Design of Network-based Software Architectures[D].Irvine:University of California Irvine,2000:63.

在 REST 的 6 个约束下，其简单的架构风格带来了诸如高度灵活、低开销、松耦合等许多优势。具体而言，包括①：

①支持基于浏览器的数据资源接口统一开发。从开发角度看，REST 架构风格的 APIs 可以利用 C++、C#、Java、Python 等不同的编程语言进行调用。同时，对设计依赖性而言，REST 架构比其他叠加在 HTTP 协议之上的机制具有更低依赖程度，对由 REST 架构的 APIs 获取的数据进行深入操作与处理将会以一种兼容的方式在现有应用中发展。

②支持数据资源封装。数据的访问方式在 REST 架构的 APIs 中可被良好定义，基于此，可以根据需求的不同在响应中生成不同视角的数据，而不需要额外的资源发现机制。

③轻量级。对比于基于 SOAP 的 APIs 所采用的复杂 SOAP 消息格式，尤其是相对于当 SOAP 消息中包含众多有效负载时的表现而言，REST 架构的 APIs 每个请求和响应都要求运用 XML 格式，其请求和响应都比 SOAP 更短，传输请求和响应的带宽要求相对 SOAP 要低，对请求和响应的处理所占用的内存和时间的要求也均低于 SOAP，体现出了在通信与计算开销上面的轻量级表现。

④分层构造与扩展。REST 允许在 Web 浏览器和贮存数据的服务器间采用其他计算层以辅助执行诸如数据联邦模式或管道和过滤模式等复杂的数据过滤与处理过程。同时，无状态性的通信提升了服务器的可扩展性，使相异的服务器可以处理不同的服务请求。

5.2　基于微件的融合部件封装

微件（Widget）是独立的、简易的，用于显示、更新本地数据或网络数据，允许用户执行普通任务或监视重要信息的小应用。微件允许在不完全启动应用程序的情况下，实现用户对应用的监视或与之

① Liu Y., Liang X., Xu L., et al. Composing Enterprise Mashup Components and Services Using Architecture Integration Patterns[J]. Journal of Systems and Software, 2011, 84(9): 1436-1446.

的交互,一般运行于 Yahoo! Widget Engine、Microsoft's Windows Vista gadget engine、dashboard widgets of Apple Macintosh 等运行时引擎之上①。利用微件,可以按照用户的特定需求进行服务的封装,个性化封装的服务既可应用于用户客户端桌面上,也可用于在浏览器中创建个性化门户②。

5.2.1 微件设计形式及其特征

微件的构造采用元数据驱动的方式,通常被设计为使用 XML 或脚本语言以使开发者可以构建轻量级的、可下载的应用程序,为用户更便捷的获取偏好信息提供帮助,开放标准以适应重复利用和可扩展性的需求。一般而言,微件的功能是由公开 API 的第三方网络服务商提供的代码所实现的,而对用户而言,其所利用的融合服务实则是融合服务提供者将来源于不同第三方网络服务商所提供的服务功能代码块嵌入其提供的融合服务页面的结果。当然,微件的特性还允许其被封装为独立的应用程序运行于 Web 浏览器之外。因而,微件兼具了 C/S 和 B/S 的特点,其作为一种 Web 技术,具有以浏览器为运行环境并执行动态的 Web 动态操作的能力,同时具有作为桌面程序的本地应用与交互能力③。具体来说,微件设计的形式可划分以下三种:

(1)页面微件

它是微件应用于服务融合中的典型表现,其基于代码重用思想,只定义服务功能,而独立于浏览器环境,通过嵌入可移植的 HTML 和 JavaScript 代码片段,将原具有分布式的 Web 服务功能代码集成到任意基于 HTML 格式的网页里。

(2)桌面微件

也可称为软件微件,是一种具有独立功能的,可以运行于 Win-

---

① de Vrieze P., Xu L., Bouguettaya A., et al.Building Enterprise Mashups[J]. Future Generation Computer Systems, 2011, 27(5): 637-642.

② Gurram R., Mo B., Gueldemeister R.A Web Based Mashup Platform for Enterprise 2.0[C].Web Information Systems Engineering, WISE, 2008: 144-151.

③ 王建民,陈卫伍,陈榕.基于构件技术的 Widget 本地扩展模型及实现[J].电脑知识与技术,2010,6(29):8359-8361.

dows、MacOSX、Linux 等操作系统上，并为用户单独所使用的小程序，如 Yahoo Widget、Windows Sidebar、Apple Dashboard 等所提供的各类功能程序部件。

(3) 移动微件

其与桌面微件相似，也是具有独立功能的小程序，区别在于其运行在移动设备终端，如 IOS、Andriod 等移动操作系统上。此外，其基于移动终端的特色决定了移动微件在功能上支持基于位置信息感知的 Web 服务应用构建与融合。

这三种微件设计形式在应用的种类、应用的业务特征、应用的用户偏好特征以及应用的提供商等方面均存在区别，归纳起来，如表 5-1 所示。

表 5-1　**微件设计形式对比**

项目	页面微件	桌面微件	移动微件
应用种类	集中于社会化应用，多集成地图、资讯、视频、游戏、评论、个性化主页与虚拟社区等内容	集中于天气、音乐播放器等小功能性部件，以及其他 Web 服务的客户端	类型丰富，包含生活类服务应用、娱乐应用以及办公效率化应用等
应用业务特征	作为模块部件嵌入到页面中，为用户提供开放平台，实现个性化页面的设置和操作，其应用大多可移植到桌面和移动终端	作为个性化桌面的功能补充，丰富用户桌面的可视化效果，无需访问页面即可获取信息与服务	运行移动设备之上，应用服务内容精简，功能操作便捷，交互性良好，且凸显位置服务能力
应用用户偏好特征	内容与服务功能定制、页面布局设计等	个性化桌面的设置，界面美观等	使用方便，即时性、互动性强
应用运作平台	iGoogle、Facebook、Twitter 等社区和 Web 2.0 服务平台	Apple、Microsoft、Linux 等 PC 系统	IOS、Andriod、WP 等移动终端系统

微件作为功能性小部件,开发门槛低、周期短,具有独立于操作系统的特性,同时具有较强的灵活性和扩展性。此外,Web 2.0 环境下,微件在其应用中还体现出了以下特点:

(1)可分享的微件应用

由于微件采用"HTML+JavaScript"进行编写,在 Web 2.0 环境下,微件的开发者不受限制,每个网络用户都可以创建个性化的微件应用,同时将其分享于互联网上,实现与其他平台和用户的交互。

(2)可散播的微件模块

微件不但短小,且具有模块化特征,其不仅可通过链接地址进行访问也可直接被嵌入到其他网络应用中,这为其在 Web 上进行快速传播和便捷的融合利用带来了方便。

(3)可管理的微件平台

微件管理平台将分布式的微件应用进行了统一管理,并通过提供完善的微件应用发布、更新、下载与应用机制,实现对微件应用工具的分类组织和管理运营。

(4)可设置的微件体验

作为一种面向用户的小部件,其不但可为用户提供应用功能的个性化配置,还能使用户在页面或客户端上进行拖拽等个性化布局设置,迎合了用户的个性化体验需求。

基于微件的特性,服务融合提供者可以借助微件提升站点的用户体验,使用户在不需要频繁跳转页面的情况下获取所需的信息资源和服务功能。尤其是对于产业集群的众多创新主体而言,无疑是提升创新效率的重要手段。

5.2.2 基于微件的服务封装技术与规范

微件是典型的具有独立性的用于远程显示和更新数据的应用程序,并被打包且可下载和安装于客户端之上,不同平台对微件的结构、功能到操作方法上存在些许差异,微件脚本、接口、程序包等的构建与部署也依赖于多种格式,因而微件部件设计存在诸如 OperaWidget、GoogleGadget、IntelWidget 等多种标准。为了实现跨系统操作,当前微件设计与封装中多采用以下标准规范:

(1) W3C Widget

为解决多种微件规范共存而产生的跨系统平台兼容问题,W3C推动了微件标准规范的建设,以支持微件在多语言环境背景下的用户桌面与移动设备等平台中的调用,并提出了标准微件框架结构,如图 5-2 所示。

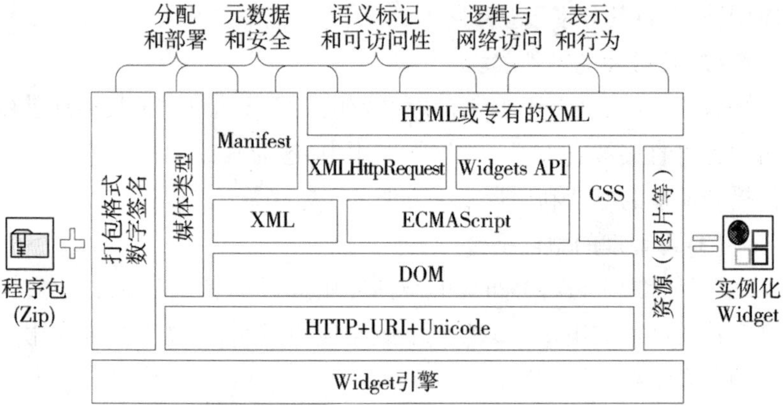

图 5-2 标准化的微件框架结构①

微件运行于被称为微件引擎的用户代理之上,其能够模拟 Web 浏览器的多种行为,通常支持 HTTP 协议、JavaScript、CSS、DOM、基于 URIs 和 Unicode 的国际化资源标识符 IRIs,以及其他一些呈现多媒体资源的机制。此外,主机运行环境还包括提供微件功能的 API,其构建依赖于 HTML 或专有的 XML 词表,并支持采用 XMLHttpRequest 方法来实现基于 HTTP 的异步数据请求,进而实现微件之间以及与其运行环境的交互。微件最终以封装包的形式分布于或部署于 Web 服务器上。而其中,微件接口、封装及其配置、多媒体格式与数字签名的格式规范等即为微件标准化的重点建设内容。

伴随信息技术的发展,W3C 在经过对微件相关规范的数次修订后,推出了包括关于微件封装和配置、微件更新、微件接口、微件数字

① W3C.Widgets 1.0 Requirements[EB/OL].[2013-11-26].http://www.w3.org/TR/2007/WD-widgets-reqs-20070705/.

签名、微件 URIs 以及视图模式在内的微件系列标准规范说明(Widgets Family of Specifications)①。

①微件封装与 XML 配置(Widgets Packaging and Configuration)规范②。该规范实现了对微件的封装格式以及相应类的元数据的规范和标准化的说明,其使用 XML 作为文档配置格式,声明了微件的元数据信息和配置参数信息,以及对微件封装包运行处理时的预期行为描述和错误处理方式,并依赖于 PKWare 推出的 ZIP 的文档压缩格式,将文档封装并存储于微件内。

②微件更新(Widget Updates)规范③。出于修复安全漏洞与技术故障、增强性能以及添加新功能的考虑,微件应用需要进行常规更新,这就提出了对微件更新相关操作的规范要求。该规范定义了允许用户代理利用新版本微件封装包更新已安装封装包的过程和文档格式,其利用 XML 定义了包含于配置扩展文件中的更新描述资源(Update Description Source),提供了指向更新描述文档的手段。其中更新描述文档是一个微件更新的元数据,包括描述更新目的方法、表示潜在更新的版本标示符的方法以及访问潜在更新包的链接。

③微件接口(Widget Interface)规范④。该规范定义了微件的应用程序接口,以提供访问声明微件配置元数据的文档,检索其参数名称和值,以及存储微件实例相关的数据等功能。因此,微件接口定义规范一般包括 WindowWidget 接口、Widget 接口以及 WidgetStorage 接口三个对象。

④微件数字签名(Digital Signatures for Widgets)规范⑤。该规范

---

① W3C.Requirement For Standardizing Widgets[EB/OL].[2013-11-26].http://www.w3.org/TR/2009/CR-widgets-20091201/.

② W3C.WidgetPackaging and Configuration Specification[EB/OL].[2013-11-26].http://www.w3.org/TR/2009/CR-widgets-20091201/.

③ W3C.Widget Updates[EB/OL].[2013-11-26].http://dev.w3.org/2006/waf/widgets-updates/.

④ W3C.Widget Interface[EB/OL].[2013-11-26].http://dev.w3.org/2006/waf/widgets-api/.

⑤ W3C.XML Digital Signatures for Widgets[EB/OL].[2013-11-26].http://dev.w3.org/2006/waf/widgets-digsig/.

允许微件作者制作一个数字签名文档，为微件封装包中 HTML、CSS 以及 JavaScript 等未进行签名的文件进行数字签名加密，以为微件提供持续的安全保障机制。用户代理或者验证系统可以利用数字签名来核实微件来源、微件封装包内文件的数据完整性。

⑤微件统一资源标示符(Widget URIs)规范①。该规范用于定义标准化的 Widget URI 方案以及相应的非关联化规则，可被用来实现微件封装包内资源的寻址工作。由于其非关联化模型依赖于 HTTP 语义来返回资源，其可使 URI 方案被用于如 XMLHTTPRequest 等其他依赖 HTTP 响应的技术中。

⑥视图模式(View Mode)规范②。考虑到 Web 应用通常拥有多种可视化模式，既可以占据整个屏幕，也可以最小化只占据屏幕一小块区域。因而，该规范定义了一个媒体特征来匹配不同应用于 Web 应用上的可视化呈现方式，从而通过 CSS 应用不同的样式。

(2)UWA Widget

由 Netvibes 发布的 UWA(Universal Web App)是当前具有高跨平台性能的微件标准规范。为了保证 UWA Widget 的平台兼容性，UWA Widget 文档须包含完整的以 XML/XHTML 格式和 UTF-8 编码的微件对象信息，并采用 AJAX 的异步调用方法获取外部数据，进而再利用嵌入式的 JavaScript 脚本语言实现对数据的解析处理，并以 CSS 实现界面风格设计③。因而，以其为标准架构的微件应用可以支持 iGoogle、Apple Dashboard 等多元桌面系统的集成与融合应用，同时也可以作为移动应用支持移动终端的调用。

UWA Widget 标准文档包括 3 个部分，分别是 XHTML 文件头、<head>头标区以及<body>正文区。其中，XHTML 文件头包括 XHTML1.0 严格型规范，即严格的文档类型定义(DTD)，同时还要求在

① W3C.Widget URI Scheme[EB/OL].[2013-11-26].http://dev.w3.org/2006/waf/widgets-uri/.

② W3C.The "View-mode" Media Feature[EB/OL].[2013-11-26].http://www.w3.org/TR/view-mode/.

③ Netvibes.UWA API Documentation[EB/OL].[2013-11-26].http://uwa.netvibes.com/docs/index.html.

<html>标签中包含 xmlns:widget = " http://www.netvibes.com/ns/" 命名空间属性:

```
<html xmlns = " http://www.w3.org/1999/xhtml"
      xmlns:widget = " http://www.netvibes.com/ns/" >
```

<head>头标区与 XHTML 头文件一样,不仅包含所应具备的<title>等标准标签内容,还包含 UWA 所特有内容,这包括:

①应用程序元数据描述信息,即由 Netvibes 定义的一组包括作者信息(Author)、描述信息(Description)等在内的,用于描述微件对象及其工作方式的元数据,对这些相关元数据信息的定义,将会在对微件对象的交互操作时被自动读取并进行反馈,如:

```
<meta name = " author" content = " name" />
<meta name = " description" content = " descriptive content" />
```

②应用程序独立仿真信息,即为支持微件在操作系统上的独立运行,由 Netvibes 所提供的支持微件独立仿真运行的文件,包括定义界面风格的 CSS 文件以及实现交互控制的 JavaScript 文件,分别为:

```
<link rel = " stylesheet" type = " text/css"
      href = " http://uwa. netvibes. com/lib/c/UWA/assets/css/
standalone.css" />
<scripttype = " text/javascript"
      src = " http://uwa. netvibes. com/lib/c/UWA/js/UWA_Stan-
dalone_Alone.js" ></script>
```

③用户参数信息,即通过在微件用户参数标签 < widget:preferences>,利用基于 UWA 的 JavaScript 函数功能 widget.getValue(name)获取参数信息,以及 widget.setValue(name, val)来设置参数,支持用户对微件进行个性化的参数定义,并保存在 Netvibes 服务器或一个 Cookie 中。

而对于<body>正文区,则采用与 HTML 页面一致的方法来定义微件的交互界面与功能。此外,Netvibes 还提供了一个微件对象类及 API 以支持微件的开发,其基于 JavaScript 框架,封装了微件属性、事件和方法,加之 Netvibes 运行环境可以自动建立微件对象实例,因而可直接通过调用 JavaScript 代码进行微件的调用,实现对微件的数据请求、数据交换、参数调用等操作和利用。

5.3　基于管道的服务融合框架体系

从服务架构上看,面向服务的架构(Service-Oriented Architecture,SOA)是为了解决业务集成的需要,将应用程序的不同功能单元(称为服务)通过这些服务之间定义良好的接口和契约联系起来的组件模型,常被用于企业内部大型系统的应用服务开发①。而与之对应服务融合的核心思想即是通过轻量级的架构方式来实现典型的 SOA 应用,其在适用范围、应用过程和应用对象上均表现出了与 SOA 相比的独到之处,如表 5-2 所示②。

表 5-2　**SOA 与服务融合的对比**

标准		面向服务的架构	服务融合
适用范围	应用形式	战略性,具有一定标准形式的应用	具有长尾性质的,战术层面、简易的、独立性的多元应用
	功能性需求	由有限数量的用户定义,明确且固定需求进行开发	随业务需求的变化,服务融合开发可进行灵活调节
	非功能性需求	资源分配以提升性能,关注方案的可用性、健壮性与安全性	较少关注可用性、可维护性以及可扩展性等
	生命周期	稳定,具有长生命周期	可变性强,常为短生命周期
	价值产生时间	数周、数月甚至数年	数分钟、数小时或数日

① 互动百科. SOA[EB/OL].[2013-11-30]. http://www.baike.com/wiki/SOA.

② Hoyer V., Stanoevska-Slabeva K., Vom Brocke J. On the Contribution of Reference Modeling for Organizing Enterprise Mashup Environments[C]. Business Process Management Workshops,2010:695-706.

续表

标准		面向服务的架构	服务融合
应用过程	开发阶段	包括需求、参数规范、测试、部署等在内的开发内容和环节被良好定义和安排	具有临时性,相对灵活的解决方案以适应即时需求
	管理形式	正式的、中心化的管理形式	去中心化的、社会化的管理形式
	演变特征	自上而下,中心化的	无定向,关联协调、有机的
应用对象	应用开发者	IT 部门或具有专业开发技能的外部专家	业务链伙伴,具有有限开发能力的个体或团体
	目标用户	拥有固定需求的大型用户	动态关联的用户群,或者拥有动态需求的团体或个人用户

由此可见,在协同创新环境下,为了适应动态的创新发展环境和产业主体协同环境,轻量级的服务融合相比 SOA 而言,其灵活性更适合复杂多变的产业集群协同创新关系,能更好地满足产业集群协同创新对多来源信息和服务整合的需求。

5.3.1 服务融合架构形式

服务融合改变了单一的由用户静态发布资源的形式,而转为动态结合第三方 Web 资源①。而依据服务融合过程实施的位置,服务融合架构形式可分为服务器端融合和客户端融合两种。

(1)服务器端融合

服务器端的融合,即服务的融合发生在服务器端,此时客户端应用程序可通过服务器代理实现对其他 Web 应用程序的融合操作,服

① Pahlke D.W.I.I, Beck R., Wolf D.W.I.M. Enterprise Mashup System as Platform for Situational Applications [J]. Business & Information Systems Engineering, 2010, 2(5): 305-315.

务器端融合的方式为(见图 5-3)：

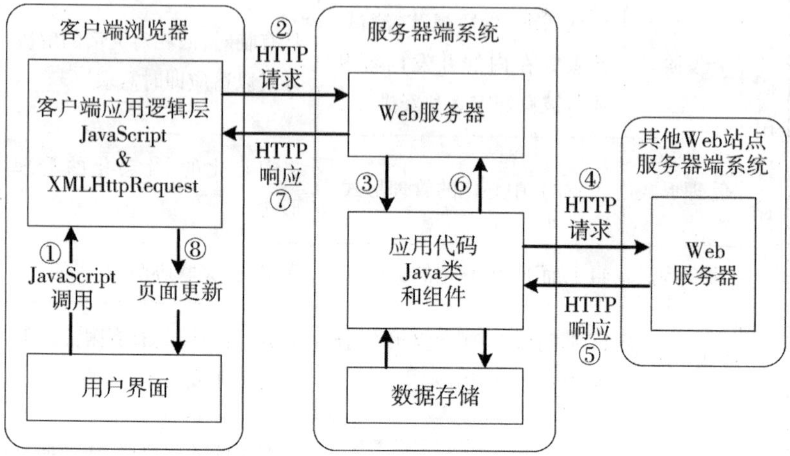

图 5-3　服务器端融合方式①

①在客户端内由用户生成一个事件，并在客户端内触发 JavaScript 函数，通常情况下用户所生产的事件即为浏览器中的一个 Web 页面；

②客户端向服务器端中的 Web 服务器发送 Ajax 请求，该请求以 XMlHttpRequest 对象的形式存在；

③服务器端诸如 Servlet 等 Web 组件接收请求，并调用一个或者多个 Java 类上的方法，这些类封装代码以便与其他 Web 站点交互连接，同时，这些类可被称为代理类，可以是一个 Java Platform Enterprise Edition(Java EE)组件，也可以是编写的一个简易 Java 类；

④代理类处理请求，并根据需要进行增加，打开与所需进行服务融合操作的 Web 站点之间的连接；

⑤服务融合站点以 HTTP GET 或 HTTP POST 的方式接收请求、处理请求，并将处理后的数据返回给代理类；

① Ort E.，Brydon S.，Basler M.Mashup Styles，Part1：Server-Side Mashups[EB/OL].[2013-07-25].http://www.oracle.com/technetwork/articles/javaee/mashup-1-142202.html.

⑥代理类接收响应,并依据客户端情况将其转换为适当的数据格式,同时可缓存响应满足未来的请求处理需要;

⑦Servlet 返回响应到客户端;

⑧通过操控表示页面的 DOM,利用 XMlHttpRequest 中揭示的回调函数更新客户端页面视图。

服务器端融合架构的优势之处在于,可以对服务器上多源数据资源进行异步或者并发的调用,不受浏览器的并发限制。而由于服务器承担了浏览器页面和服务融合页面的代理任务,其可以充当客户端和其他 Web 站点之间的缓冲区,缓存服务返回的数据在实现不同返回数据格式转换的同时,屏蔽响应错误等问题,亦可使用服务器提供数字密钥,既降低了服务融合对客户端浏览器的要求,也为开发人员避免了浏览器兼容性和安全性的困扰。但当服务器端的访问量增加时,充当融合代理的服务器工作负荷将大量增加,而且服务融合由服务器代理完成,这就使得其对于用户来说在一定程度上降低了服务融合应用的可扩展性①。

(2)客户端融合

客户端融合则是由客户端向融合的 Web 站点发送请求,客户端浏览器从服务器装载预先定义好的 HTML+JavaScript 脚本代码,通过 Ajax 技术建立浏览器与融合服务器之间的异步交互,融合服务器负责转发浏览器的请求,进而实现客户端直接对 Web 站点数据或功能函数的融合,客户端融合的方式为(见图 5-4):

①浏览器向 Web 站点服务器发送 Web 页面请求;

②客户端加载由服务器端响应请求所提供的 Web 页面,其中包含融合站点的 JavaScript 程序库以实现对站点服务功能的融合,或自定义 JavaScript 功能函数来完成融合操作;

③融合站点提供的 JavaScript 程序库中的功能函数或者自定义的 JavaScript 函数将会被调用,并创建<script>标签指向融合站点,以执行浏览器页面行为;

---

① 弗朗西斯·萨拉汉著. Mashups Web2.0 开发技术——基于 Amazon. com[M].吴宏泉,译.北京:清华大学出版社,2008:93-94.

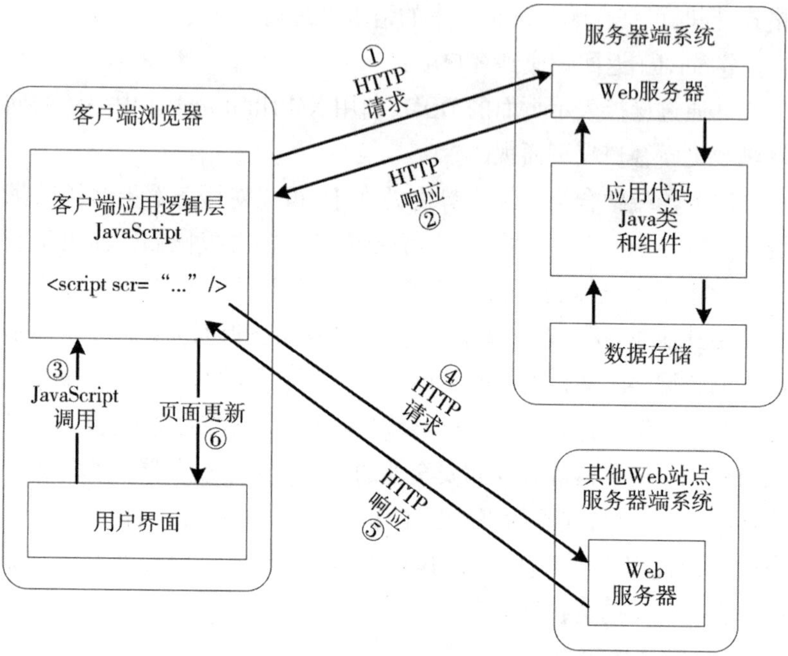

图 5-4　客户端融合方式①

④以所创建的<script>标签内容为基础，向融合站点发送请求以加载脚本；

⑤融合站点加载脚本，并利用作为参数进行发送的 JSON 对象来执行浏览器页面的回调；

⑥通过操控表示页面的 DOM 实现回调函数对页面的客户端视图更新。

客户端融合架构的优势则在于，融合过程灵活且易实现，只需要引用待融合站点的 JavaScript 库并提供相应的代码来使用库中的相应功能，便可以实现功能的调用和融合，对用户而言具有良好的可扩展性；而由于融合发生在客户端，因此不必提供 Servlet 等服务器端

---

① Ort E., Brydon S., Basler M. Mashup Styles, Part 2: Client-Side Mashups[EB/OL].[2013-07-25].http://www.oracle.com/technetwork/articles/javaee/mashup-2-140412.html.

代理,这种服务请求与响应在客户端和服务器端直接传递的形式减少了响应接收消耗与延迟,降低了服务器端的负载,使得服务融合执行能力更强。但由于服务融合发生在客户端,融合架构对客户端浏览器的要求较高,同时并不是所有 Web 站点都提供 JavaScript 以利于服务融合的开展也是一个值得关注的方面。

5.3.2 基于管道的轻量级服务融合框架

为了给用户创造一个更为轻量级的融合环境,服务器端的融合架构降低了对客户端浏览器的融合执行能力要求。在服务器端构建基于管道(Pipes)的服务融合架构作为一种轻量级的资源融合框架,通过定义数据处理过程,以数据的管道流动形态为基础,集成异构资源,是构建具有流程逻辑性服务融合的主要模式之一。管道架构模式由一系列相互连接的部件组成,每个部件执行诸如访问数据源、过滤数据、合并数据源等特定的操作,而管道架构中部件之间的连接则说明部件的输出即为另一部件的输入,以形成依次连接的数据处理链①。

管道架构通常包含了对数据进行提取、过滤和加工的功能部件,以为服务融合提供输入数据,在获取了所有输入数据之后服务融合管道架构中的其他功能性部件便开始执行自己特有的处理功能,通过这种方式,加工处理过程是顺着管道数据流动方向依次进行的。其最典型的优势在于构建管道流模型的简易性和便捷性②。在服务融合流中的每个管道都被明确的定义,且其融合过程都由数据流所驱动。数据资源可以被过滤、处理和整合来创建新的融合信息和服务。此外,其管道架构模式使得服务融合还十分便于维护,可根据客观需要对任意过程进行更新或替换。过滤器是管道架构中的一个核

---

① Liu Y., Liang X., Xu L., et al. Composing Enterprise Mashup Components and Services Using Architecture Integration Patterns[J]. Journal of Systems and Software, 2011, 84(9): 1436-1446.

② López J., Bellas F., Pan A., et al. A Component-based Approach for Engineering Enterprise Mashups[C]. 9th International Conference on Web Engineering, ICWE, 2009: 30-44.

心部件,其可进一步被分解为子管道结构,一般包括一个数据装载器、若干个数据筛选器以及一个格式转换器,如图 5-5 所示。其中,数据装载器用于载入数据,数据筛选器用于删除无关数据或重复数据,而格式转换器则将数据格式转换为所需的标准格式,以便后续数据操作步骤的运行。

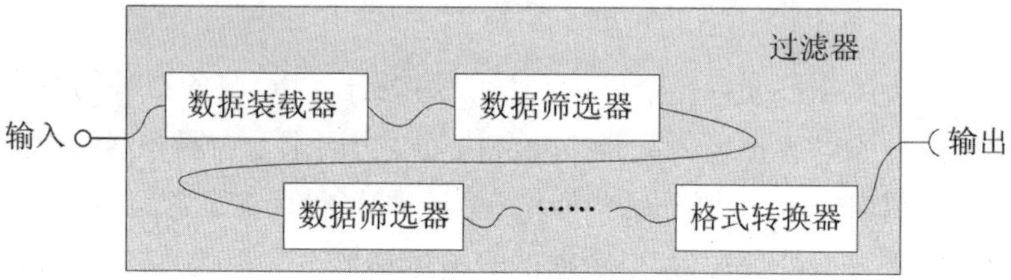

图 5-5　过滤器部件的管道分解结构

与数据过滤器对应的数据生成器也是一个包含有子管道结构的部件,其根据数据展示的目标,将数据转换为不同的表达形式和规模,例如包括输入数据的获取以读取过滤器部件输出的格式化数据;再利用可视化转换部件实现利用不同的颜色、大小和密度进行统计数据可视化表达的加工;还可以继续利用空间尺度展示部件,将数据进一步实现点、区域乃至三维体积的不同空间维度展示的加工处理,如图 5-6 所示。

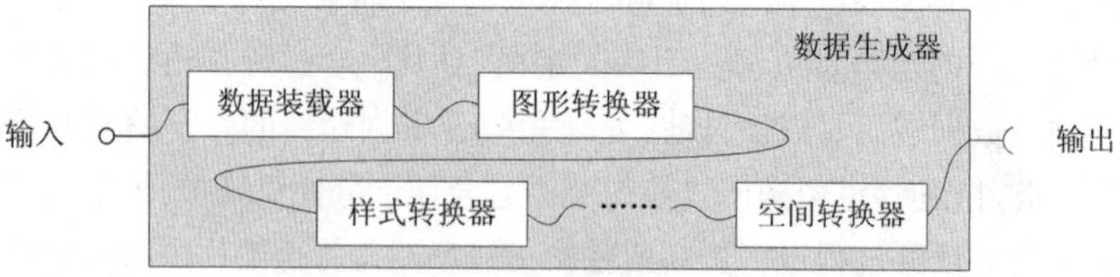

图 5-6　数据生成部件的管道分解结构

基于管道的服务融合是对多元服务功能的有序整合,而其又以对数据的加工处理为基础。其中,根据服务融合目标的分解,服务融合架构可划分为若干数据处理链以实现服务功能的再组织,而每条数据处理链均包含多元功能的适配器,以对数据资源进行加工处理,如内容聚合、数据格式转换、资源过滤、资源排序等功能。经过组织的每条数据处理链形成独立的管道,并整合图形界面和用户交互机制应用功能最终封装形成功能独立的微件,以可视化界面的形式将由 APIs 提取的资源进行展示。同时,在不同微件的管道中,可以互相连接实现数据的传递,并在融合层根据用户的需求定义,通过视图的直观方式集成和链接不同资源的内容,实现对不同微件的装配而完成服务的融合。最终,经过集成处理的数据与融合服务将由 Web 服务器传递到浏览器展现给用户,如图 5-7 所示①。

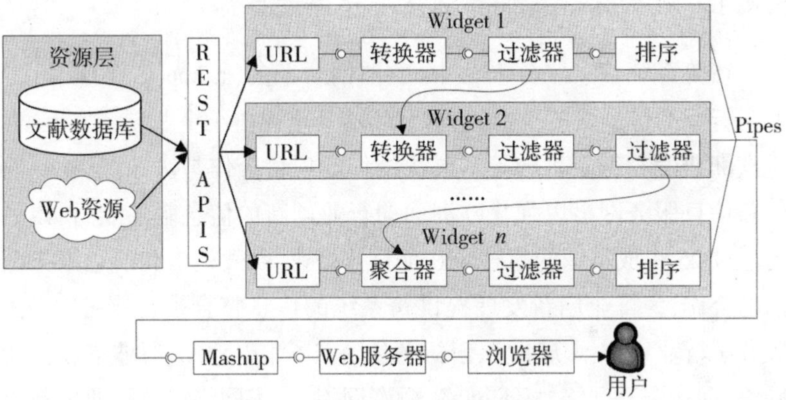

图 5-7 基于管道的服务融合框架

5.4 跨系统信息服务融合平台构建

产业集群背景下的跨系统信息服务融合的推动依赖于信息服务融合平台的构建,融合平台可被视为是企业集成框架的拓展,以及服务导向的业务框架和传统的业务智能平台的补充②。而考虑到产业

① 胡昌平,严炜炜.面向科学研究的个人数字图书馆服务融合[J].中国图书馆学报,2013(4):93-101.

② Pahlke D.W.I.I., Beck R., Wolf D.W.I.M. Enterprise Mashup System as Platform for Situational Applications [J]. Business & Information Systems Engineering, 2010, 2(5):305-315.

集群各创新主体创新资源组织方式各异，且各创新主体的创新服务应用开发能力有限，在实现跨系统融合的过程中，需要相应的技术协调能力作为支撑，在客户端进行服务融合相对困难。因此，在信息服务融合平台的构建中，须按照管道服务融合框架结构在服务器端实现融合操作，并基于 RESTful 的融合接口设计实现开放创新资源的调用与链接，基于微件的融合部件封装将零散的信息服务功能有机装配形成功能综合化的新服务手段，为产业集群用户跨系统创新活动的开展提供多元化、集成化和有序化的融合信息服务。

5.4.1　跨系统信息服务融合平台建设目标

在跨系统信息服务平台中，欧洲创新平台（Europe INNOVA）是面向行业的信息服务平台的典型代表，其重视中小企业创新发展，促进欧洲研发与创新机构等多层次的创新项目合作与协同，建立行业创新信息服务网络以强化欧洲面向行业创新的信息服务能力，该平台通过 25 个成员国的超过 300 个科技企业、研发机构和信息服务部门的合作，为行业创新发展提供跨系统的信息整合平台服务①。为服务于行业集群创新，欧洲创新平台涵盖了集群地图、行业创新监测网络、创新资源网络、标准网络、融资网络、专家网络以及行业创新管理与交流网络等组成部分，实现跨系统的创新服务，其体系结构如图 5-8 所示。

产业集群的成员组织往往具有行业关联性，因而对于产业集群创新服务而言，其可借鉴行业创新服务平台的构建方式实现产业集群背景下的跨系统信息服务平台的构建。当前，我国行业信息网虽已基本覆盖国民经济各行业系统和部门。然而，在面向产业集群创新的服务中，行业信息服务资源缺乏有效整合利用，集群用户仍难以从单一行业信息服务网站满足产业创新的信息需求②。同时，我国

---

① 胡昌平，张敏.欧盟支持行业创新的信息服务平台实践及其启示[J].图书馆论坛，2007(6)：187-191.

② 胡潜，李巍.创新型国家的信息服务体制与信息保障体系构建(5)——面向企业创新的集成信息服务推进[J].图书情报工作，2010，54(6)：23-47.

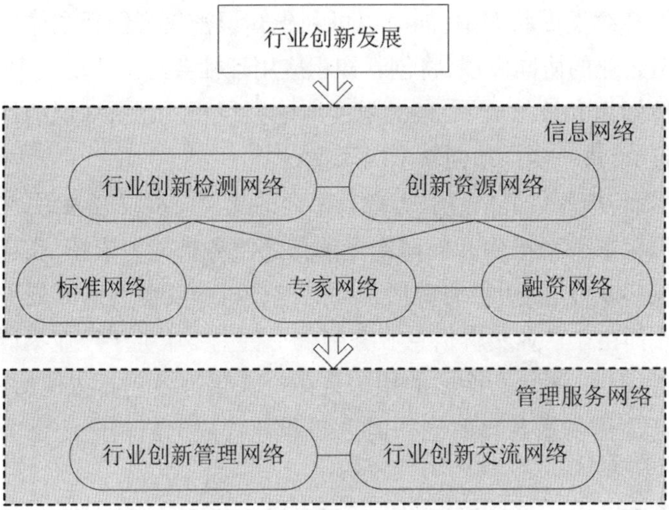

图 5-8 欧盟创新平台体系结构

面向产业的信息服务也呈现着网络化、开放化和社会化的发展趋势。为了推进产业集群创新需求从对单一信息源的依赖向多元信息网络的转变，加强集群创新用户间的信息共享与信息服务资源的公共利用，打破信息服务的行业界限，拓展产业集群用户获取和交流信息的渠道，需要构建面向产业集群的信息服务平台，强化关联行业的信息的组织，并以服务融合为手段，实现包括相关行业、政府、商务网络的协同利用，进而面向产业创新实际需求提供跨系统、跨网络的融合信息服务。

信息服务融合平台建设规划，应始终坚持有利于产业集群创新发展以及建设创新型国家的需要。一方面，面向产业集群的信息服务融合平台的构建，需要建立在信息资源与服务网络以及区域产业信息资源的共享与合理配置的基础上，这依赖于国家信息化建设与保障以及产业集群创新发展的推动战略规划与指导，在国家的统一规划和部属下，由地方或区域性政府及相关部门配合，形成有利于产业集群创新发展和信息服务融合平台建设的协同环境；另一方面，基于信息服务融合平台，联合产业集群及周边科研院所、高等学校等创新主体，可以发挥区域性创新能力，促使产业集群始终保持在创新成长的可持续发展状态中，同时也可利于知识密集型创新主体与劳动密集型企业的协同发展，将创新知识应用于社会经济活动之中，形成创新性知识和技术成果，最大限度地挖掘和开发创新知识的社会效益和价值，进一步推动创新型国家建设。

因而，产业集群信息服务融合平台的建设应以政府为主导，以产业集群区域管理机构和面向产业的信息服务机构为依托，联合产业集群核心企业、周边科研院所与高等学校机构资源共同开展平台的建设。而由于产业集群信息服务融合平台主要服务于产业集群的协同创新，因此，平台所面向的用户则由产业集群各创新主体所构成，各创新主体依据各自的创新需求与业务特征定制相应的融合信息服务。

在面向产业集群创新的信息服务融合平台建设中，应坚持服务于知识创新过程，支持多元创新主体协同、开放共享资源等目标。具体而言，产业集群信息服务融合平台的建设目标也可分解为平台规划、服务规范、架构部署、内容安排和功能组织等要素，如表 5-3 所示。

表 5-3　**产业集群信息服务融合平台构建要素**

构建要素	目标说明	组织实施
平台规划	分析产业集群创新主体服务融合需求，明确信息服务融合及其平台定位和建设方式	从整体视角实现产业集群信息服务融合平台的规划与论证
服务规范	选择信息服务融合对象，界定融合平台用户和服务范围，明确融合资源类型与服务规范	细分服务融合目标，以此为范畴设计平台服务业务
架构部署	构建信息服务融合平台框架，进行融合资源与融合服务的结构化关联和组织部署	进行信息服务融合平台的融合接口、功能模块等结构设计

续表

构建要素	目标说明	组织实施
内容安排	确定信息服务融合平台的服务内容,按需选择集群创新主体的融合信息源	进行信息内容筛选与个性化定制设计,形成内容选择与应用规范
功能组织	从产业集群创新主体创新业务环节出发,进行平台服务功能的封装和服务业务的组织	实现信息服务融合平台功能,形成面向产业集群创新的业务模式

(1)平台战略层面

从平台战略层面上看,平台构建的构建需要以产业集群创新用户的信息需求为导向,明确产业集群多元信息服务融合的目标和融合平台定位,解决产业集群信息化发展和协同创新中亟待解决的问题。通过制定创新资源共建共享机制,协调创新资源提供方利益,提供相应的激励机制、补偿机制和约束机制,指导信息服务融合平台构建及其后期持续运作过程。

(2)服务范围层面

从服务范围层面上看,须确定产业集群信息服务融合的范围,考虑到网络信息资源与服务的动态性、非稳定性以及相关行业信息服务网站更新的不连续性,信息服务融合平台须优先筛选面向产业集群服务的行业信息网、商务网,以及其他综合性服务平台,以作为平台的信息源和服务融合对象。同时,根据服务融合目标,明确服务对象和服务范围,为平台确立标准化的一站式服务机制。

(3)结构部署层面

从结构部署层面上看,以信息服务融合平台对结构化和非结构化数据资源的利用与加工为基础,设计并部署信息资源采集与交互的接口,关联融合资源并构建面向产业集群创新的服务融合数据库,并进行服务功能的模块设计,构建信息服务融合平台结构。

(4)内容安排层面

从内容安排层面上看,为了突出面向产业集群服务融合的特点,融合的服务内容须与产业集群创新活动中的信息需求密切相关，并以此为标准确定信息服务融合平台的信息源和服务内容，提供服务内容的过滤与筛选，以及个性化定制功能。

(5) 功能组织层面

从功能组织层面上看，从产业集群创新主体创新业务环节出发，进行平台信息提供与发布服务功能、信息交流与共享服务功能、创新参考咨询服务功能等服务功能与业务的组织实施和操作规范制定，形成面向产业集群创新的业务模式，构建功能完整的产业集群信息服务融合平台。

5.4.2　跨系统信息服务融合平台构建原则

产业集群信息服务融合平台的建设，不能够依靠区域性产业集群独立完成，而是在集国家层面、区域层面以及创新个体层面多维度协同的过程中实现的。尤其是对于作为提供融合资源与服务的组织机构而言，信息服务融合的开展更是需要积极协调各方利益，为信息服务融合平台的构建奠定基础。因此，为满足产业集群信息服务融合平台的建设需要，需建立多维联动机制。在国家层面，不单要注重对全国性各产业集群的创新发展进行统筹协调，还应注重对区域性创新服务资源的有效配置，以降低创新资源的重复建设程度，协调信息服务融合平台与其他平台的关系，从宏观层面推动产业集群信息服务融合平台的建设；在区域层面，应在国家层面的指导之下，以区域特定产业为重心，突出产业创新的多元性、复杂性、动态性特征，探索建立适应区域创新发展环境的信息服务融合平台，促进区域内企业、高等学校和科研机构的开放共享、竞争合作以及创新协同；在创新个体层面，需理清产业集群各创新主体的创新任务、业务范围、创新资源以及服务优势，依据各创新主体信息服务融合需求构建信息服务融合平台的服务功能模块，提供个性化手段实现融合服务的个性化的装配与利用，并满足创新主体跨系统协同创新的需要。具体而言，在产业集群信息服务融合平台的构建中，须遵循以下原则：

(1) 整体性原则

产业集群信息服务融合平台的建设，应从创新型国家信息保障平台建设的整体角度出发,合理规划面向产业集群创新的信息资源与服务配置方案,在做好顶层设计的同时充分体现出平台的前瞻性,构建适应产业集群协同创新发展需要的内容全面、服务融合的信息保障平台架构。尤其是在产业集群体现出社会化发展的趋势下,产业集群所涵盖的创新主体越来越广泛,关联的行业也愈发多元化,这就在一定程度上增加了产业集群协同创新关联关系的复杂程度。为了全面协调产业集群协同创新开展,促进不同创新主体之间的有机协作,需要从国家层面整体进行宏观布局和调控,并以区域性产业促进机构、信息服务与保障机构、行业协会等为配合,实现产学研的跨系统协同以及资源和服务的无缝对接,进而从总体上把握产业集群信息服务融合平台的构建。

(2)开放性原则

信息的爆炸式增长意味着大数据时代的来临,大数据的4V特征数据体量巨大(Volume)、数据类型繁多(Variety)、处理速度快(Velocity)与商业价值高(Value)说明了信息的社会化发展中所面临的海量的数据的挑战。在产业集群创新发展中,大数据是每个产业集群创新主体所面临的问题,仅仅依靠单一主体对信息资源的处理能力是远远不能满足高速发展的市场需求的。要实现对大数据的处理和操作需要依赖于各创新主体与信息服务机构的创新服务资源与能力开放共享。尤其是对于信息服务融合平台而言,其对信息服务的有效融合与应用是建立在服务资源的充分开放共享的基础上的,只有建立良好的开放共享协议,并以此为依托进行面向产业集群的信息服务融合平台构建才能真正适应大数据环境下产业集群创新发展对信息资源的处理和加工应用需求,并促使信息资源向知识资源的有效转化,以及向社会化产品应用转变的实现。

(3)可扩展性原则

可扩展性是信息服务融合平台构建中需重视的关键问题之一,其可依据创新资源的变化以及市场创新环境作出灵活的响应正是信息服务融合技术的优势所在。因而,在产业集群信息服务融合平台的构建中,需要从技术层面确保实施松耦合、易扩展的架构,统一数据存储与传输、处理的标准规范,利用标准化开放接口和经封装、可装配的功能模块实现对信息资源的采集、筛选和加工。不仅从信息服务融合资源层面适应多元资源的调用需求,而且从服务手段上面采用更灵活、个性化的手段进行功能的融合利用。此外,信息服务融合平台的构建在技术层面还应独立于系统,保障平台的可移植性,适应多客户端甚至移动端的增值利用要求。

(4) 以用户为中心原则

产业集群信息服务融合平台构建的最终目的是为产业集群各创新主体的协同创新提供便捷的、综合的资源与服务保障。因此,信息服务融合平台的构建,应将用户的需求以及用户的价值放在首位,始终坚持以用户为中心的开发模式和设计思路,以此来指导整个信息服务融合平台的构建工作①。以用户为中心的平台开发主要表现为三个层面,分别是:①依据用户的筛选适应于产业集群创新发展需求的信息资源和服务资源,并根据产业集群所涉及的创新领域特点制定平台的建设方案,建立相应的创新资源库或相应的信息服务融合产品;②依据创新用户特点,为其提供个性化的融合产品定制服务,发挥平台信息服务融合的灵活性特征,按产业集群创新主体的创新环节需求定制创新服务内容、方式、呈现手段等,并以差异化的创新服务产品满足不同类型创新主体的需求,提升信息服务融合平台的实用价值;③灵活应用社会化网络技术,在提供信息服务融合应用的过程中,注重为用户提供便捷的交互式体验,让创新主体参与到信息服务融合平台的建设中来,并实现创新用户间便捷地知识分享与传播、利用,最大化知识创新成果的社会化价值。

(5) 共同受益原则

在创新型国家建设体系中,参与产业集群信息服务融合平台建设的各机构,拥有公益性和市场性的双重需求,即一方面信息服务与保障部门应积极参与到信息服务融合平台的建设中来,提供面向产业集群创新发展的各类信息资源融合化服务保障;另一方面,各产业集群创新主体还应创造市场价值,获取创新经济效益,支持创新活动

---

① 王知津,徐芳.论信息服务十大走向[J].中国图书馆学报,2009(1):52-58.

的可持续开展。基于共同受益原则,信息服务融合平台的建设需要给予参与建设的机构适当的优惠政策与经费补贴,保护知识产权和专利技术的价值。与此同时,产业集群创新主体在利用信息服务融合平台进行创新实践过程中所获得的社会价值与经济效应也应该遵循一定的反馈机制,对信息服务融合平台进行不断地创新资源补充。

5.4.3 跨系统信息服务融合平台构架

信息服务融合平台的架构通常分为资源层、数据融合层、微件层和微件封装层四层①。而对于产业集群而言,其跨系统信息服务融合平台的架构同样可以利用这四层结构进行组织架构,如图 5-9 所示。

(1)资源层

在面向产业集群的跨系统信息服务融合平台架构中,资源层的目标是使融合平台能够利用通用的接口访问异构资源。由于产业集群信息服务融合平台的服务对象是产业集群创新主体,其资源的选择是以面向产业集群创新主体的创新服务需求为标准进行的。当前,与产业集群相关的信息资源丰富多样,从资源的组织形式来看,可划分为结构化的数据库资源、半结构化或非结构化的 Web 资源;从资源的载体来看,既包括传统的文献资源,也包括视频、音频、图片等多媒体资源;从资源的内容来看,则涵盖了政策法规、产业动态、产业统计数据、产品信息、创新技术、创新项目、技术标准等方面,涉及产业集群创新发展的全过程。面对多元信息资源,在资源层内部将会为每个资源类型配备相应的资源适配器部件,而每个资源适配器则实现元模型和资源存储方式与 RESTful 接口之间的匹配,进而实现对异构资源的访问。例如通过适配器访问基于 SOAP 或者 REST 的 Web 服务中标准的数据资源,又或者访问关系数据库、半结构化的 HTML 网络页面,也可通过网页剪辑适配器,用以提取 HTML 页

① López J., Bellas F., Pan A., et al. A Component-Based Approach for Engineering Enterprise Mashups[C]. 9th International Conference on Web Engineering, 2009:30-44.

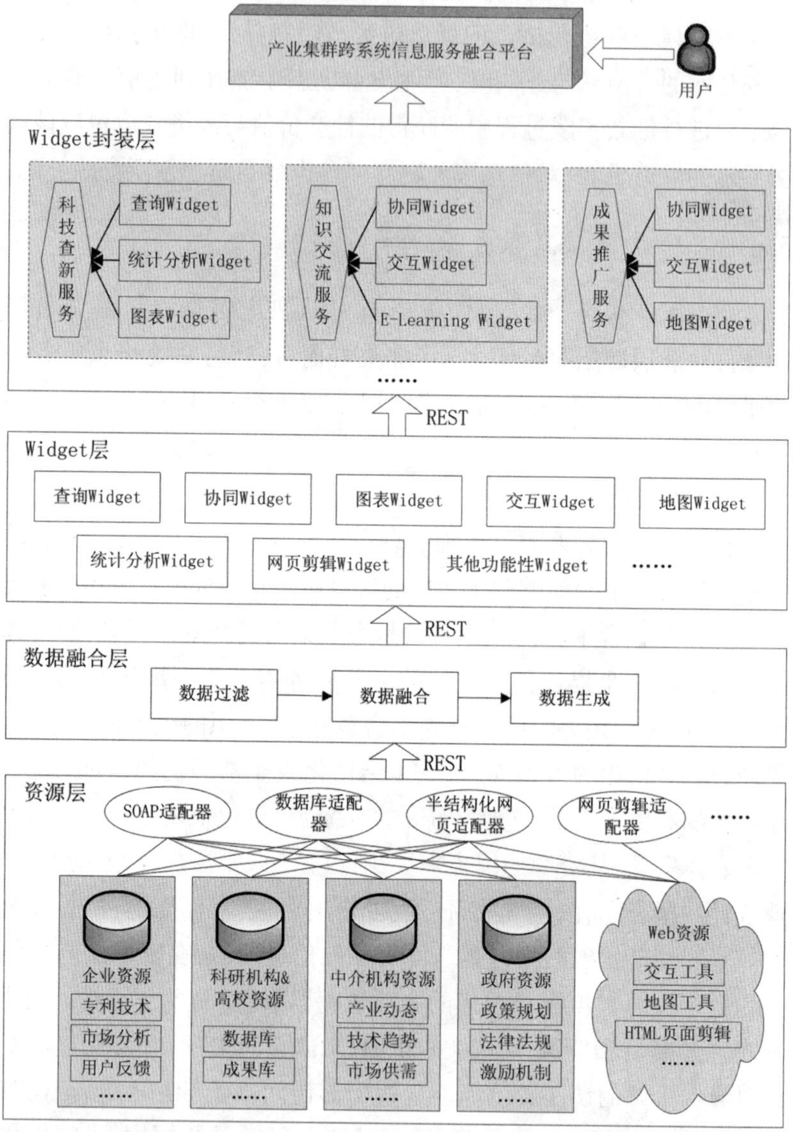

图 5-9　面向产业集群的跨系统信息服务融合平台架构

面资源中标记的块结构。

(2) 数据融合层

数据融合层同样采用 REST 协议，将所有资源都赋予唯一的资源标识URI,显示地使用HTTP方法,并将由基于REST的开放APIs获取的集成异构资源作为管道的输入源,通过查询、连接、投影等方式定义资源间相互融合的视图,构成可重复使用的数据融合部件作为资源适配器,并支持与其他数据融合部件的连接操作,实现跨系统的数据融合。在数据融合层中,数据融合采用管道结构,包括数据过滤、数据融合、数据生成三个过程。

①数据过滤。同基于管道的轻量级服务融合框架中数据过滤器的结构一样,在产业集群服务融合平台架构的数据融合层中,数据过滤器也包含了数据装载器、数据筛选器和数据转换器,而其中真正起到信息资源过滤作用的即为数据筛选器。数据筛选器实现了对产业集群信息服务融合平台功能板块相关数据信息按照主题、关键词、发布时间以及信息载体等方面的筛选,以从政府部门网站、机构数据库等多源信息源中选取与产业集群信息服务平台创新服务区域特征和产业特征相适应的创新资源,剔除掉重复的、无关的庞杂数据。

②数据融合。对于经过过滤后的数据信息,在经过元数据的标准化加工处理后,对来自于不同数据源的同类信息资源进行合并处理,并进一步进行重复资源过滤,形成融合数据源。例如,对于电子信息产业政策,可以分别从国家层面的工信部与科技部筛选电子信息产业宏观政策指导,从省市以及集群区域层面的省经信委和高新技术管理委员会等部门筛选促进电子信息产业发展的规划与具体举措,将其融合为电子信息产业的政策信息资源,并以其政策制定级别进行标注并重新分类展示。

③数据生成。数据生成是对经过过滤和融合加工的数据进行进一步可视化展示的加工过程。通过可视化展示加工,多元信息资源将以产业集群信息服务融合平台所制定的统一字体、布局、图表等样式进行标准化展示,增强平台的用户体验。

(3)微件层

微件层是基于数据融合层提供的融合数据,进行功能化组织利用以形成多种功能化部件,以为产业集群协同创新提供融合化服务。通常来说,微件以一种图形化界面的形式进行展示,也有一些微件直接连接数据融合部件,实现对数据的加工处理。具体而言,依据微件

的功能分类,在面向产业集群的跨系统信息服务融合平台架构中,微件层主要包括以下功能部件类型:

①查询微件。通过与数据融合部件相连,将用户的查询需求转换为查询语句,实现对异构数据资源的检索查询。

②统计分析微件。对融合数据进行运算处理和统计分析,实现对融合数据的挖掘与加工,使数据能够以用户需要的形式进行呈现,而对于复杂的统计分析功能,可通过嵌入统计分析工具来实现。

③图表微件。将系统数据资源进行图形化转换,并借助饼状图、直方图、折线图、流程图、表格等直观的形式为用户提供数据的图形化展示。

④协同微件。在利用融合平台进行创新业务实践过程中,对多用户同步与异步协同业务的开展、创新活动分工与合作的支撑与管理,实现创新流程管理与进度管理。

⑤交互微件。支持用户在创新活动中的实时与非实时信息交流,实现就创新任务的信息交换、就创新知识的探讨与传播、就创新经验的摸索与分享,可构建融合平台自主的交互渠道,亦可嵌入第三方软件服务提供商提供的交互软件应用。

⑥地图微件。通过融合第三方地图应用软件,支持地理位置信息的动态标注,以及基于位置的服务应用开发。

⑦网页剪辑微件。当需融合的目标信息资源位于固定HTML页面中的位置并保持更新时,通过直接截取目标HTML页面中的块结构,将其嵌入到融合平台中进行呈现和展示。

⑧其他功能性微件。来源于第三方软件服务提供方,通过安装使用或者利用其所提供的API的方式,调用其部分或完整的服务功能,形成独立的功能性部件,如概念图微件、专利分析微件、E-Learning微件等。

(4)微件封装层

微件封装层将多个功能微件按照产业集群信息服务融合平台服务所需求的功能逻辑关系进行封装,以形成功能聚合的、协同的应用服务融合接口。在产业集群信息服务融合平台中,各微件之间可以通过管道结构进行功能的综合组织,也可以利用链接实现不同微件之间的交互利用，同时对微件的装配还可采用选择性装配模式，由用户对模块化微件功能部件进行自主选择利用。例如，科技查新服务，可以融合查询微件传递用户的查询请求，实现对跨系统资源的检索，利用统计分析微件和图表微件实现对查询结果的统计分析和可视化处理；知识交流服务，可以融合协同微件和交互微件支持创新用户之间的知识交互与共享，也可融合 E-Learning 应用，支撑在线学习，实现知识传递与转移；成果推广服务，可以融合协同微件将成果推广以任务的形式在协同创新主体中进行分配，并实现进度管理，加以地图微件的支撑，可以实现基于位置的推广服务组织与展示。最终，平台用户可利用这些经封装组织加工的功能性微件来满足协同创新中的多元业务需求，提升创新活动效率。

第6章　产业集群创新导向的跨系统融合信息服务的协同推进

在产业集群信息服务融合平台架构的基础上，应根据产业集群创新活动的阶段性需求，按信息服务功能的实践应用价值定向分类组织，形成独立的、可复用的服务功能应用，供产业集群创新主体进行选择和利用，以实现产业集群创新导向的跨系统融合信息服务的协同推进。在具体的平台信息服务融合组织中，本章采用由 Yahoo 提供的图形化界面融合工具 Yahoo！Pipes，其可利用管道框架结构来实现 Web 页面、Web 服务以及 RSS Feeds 等的融合，以创建基于 Web 的综合性应用，并实现用户之间的分享与交互①。利用 Yahoo！Pipes，本章将具体探讨产业集群创新导向的跨系统融合信息服务的协同推进与实现过程。

6.1　跨系统知识创新服务的融合推进

知识创新是开展产业集群创新活动的基础活动，是创新价值链的首要阶段。在这一阶段的产业集群创新活动之中，以科研机构和高等学校为主体的知识创新主体将发挥其创新资源优势和科研创新能力，配合产业集群内企业的创新方向与需求，以及相关政府部门和

① Pipes Overview[EB/OL].[2013-12-13].http://pipes.yahoo.com/pipes/docs?doc=overview.

中介服务机构对产业集群创新发展的战略规划,开展知识获取与管理服务。因而,面向产业集群的跨系统知识创新服务融合即提供集查新、演化分析与管理为一体的知识服务。

6.1.1 知识创新服务融合对象选择

为实现面向产业集群的跨系统知识创新服务融合,在服务融合对象的选择上以提供综合性知识服务为目标,借助概念图工具展示知识概念节点的知识结构,并揭示知识之间的关系,为产业集群知识创新奠定理论基础;利用知识图谱工具描绘特定知识主题下的研究热点与发展趋势,为产业集群知识创新活动的开展指引方向;利用电子资源门户技术融合知识领域相关学术资源,为产业集群知识创新活动提供创新资源。

(1)基于概念图的知识结构揭示

概念图(Concept Map)是一种利用可视化手段组织与表述知识及其知识结构的图形化工具,其主要由以名词或名词短语描述的知识概念节点,以及节点间利用关系标签注释知识概念关系的连接弧构成①。概念图被广泛应用于在线学习(E-Learning)中用以辅助教学活动,其可以支持用户制订学习计划并实现有意义学习,同时还支持用户间的知识交流与协同学习,以及商务智能与管理等活动的开展②。当前,具有代表性的概念图工具应用包括Cmaptools、ConceptDraw、MindMapper等。其中,Cmaptools支持概念图的检索、导航、协作编辑与共享,在知识概念的可视化展示中,不仅包括知识概念的关系结构,还包括子概念图及其知识概念相关的文档、图片、Web页面等资源的链接,以实现对知识概念的详细

① Novak J.D., Cañas A.J. The Theory Underlying Concept Maps and How to Construct and Use Them[EB/OL].[2013-12-13]. http://www.ssu.ac.ir/fileadmin/templates/fa/Moavenatha/Moavenate-Amozeshi/edicupload/olymp-3.pdf.

② Hwang G.J., Wu P.H., Ke H.R. An Interactive Concept Map Approach to Supporting Mobile Learning Activities for Natural Science Courses[J]. Computers & Education, 2011, 57(4): 2272-2280.

解释和说明①②。

概念图中的知识概念及其关系可以利用二元集合 $\{C,R\}$ 来表示，其中 $C=\{c_0,c_1,\cdots,c_{n-1}\}$，代表概念集，集合中每个元素都是概念图中的具体概念；而 $R=\{r_0,r_1,\cdots,r_{m-1}\}$ 代表关系集，对于任意一个 $r_i \in R$ 又可以用一个三元组来表示 (c_p,c_q,l_i)，满足 $c_p,c_q \in C$，且 $p \neq q, 0 \leqslant p<n, 0 \leqslant q<n, 0 \leqslant i<m$，而 l_i 则是概念 c_p 与 c_q 间关系的标签③。

概念图通常存储于概念图库中，其构建方式可划分为人工构建和自动构建两种方式：①人工构建，具有较强的主观性，是用户根据个人认知及其知识结构，以目标概念为初始节点，通过箭头连接与该目标概念密切相关的概念并标注概念间的关系而进行知识概念的发散，适用于科研创新过程中对知识的即时归纳与总结；②自动构建，其相对人工构建方法而言较为客观，是基于文献中概念词语间的相关性，利用诸如关键词的共现分析、引文分析等计量学方法进行定量分析而自动生成的概念图，适用于对创新研究方向有轮廓性了解的情况下，辅助用户实现创新目标的确定与划分等任务。

在产业集群的知识创新阶段融入概念图服务，能够适应产业集群创新主体在知识获取和知识管理过程中由简单的文献管理服务向知识管理服务转型的需求。产业集群通过分解创新目标，明确知识创新领域的主题知识及其相应的关键知识，配合相关知识资源实现知识创新领域的可视化展示，实现面向产业集群知识创新的知识管理服务，基于概念图的知识结构揭示如图 6-1 所示。

---

① 张学福.基于概念图的知识模型组织及协作机制研究[J].现代图书情报技术,2005(11):34-38.

② Cañas A.J., Hill G., Lott J.Support for Constructing Knowledge Models in CmapTools [EB/OL]. [2013-12-13]. http://cmap. ihmc. us/Publications/WhitePapers/Support% 20for% 20Constructing% 20Knowledge% 20Models% 20in% 20CmapTools.pdf.

③ 胡昌平,严炜炜.基于概念图的个人数字图书馆知识服务拓展[J].情报理论与实践,2013,36(6):37-40.

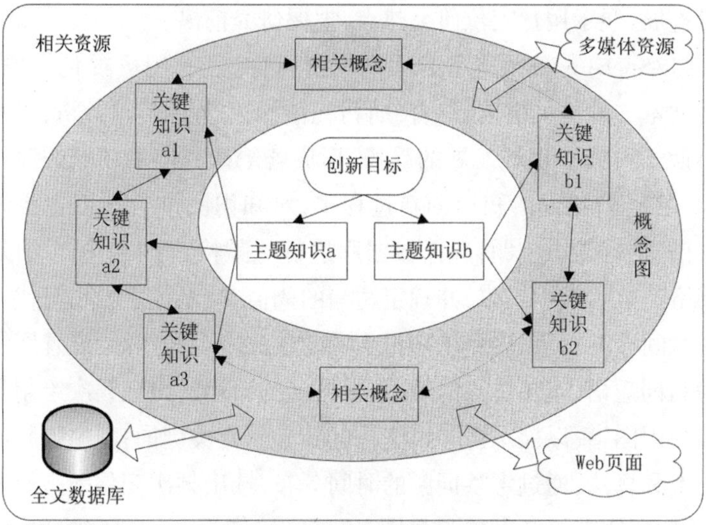

图 6-1 基于概念图的知识结构揭示

(2)基于知识图谱的研究进展描绘

知识图谱与概念图不一样,概念图主要展示概念与概念之间的关系,而知识图谱则是一种从知识客体角度,以科学知识为计量研究对象,将复杂的科学知识领域通过计量分析和挖掘并绘制成的图形,以可视化的方式揭示科学知识及其活动规律,展现知识结构关系与演进规律①②。用户的科研创新研究领域可以被概念化成一个从研究前沿到知识基础的时间映射,从文献计量学来看,引文形成了研究前沿,被引文献组成了知识基础③。因此,对于产业集群创新主体而言,在概念图的基础上,利用知识图谱工具对科技文献资源研究前沿术语共现网络、知识基础文献的同被引网络、研究前沿术语引用知识

① 梁秀娟.科学知识图谱研究综述[J].图书馆杂志,2009,28(6):58-62.

② 方静怡,侯经川.知识图谱与认知地图在决策信息分析中的融合应用——以"人民币汇率"领域为例[J].情报学报,2012,31(5):487-494.

③ Persson O. The Intellectual Base and Research Fronts of JASIS 1986-1990[J].Journal of the American Society for Information Science,1994,45(1):31-38.

基础文献网络等的揭示,可以为用户科研创新揭示特定知识主题的科研进展,便于用户定位研究热点,把握研究前沿。

CiteSpace 是一款典型的知识图谱软件,其利用可视化手段,通过对学术文献的关键词、作者、期刊、引用关系等的定量分析,显示一定时期学科或知识域发展的趋势,形成若干研究前沿领域的演进历程①。在产业集群的知识创新过程中,对知识图谱的利用主要体现在:首先根据知识主题,选择数据库进行文献检索;根据检索结果设置网络节点为被引文献,并确定适当的阈值,绘制代表人物与代表作品的时间序列图,以展示该知识主题的核心著者和作品;设置网络节点为名词短语,选择适当的阈值,根据名词短语的出现频次绘制研究热点知识图谱,以展示该知识主题的核心研究关键词;利用膨胀词探测技术和算法,通过考察词频的时间分布,选出频次变化率高的主题词,绘制研究前沿与发展趋势图,以展示该知识领域研究演化过程,供用户科研创新参考。利用知识图谱进行分析的过程如图 6-2 所示。

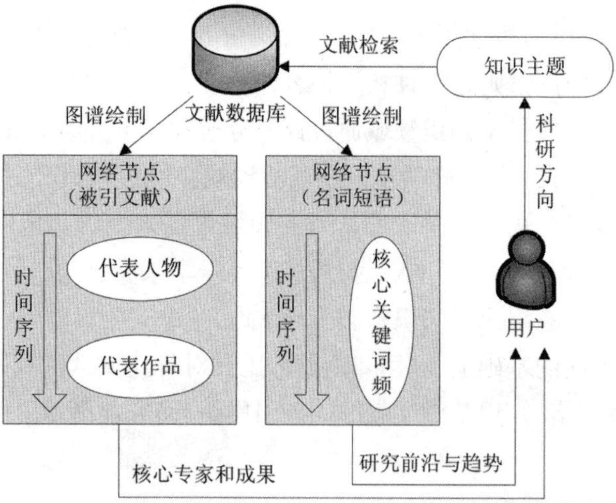

图 6-2 基于知识图谱的进展分析

① Chen C.CiteSpace II:Detecting and Visualizing Emerging Trends and Transient Patterns in Scientific Literature[J].Journal of the American Society for Information Science and Technology,2006,57(3):359-377.

(3)基于电子资源门户的文献管理

在用户进行科研创新资源的查询和管理时,还体现出了其对馆藏资源联机检索、信息资源导航和一站式全文获取的需求。目前国内各大高校图书馆都采用了由以色列 Ex Libris 公司开发的 MetaLib/SFX 电子资源门户,为所有支持 OpenURL 的数据库提供了标准的链接接口,同时也为不支持标准检索的资源提供了构链接口,以向用户提供便捷的资源集成检索和个性化的电子文献资源的收藏管理等功能。

其中,MetaLib 系统整合数字图书馆的各种资源,并通过统一检索界面实现多数据库异构资源的并发联机检索,同时支持检索结果的去重与分类合并,以及资源收藏、建立个人书架等个性化功能;而 SFX 链接服务器通过抽取整合资源的 OpenURL 元数据为检索结果提供了上下文敏感的服务,直接连接到全文、联机公共查询目录的本地馆藏、文献传递或馆际互借服务、网络搜索等相关网络资源和服务①。基于 XML 的 MetaLib X-Server 开放接口,以 Web Services 形式,从 MetaLib 中抽取资源描述和资源列表,并按类组织,使图书馆 MetaLib 功能和元搜索服务扩展到用户端,并能够为外部程序所利用,其以 URL 超链接作为输入,以 XML 格式的报文作为输出。同时 Ex Libris 还与 Google 合作,在 Google Scholar 的检索结果中显示 SFX 的 OpenURL 链接,方便用户查找电子资源的馆藏链接。

利用 MetaLib/SFX 可以支持产业集群利用数字图书馆馆藏资源信息资源门户的建设,为科研创新提供资源保障。其基本思想是:集成数字图书馆的数据库资源,并在个人数字馆中提供统一检索窗口,对用户的检索结果作为 OpenURL 信息源,每个 OpenURL 信息源由一个 HTTP 请求和元数据传递组成,其元数据是描述指引到第三方目标信息源的参考目录②,OpenURL 把 SFX 数据(作者、期刊标题、

① 田子德,毕强,王雨.SFX 在数字资源整合中的应用[J].情报科学,2012,30(12):1858-1861.

② 李富玲,卢振波.SFX——信息资源整合新工具[J].现代图书情报技术,2002(6):69-71.

卷册等)以 SFX 服务器可以解析的方式进行编码,位于初始信息源和目标信息源之间的 SFX 系统调用链接解析器(Parser)根据链接知识库对链接源传来的 OpenURL 进行元数据解析,然后创造一个到目标信息源的链接,并最终将合适的目标链返回给用户,如图 6-3 所示。

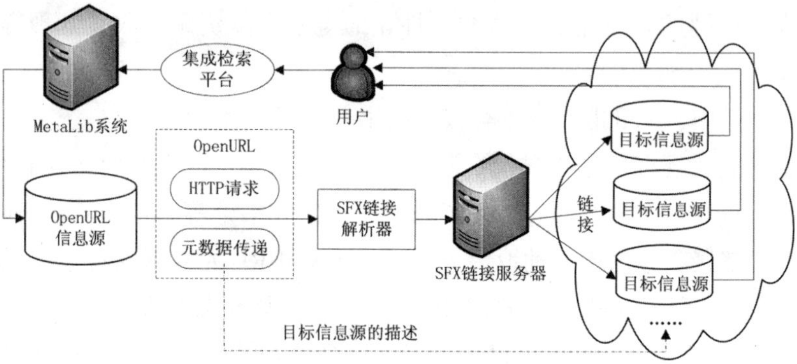

图 6-3　基于 MetaLib/SFX 的电子资源门户服务

6.1.2　知识创新服务融合流程组织

知识创新是利用科学化的研究方法与手段实现的基础性研究。在产业集群创新主体的知识创新过程中,就服务内容而言,无论是企业还是科研机构等创新主体,均需要对创新领域的知识结构以及研究对象的知识脉络有清晰、全面的了解,并支持对相关知识资源进行个性化的分类组织与标注,实现即时的或阶段性的知识管理;就服务方式而言,需要智能识别用户创新方向与研究主题,按照知识创新的阶段需求,在实现创新资源定制的同时,为用户主动推荐与创新主题吻合的或关系密切的跨系统资源,以拓展用户的创新思维。综合概念图的知识结构揭示功能、知识图谱的研究进展描绘功能以及电子资源门户的文献检索与管理功能,面向产业集群的跨系统知识创新服务融合的流程如图 6-4 所示。

知识创新活动中最为关键的组成部分即为知识积累,创新用户往往对于新的研究方向缺少宏观的把握。尤其是产业集群所属企业

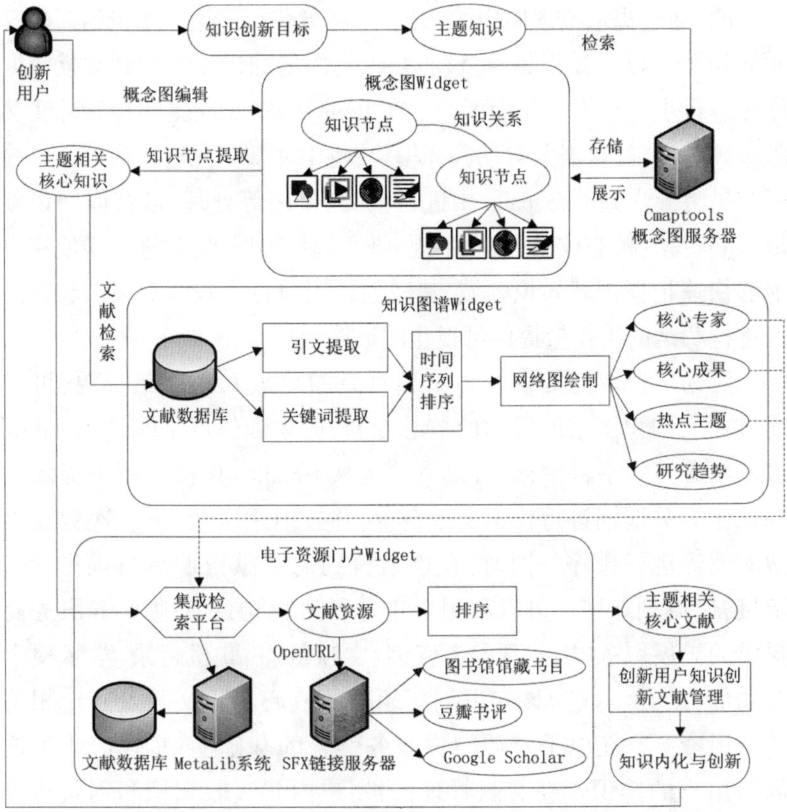

图 6-4 面向产业集群的跨系统知识创新服务融合流程

在进行新的知识领域创新活动中,需要快速掌握这一领域的核心知识及其知识结构,并明确特定的研究方向,以适应高速发展的市场需要。此时可根据创新目标下的核心知识作为切入点,在Cmaptools概念图服务器中查询该创新知识点的相关概念图。概念图将展示这一创新知识点的知识概念构成和知识关联结构,而在概念图中每个知识节点下方所标记的相关资源的链接,如包括子概念图、Wiki百科知识以及相关Web补充资源等,则可进一步帮助用户更加深入地了解该知识概念。利用概念图和链接资源创新用户能够迅速把握该研究方向所需掌握的核心知识,为知识创新研究做知识储备。

仅凭借概念图梳理知识结构对于知识创新过程中的知识积累是不够的，通过提取概念图中的知识节点，可获得与用户知识创新研究领域相关的核心知识集，将核心知识集内的知识元在期刊文献数据库中进行主题检索。而为了满足在 Web of Knowledge 中检索外文文献资源的需求，可嵌入自动翻译模块，将中文知识元转化为英文。检索结果将导入到 CiteSpace 中进行聚类、排序等处理，以获取知识领域核心专家、核心成果、热点主题、研究趋势等图谱，为进一步使用户能够快速把握创新知识领域、减轻创新用户自主查阅众多创新资源并进行归纳的工作量提供可视化图形展示。

而为了获取与知识图谱中相对应的热点知识文献资源，可以通过导入知识图谱所展示的核心专家、成果和热点主题到 Metalib/SFX 集成检索平台中，也可以直接将从 Cmaptools 概念图中提取的知识作为关键词进行检索文献资源，并按引用次数、下载次数及出版时间等进行排序。同时，在检索得到的文献资源后将提供 SFX 链接，使得创新用户可以利用由集群科研机构或其他 Web 服务商提供的扩展服务，以实现参考咨询、文献传递、联机目录、学术检索等功能，最终集成为该知识创新领域的核心知识文献及其他相关的知识资源。在电子资源门户服务融合的基础上，实现产业集群创新用户的知识创新文献管理，为用户内化吸收知识和创新奠定基础。

同时，创新用户根据自身的科学研究进展和创新收获可自主创建概念图，利用可视化的知识概念展示方式归纳创新思维，以助于创新用户及时总结知识创新过程与经验等以隐性知识为代表的创新收益，进而实现对知识创新过程的全程知识管理，辅助创新用户以知识创新主题为导向开展知识创新资源的组织工作。此外，概念图还支持用户间的协同交互，这不仅体现在对企业、科研机构、高等学校等产业集群创新主体之间可以实现概念图的共享以及同步、异步的互动知识交流之上，还体现在创新用户之间对同一概念图的协作编辑，实现用户间的跨系统协同创新。以循环形式进行的面向产业集群的知识创新服务融合，可促使产业集群创新主体间的协同创新活动持续开展，并有效提升产业集群知识创新效率。

6.1.3 知识创新服务融合的业务实现

在产业集群跨系知识创新服务融合实现中,考虑到 Web 服务中广泛应用的 XML 具有自描述性和可扩展性的特点①,可通过提取概念图 XML 文件中的知识概念节点,并分别传递到 CiteSpace 知识图谱工具和 Metalib/SFX 电子资源门户中实现创新资源检索与分析,并对生成的结果进行过滤和排序,进而实现基于概念图的知识结构揭示、基于知识图谱的知识图谱的研究进展描绘与基于电子资源门户的文献管理服务的融合。

以物联网产业集群用户的"RFID"领域研究需求为例,"RFID"概念图对"RFID"结构、组成部分、应用领域及其相关概念知识结构进行了展示,并提供相关 Web 页面、图片及影音等介绍性拓展资源的链接,如图 6-5 所示。为了获取相关主题知识资源,除了概念图中知识节点上标注的资源链接外,还需要提取概念图中的知识节点并作为关键词进行文献检索和分析。这就要求先将用户在概念图服务

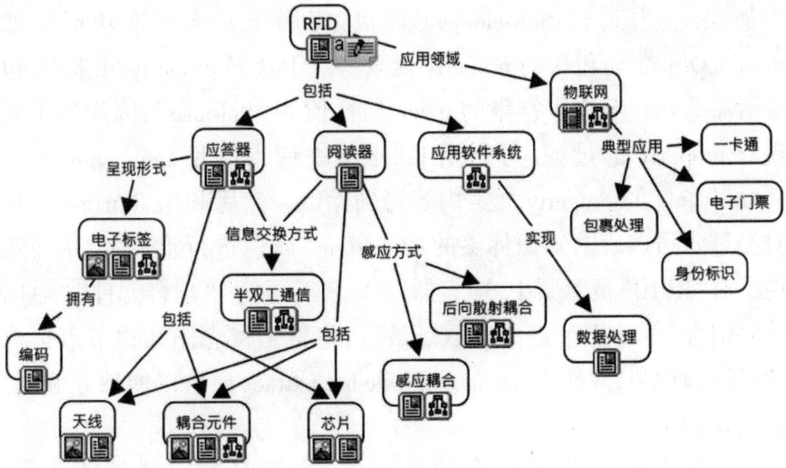

图 6-5 RFID 概念图示例

① 钟敏娟.基于内容与结构语义相融合的 XML 检索结果聚类[J].情报学报,2012,31(5):515-525.

器上检索到的“RFID”概念图 XML 链接传递到管道中。在“RFID”概念图输出的 XML 文件中,知识节点保存在 subclass 属性值为“nlk.base.Concept”的 storableObject 元素中,“RFID”概念图中知识节点“半双工通信”XML 片段示例如图 6-6 所示。


```xml
- <storableObject id="1MGCPYR42-290P5ST-1GW" subclass="nlk.base.Concept">
    <property name="_id" subclass="nlk.base.ObjectId" encoding="1MGCPYR42-290P5ST-1GW" />
    <property name="_selectedGraphicalRepContainerId" subclass="nlk.base.ObjectId" encoding="1L37M562K-22YHGC7-56" />
    <property name="_resourceGroups" subclass="nlk.base.ExtHashtable" encoding="1MGCPYR43-VS59FB-1H5" />
    <property name="_phrase" subclass="java.lang.String" encoding="半双工通信" />
    <property name="_selectedGraphicalRep" subclass="nlk.base.GraphicalConcept" encoding="ge:1MGCPYR42-290P5ST-1GW" />
    <property name="_conceptMap" subclass="nlk.base.ConceptMap" encoding="1MGCQ0Z8P-293KX0C-1N1" />
  </storableObject>
```


图 6-6　概念图 XML 片段示例

在 Yahoo! Pipes 中,XPath Fetch Page 模块所采用的查询语言为 XPath,利用 Extract using XPATH 可以根据需要实现对 XML 文档中指定部分内容的读取。因而通过 XPath Fetch Page 模块解析输入的“RFID”概念图所生成的 XML 文件,设置 XPath 路径为“//storable Object[@ subclass ='nlk. base. concept']”,即可实现对以“nlk. base. Concept”为 subclass 属性值的 storableObject 元素内容的抽取。以此为基础,接着通过 Sub-element 模块,使用子元素提取功能提取 storableObject 所包含的 property 元素。由于众多 property 元素中,包含所需的知识节点字符串的 name 属性值为“_phrase”,因而为了实现对 property 的过滤,可利用 Filter 模块使得满足 item. name =“_phrase”条件的 property 元素内容得到保留。然后利用 Rename 模块对经过滤筛选后的知识标签的“encoding”属性进行重命名,从而实现了对“RFID”概念图中“应答器”“半双工通信”“耦合元件”“后向映射耦合”等知识节点的提取。最后,将整个概念图知识节点提取管道进行封装,并作为 Cmaps_knowledge extract 模块以便独立调用,如图 6-7 所示。

在知识创新服务融合的过程中,利用封装而成的 Cmaps _ knowledge extract 模块提取“RFID”相关知识节点并作为输入源,而基于 Citespace 的知识图谱服务和基于 Metalib/SFX 的电子资源门户服务则分别封装为 CiteSpace 模块和 MetalibSFX 模块。在概念图服务与知识图谱服务的融合中,通过 Loop 循环模块嵌套 CiteSpace 模

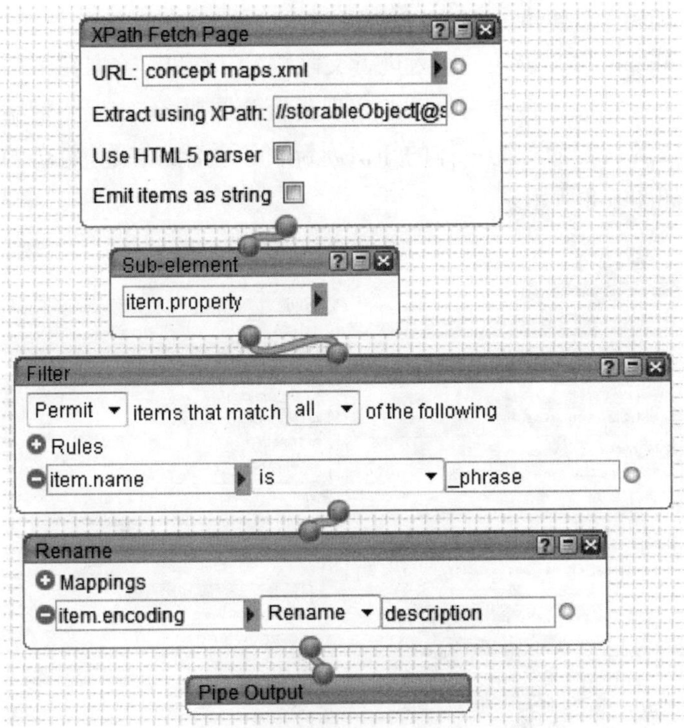

图 6-7 概念图知识节点提取的实现

块,将每个知识概念(item.description)作为知识主题词循环输入到CiteSpace服务模块中,根据用户需求其处理结果可以选择输出核心成果或核心作者,以显示"RFID"领域相关研究的热点趋势。而为了实现与电子资源门户服务的融合,可将CiteSpace模块输出的核心成果(item.title)或核心作者(item.author)分别作为题名和作者名输入源导入到同样利用Loop循环模块嵌套的MetalibSFX模块中,加以检索年限范围的限制条件输入,实现资源的跨库检索。此后,利用Unique模块对检索结果题名进行唯一性处理,并通过Sort模块对检索结果按照出版时间进行降序排列,且提供连接Truncate模块的输入窗口使用户可以对显示的文献数量进行限定,以用户需求为中心,自定义展示近期所发表的"RFID"领域相关核心知识文献。同时,用户也可以根据需要选择直接连接概念图服务和电子资源门户服务，即 Cmaps_knowledge extract 模块输出的知识概念作为关键词，直接作为 MetalibSFX 模块的输入进行文献检索。综上，数据在不同功能的管道中完成了传递与处理并实现集概念图服务、知识图谱服务和电子资源门户服务为一体的知识创新服务融合，其服务融合的管道实现如图 6-8 所示。

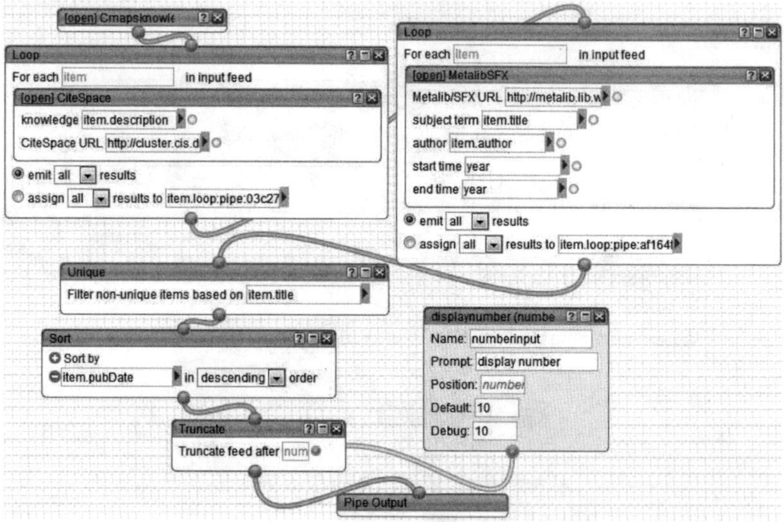

图 6-8　知识创新服务融合的管道实现

6.2　跨系统技术创新服务的融合推进

技术创新区别于知识创新所关注的知识获取、积累与创造，更着重于组织高新企业等具备技术创新能力的科技攻关力量来实现。除此以外，在技术创新中科研机构及中介服务机构等组织也将提供技术咨询、指导与支持。因而，面向产业集群的跨系统技术创新服务融合应以产业集群专业领域技术研究为基础，开展集技术发展规划、管理咨询和协同创新为一体的创新服务。

6.2.1 技术创新服务融合对象选择

在产业集群中，以跨系统技术为依托，技术创新活动不再局限于企业内部，而应利用多元创新主体的技术优势，实现协同创新。为了实现对技术创新的支持，面向产业集群的跨系统技术创新服务融合对象的选取不仅要满足技术创新的多元信息需求，同时要包含以科技中介为主体的技术研究咨询能力，还需支持产业集群多元创新主体的跨系统协同创新活动的开展。因此，面向产业集群的跨系统技术创新服务融合对象可从资讯角度、管理咨询角度以及协同创新角度进行选取。

(1)技术创新资讯整合服务

对于产业集群创新主体而言，其在技术创新过程中所需求的资讯涉及范围广，不仅包括技术创新领域的行业技术发展动态信息、政策法规信息、科技成果与专利信息等客观事实性信息，也包括通过自身研发、总结而提供的技术创新成果，同时还包括技术设备供需信息等交互信息。而技术创新资讯除了涉及面广，还具有典型的分布性，即可能分布于各级政府部门网站、产业集群所属开发区网站、中介服务机构网站或企业自身的门户平台之中。为此，提供一站式的资讯整合服务成为大势所趋。根据产业集群技术创新的需要，通常可以分别从横向资讯所属类别以及纵向资讯所属区域进行组织加工，方便用户根据实际需要进行技术创新资讯的快速浏览与查询。

①按横向资讯所属类别组织。从资讯所属类别上看，产业集群在技术创新活动中关注的资讯信息可划分为：a)产业动态，即产业集群发展动态信息，包括产业集群成员的变更，产业集群各创新主体的动态新闻、产业集群各创新活动进展等新闻类资讯，其将会影响到产业集群创新主体技术创新的阶段性规划与创新活动安排；b)产业统计数据，即由政府部门、服务机构发布的反映产业集群及其创新技术发展的各项年度、季度统计数据，或者相关部门面对市场所做的反映市场需求与发展现状的各项调查数据，同样这些统计数据均可作为创新主体的技术创新项目进度管理的参考依据；c)政策法规，即技术创新所涉及领域的相关政策法规，以确保技术创新能够得到国

家或区域层面科技与经济发展的政策性支持，并在国家知识产权法等法律法规的约束下开展技术创新活动；d）技术标准，即以国家对产业集群所属领域的技术标准为依托，实现技术创新阶段的规范化，使得技术创新成果满足国家相应技术标准，以便后期的规模化生产和市场投放工作的展开；e）科技成果，即产业集群所涉及领域最新的科技成果资源信息，其中包括关键的技术专利信息，为产业集群创新主体的技术创新提供参考，使产业集群技术创新的开展更具有针对性，也可助于创新主体及时调整技术创新方向；f）创新设备供需，即由产业集群企业、科研机构等成员所发布的可供给空闲创新技术设备信息，以及技术创新中所需要的技术设备信息，以实现创新设备的供需匹配，减少产业集群创新主体之间的创新设备资源重复建设情况的发生。尽管该种方法是按资讯类别进行整合与组织加工，且各资讯类别从原则上看应属于并列关系，但在技术创新资讯整合服务页面的布局上可以根据技术创新对资讯的阶段性需求或者重要程度进行排列设计或建立关联，如产业动态、产业统计数据、创新设备供需可作为产业相关动态资讯邻近组织，而政策法规、技术标准与科技成果可作为技术创新参考信息邻近组织，如图6-9所示。

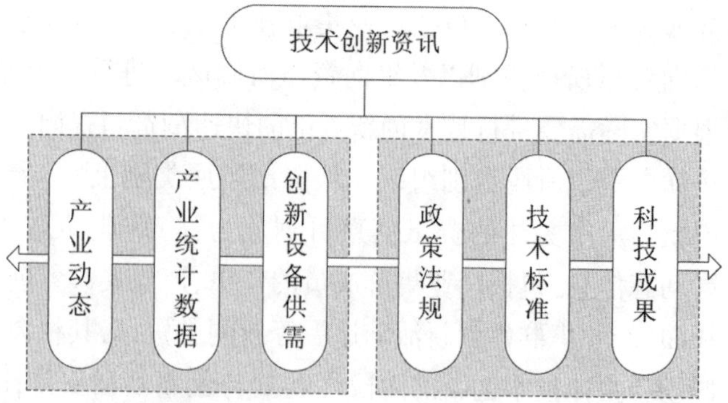

图6-9　按横向资讯所属类别组织的技术创新资讯

②按纵向资讯所属区域组织。从技术创新相关资讯所面向的区域层级来看，产业集群技术创新综合资讯可以划分为：a）国家层面，

由国家科技部、工信部、商务部等国家各部委所发布的宏观指导产业集群领域相关的政策、规划、条例、法规，以及反映国家产业集群发展统计数据等资讯；b）省市层面，由国家各部委下属省市级机构所发布的依据国家层面战略规划所制定的政策解读、实施意见、指导方案，以及对产业集群技术创新的配套支持等信息；c）产业集群区域层面，由产业集群所属区域的管理部门及相关服务机构所发布的集群发展规划、激励政策等，以及区域内产业集群成员组织的相关动态信息。按纵向区域组织的技术创新资讯如图6-10所示。

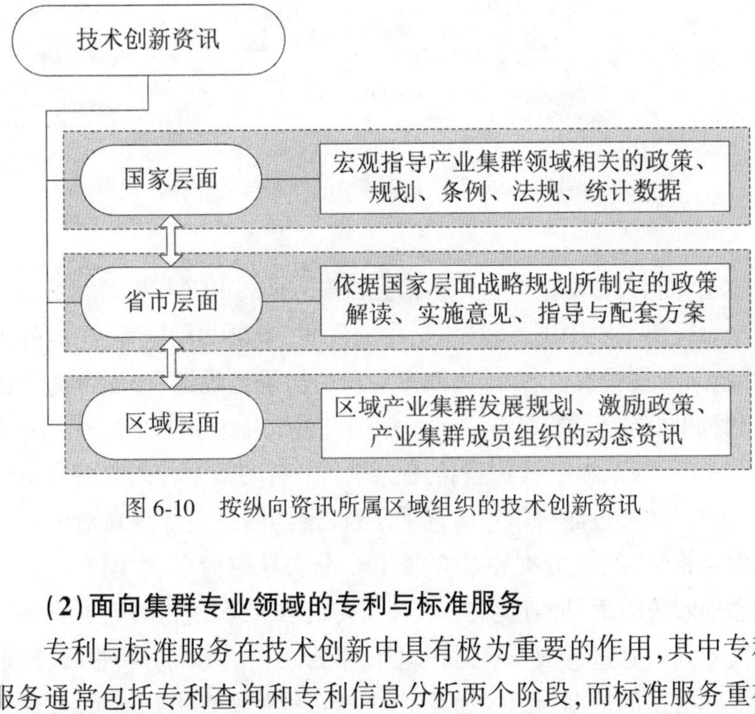

图6-10　按纵向资讯所属区域组织的技术创新资讯

（2）面向集群专业领域的专利与标准服务

专利与标准服务在技术创新中具有极为重要的作用，其中专利服务通常包括专利查询和专利信息分析两个阶段，而标准服务重在查询以作为技术创新的参考所用。针对专利服务需求，由国家知识产权局主管和主办的知识产权出版社开发了专利信息服务平台提供开放的专利查询服务，而专利信息分析系统则实现了对专利信息的加工处理和分析。产业集群的技术创新活动中对专利与标准的开放查询以及相应的分析需求，可以有效利用其服务功能与其他专利与标准数据库来满足，如图6-11所示。

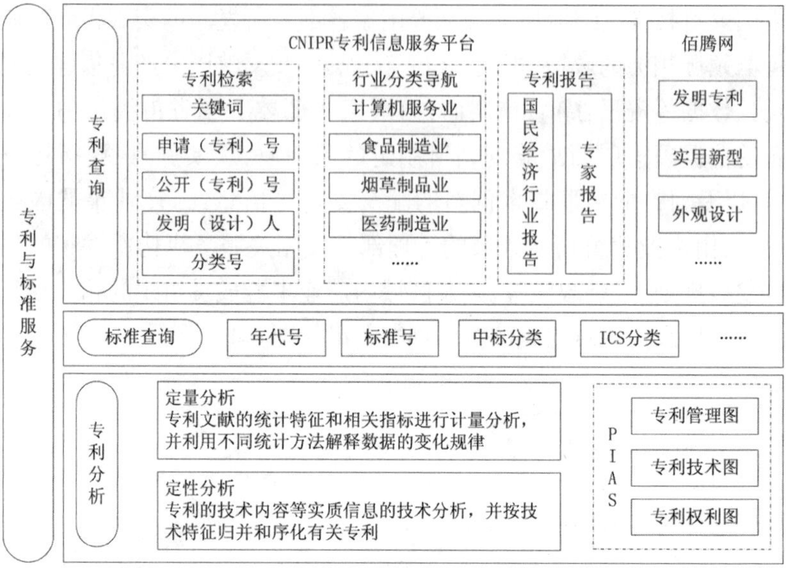

图6-11　面向集群专业领域的专利与标准服务

①专利与标准查询。专利信息检索方面，如CNIPR专利信息服务平台提供了对中国专利（包括中国发明、中国实用新型、中国外观设计、中国发明授权、中国失效专利及中国香港地区、中国台湾地区专利）和国外（美国、日本、英国、德国、法国、加拿大、EPO、WIPO、瑞士等98个国家和组织）专利的检索①。平台的检索方式支持表格检索、逻辑检索、过滤检索等检索手段；检索功能主要体现在对中外专利混合检索、行业分类导航检索、IPC分类导航检索、中国专利法律状态检索等方面；针对英文专利还支持机器翻译功能，即对检索到的英文专利内容进行翻译辅助。此外，平台还提供专利分析报告，实现对专利数据的挖掘与组织加工，并配合可视化图表进行展示，实现专利数据的战略化、情报化升级，以促进产业集群技术创新主体制定和实施专利技术战略。同时，专利查询还可借助其他第三方专利信息服务机构融合其中，作为专利查询的补充。如江苏省重点科技中介

① CNIPR中外专利数据库服务平台使用帮助[EB/OL].[2013-12-17]. http://search.cnipr.com/pages!helpPage.action.

服务机构佰腾网所提供的专利检索,可按发明抓案例、实用新型、外观设计对专利进行分类检索并获取专利全文资源①。而标准查询方面,可利用国家标准查询网,也可综合利用佰腾网标准查询系统按标准的年代、适用范围、中标分类等实现对产业集群技术创新相关技术标准的查询。

②专利分析。专利分析是对零散分布于专利公报、专利说明书中的专利信息进行分析、加工的过程,并利用统计学分析方法将其转化为具有全局意义与预测功能的竞争情报,从而为企业的技术开发与创新提供决策参考。从分析方法上看,专利分析一般包括定量分析和定性分析两种方式。其中,定量分析主要通过专利文献的统计特征和相关指标进行计量分析,并利用不同统计方法解释数据的变化规律,以获取专利动态发展趋势情报;定性分析则着重于专利的技术内容等实质信息来实现专利的技术分析,并按技术特征归并和序化有关专利,可用于获取专利技术动向、揭示发明创造轨迹、展现专业领域竞争态势等情况。专利分析有助于节省研发费用、缩短研发周期、提高创新效率,为产业集群技术创新发展战略制定与实施提供参考。从分析内容上看,专利信息分析主要包括行业发展及衍变趋势的分析、行业竞争的地域性分析、行业竞争者的分析、企业自身技术能力分析等。PIAS专利信息分析系统是对专利信息分析的要素进行定性、定量分析研究的信息分析软件,其分析结果主要以如下三类图形展示:a)专利管理图,包括各国专利占有比例及动向趋势图、历年专利趋势图、专利类型对比图、专利区域申请策略图、竞争企业专利对比差异图表、发明人专利件数分布图等;b)专利技术图,包括专利技术分布图、技术生命周期图、专利技术领域累计图专利技术功效矩阵图等;c)专利权利图,包括专利家族图、专利范围构成要件与要点图、重要专利引证分析图等②。

(3)面向技术创新的参考咨询

在产业集群的技术创新活动中需要把握相关技术的发展现状,并

---

① 佰腾网.专利检索[EB/OL].[2013-12-17].http://so.5ipatent.com/.

② 中国知识产权网.专利信息分析系统[EB/OL].[2013-12-17].http://www.cnipr.com/2010/services/cplb/201004/t20100416_111581.html.

针对技术难题进行攻坚，尤其是在协同创新环境下，各创新主体的创新优势具有差异化，这就提出了创新主体对技术创新的咨询。面向技术创新的参考咨询需要支持对用户咨询问题的调度与解析，具体可以划分为自动调度咨询和专家诊断咨询两种方式，如图 6-12 所示。

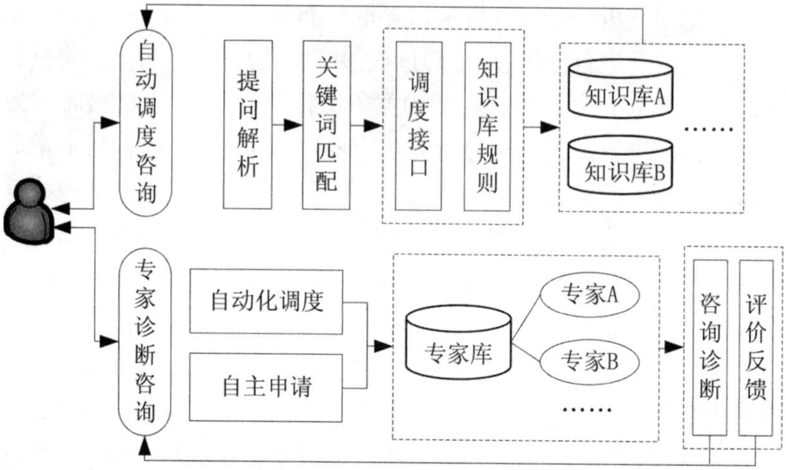

图 6-12　面向技术创新的参考咨询

①自动调度咨询。自动调度咨询适用于常见问题解答，通常涉及系统板块分布、功能结构说明等内容，在面向产业集群技术创新的自动调度咨询亦可提供诸如技术标准说明、专利申请流程、技术专利知识产权保护说明等具有客观、标准解释的一般性咨询问题，以实现对参考咨询的自动化处理。自动调度的工作流程通常是在接收用户的提问后首先进行自动解析，通过提取问题所包含的关键词，并与知识库中存储的相应解答进行语义匹配，再将寻找到的相关解答调度提供给用户。

②专家诊断咨询。专家诊断咨询用于无法利用系统自动调度进行解答的，需要依据用户提问情境进行处理和分析的具体问题。在产业集群创新主体的技术创新活动中，对于技术创新中的疑难问题以及创新技术的选择与使用方式等均可能需要咨询相关技术领域的权威专家或研究机构，由其提供专业化的第三方诊断咨询。在面向

技术创新的专家诊断咨询中可以按照专家擅长的技术领域进行专家诊断咨询的自动化调度,即通过解析用户咨询内容的技术领域分配相应专家;也可以由用户进行专家诊断咨询的自主申请,以满足用户对跨领域技术创新的需求。专家的诊断咨询过程可以通过尽职调查的形式深入到用户技术创新环境中去分析技术问题,也可以通过技术支持的方式为用户提供专业技术层面的指导或提供技术设备的操作。用户在完成了专家诊断咨询后,还可以根据对技术创新辅助的实际情况对咨询服务进行评价反馈,对于典型性技术创新问题,则可以作为案例存储于知识库中以供其他具有类似技术创新需求的产业集群成员进行参考。

(4)基于技术创新项目的协同开发

协同合作是技术创新活动的另一核心要素,技术创新除了需要创新主体内部各部门依靠 OA 系统实现技术创新的部门协同支撑之外,更需要注重面向跨系统用户的协同创新服务支撑。在产业集群的协同创新过程中,可依据技术创新项目结合协同工具软件,实现多元创新主体参与的基于技术创新项目的协同开发。

Teambox 是一个基于 Ruby on Rails 开发的支持协同工作与开发的项目管理系统,如图 6-13 所示。Teambox 以"项目"为中心,通过制定项目规划、分配项目任务、共享项目资源以及支持项目组成员的文本与视频即时交互,提升项目工作效率的同时实现基于项目的协同工作,且只有项目成员才能浏览并参与到项目工作流程之中①。此外,Teambox 还利用流线型甘特图对项目工作时间进度与实际进展情况进行可视化的展示。Teambox 可以根据用户的需要区分企业项目和个人项目,在产业集群协同创新中即可分别作为协同创新项目管理和个人工作计划管理为用户所用。Teambox 的在线内容管理功能则与开放的在线网络存储应用 Dropbox、Google Drive 等实现了集成,为用户提供免费的在线存储与分享空间。Teambox 的项目中包括支持协同对象之间的即时会话功能模块、创建或布置项目任务的任务功能模块、创建或分享信息的便签功能模块以及支持同步和

① Teambox[EB/OL].[2013-12-18].http://www.teambox.com/.

协同操作的文档模块等。在产业集群的技术创新过程中,结合利用 Teambox 可以按项目创建跨系统技术创新团队,实现技术创新项目的任务分解与分工合作,通过团队成员之间技术创新知识的分享与交互,实现协同技术创新。

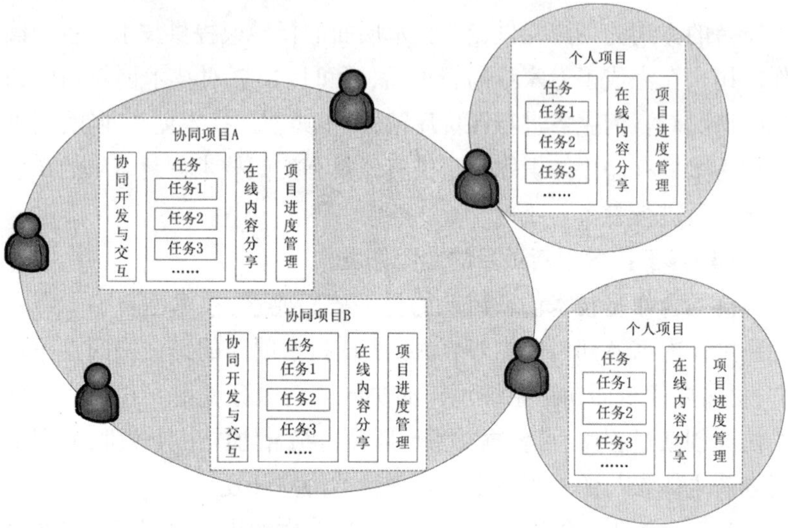

图 6-13　基于项目的 Teambox 协同模式

6.2.2　技术创新服务融合流程组织

技术创新是在知识创新的基础上实现的技术产品应用研究阶段,其中包含了知识的技术化与模型化应用的试验发展过程。在产业集群创新主体的技术创新活动中,企业所具备的良好的生产与应用环境为其承担主要的技术创新任务提供了必要的条件。在科研机构、高等学校以及其他中介服务机构的技术创新支持与配合下,产业集群技术创新旨在以产业相关技术领域为背景,实现技术的研发与改进。面向产业集群技术创新的目标与需求,技术创新服务融合即以综合组织的技术创新资讯为基础,为产业集群技术创新提供序化加工的动态资讯信息;以专利与标准服务为主导,为产业集群技术创新提供技术创新趋势与战略规划指导;以参考咨询服务为辅助,为产业集群技术创新提供技术研发咨询支持;以协同创新为手段,为产业集群技术创新提供多主体参与的协同环境。面向产业集群的跨系统技术创新服务融合流程如图 6-14 所示。

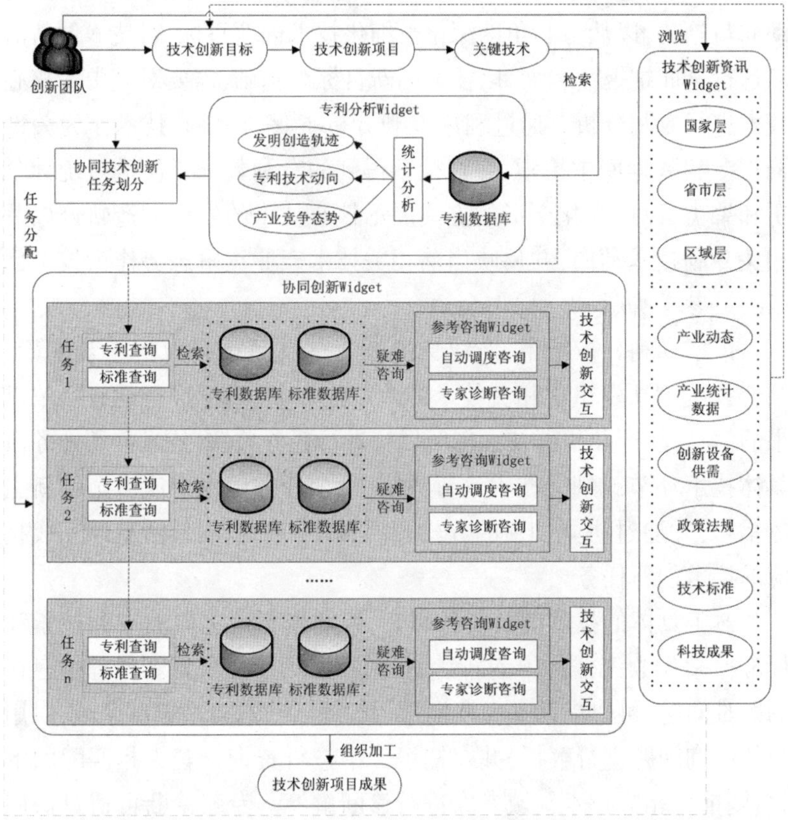

图 6-14 面向产业集群的跨系统技术创新服务融合流程

在技术创新活动中,需要时刻把握国家层面、省市层面以及产业集群区域层面有关产业集群技术发展的战略规划、政策法规、指导意见以及扶持方案等动态信息,密切关注各级政府及相关服务机构对技术创新的阶段性政策倾斜,以适时调整产业集群的技术创新活动部署工作。此外,通过一站式的综合资讯发布平台,实现对产业发展与市场供需的跟踪,跟进集群相关技术动态资讯,以明确产业集群技术创新目标。依据技术创新目标,产业集群的技术创新活动以项目的形式实现跨系统创新主体的共同参与和协同创新,因而需要利用协同工具 Teambox 构建技术创新项目,并将参与技术创新活动的创新主体以项目成员的形式组织起来。

技术创新需要了解现有的相关技术专利,以及技术专利的研究动向与趋势,以从专利角度深化与细化技术创新目标,对技术创新活动进行全面把握。因而,以技术创新目标为基础,需要对其中的核心技术进行专利分析。通过利用专利分析工具,将核心技术作为关键词在专利数据库中检索,并将检索得到的专利数据资源进行统计分析和聚类,以可视化图形的方式展示核心技术的发明创造轨迹以及相关专利技术动向,并反映当前相关技术产业竞争态势作为技术创新决策参考所用。

依据专利分析结果,产业集群技术创新目标得以进一步明确。结合技术创新资讯中相关技术的政策法规、技术标准与现有科技成果的信息,将产业集群技术创新目标进行任务分解,技术创新任务由具体技术环节或细分技术进行界定,每个任务由单个或多个创新主体承担,并通过协同创新的方式开展具体的技术创新活动以完成相应的技术创新任务。

对于具体的技术创新任务而言,依然先利用定向的专利检索和标准检索作为该任务中创新活动的参考,对于技术创新过程中存在的疑难问题,可以借助参考咨询进行解答。通过自动调度系统,对用户的咨询问题进行解析,并在知识库中进行查询。若无相匹配的解答,则推荐相应技术领域专家进行诊断解答。专家诊断可通过协同办公工具 Teambox 与创新团队用户进行即时互动,同时创新团队用户之间也可以利用协同工具实现创新交互与创新进度管理。最终以任务的形式提交创新阶段性结果并经过汇聚、加工形成技术创新项目成果,实现面向产业集群的跨系统技术创新协同。

6.2.3　技术创新服务融合的业务实现

在技术创新资讯的整合中,由于大多数信息资讯发布网站并没有构建 RSS feed,因而不能依靠简单的 RSS 聚合实现,而是首先要对各类技术创新相关资讯的网站信息构建 RSS feed。以中关村国家自主创新示范区门户平台为例,为了提取中关村产业集群的动态信息,首先找到相应版块的 URL 链接(http://www.zgc.gov.cn/dt/gwhgzdt/),并将其作为 XPath 模块的 URL 输入。在该页面的 XHTML 文件中,新闻的链接和标题的代码片段如下所示:

<td width="82%"><div align="left"><a href="/dt/gwhgzdt/93152.htm" target="_blank" class="a">中关村成立 100 亿元园区发展基金</a></div></td>

为了从 XHTML 文件中提取新闻标题与链接,不难发现包含新闻标题与链接的 XHTML 标签<a>具有共同特征,即各<a>标签均包含 target 与 class 的属性且各属性具有相同的值。因此,XPath 的路径设置为"//a[@target='_blank' and @class='a']"即可以获取所有 target 值为"_blank"并且 class 值为"a"的链接元素,通过 Rename 模块将获取的每条链接的 href 和 content 属性分别重命名为新闻的链接(link)和标题(title),再将其作为 Create RSS 模块中的 title 和 link,从而实现了中关村产业集群动态新闻的 RSS feed 构建,其 RSS feed 输出的结果即为包含所抽取的新闻标题与 URL 链接的列表,如图 6-15 所示。

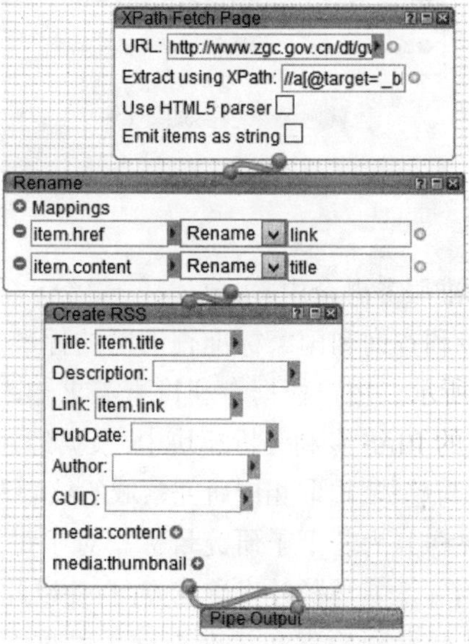

图 6-15 中关村产业集群动态新闻 RSS feed 构建

以技术创新相关资讯 RSS feed 构建为基础,在实现分类整合的过程中,根据资讯类别,实现相同类别的跨系统信息资源以多源 RSS feed 的形式提供,并利用 Union 模块将其融合在一起,如图 6-16 所示。Union 模块融合了生物医药产业来源于中国生物医药产业门户、医药网、生物谷、中关村、上海生物医药科技产业促进中心等网站发布的生物医药产业动态新闻,并利用 Unique 模块对新闻标题进行唯一性筛选处理,再利用 Sort 模块对新闻按发布时间的先后排序进行逆序排序,最终实现了多源生物产业动态新闻的融合展示。同理,可以实现其他类别跨系统技术创新资讯的整合。

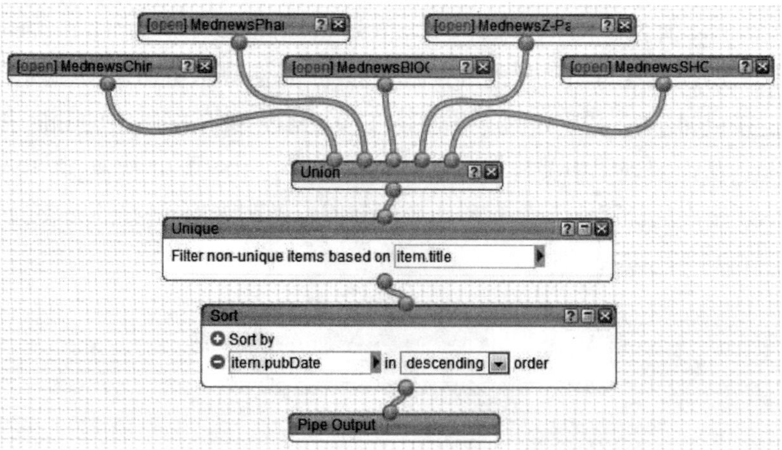

图 6-16　生物医药产业动态新闻融合

在专利与标准服务融合中,主要依托于 PIAS 的专利分析功能,以及 CNIPR 的专利查询和国家标准查询网的标准查询功能的融合应用,如图 6-17 所示。用户根据专利检索需求输入专利关键词,并将其传入到封装的 PIAS 专利分析模块中,根据经过 PIAS 分析得到的专利发展动向与趋势,提取相应研究领域的核心专利研究方向,并依赖于 Split 模块划分为若干子研究目标。对于每个研究目标或研究任务而言,拥有一个具体的技术研究方向,并以此为基础再次利用 Split 模块分别进行专利检索和标准查询。通过专利关键词、申请者、申请号、年限设定等搜索条件在嵌套的 CNIPR 专利查询系统中

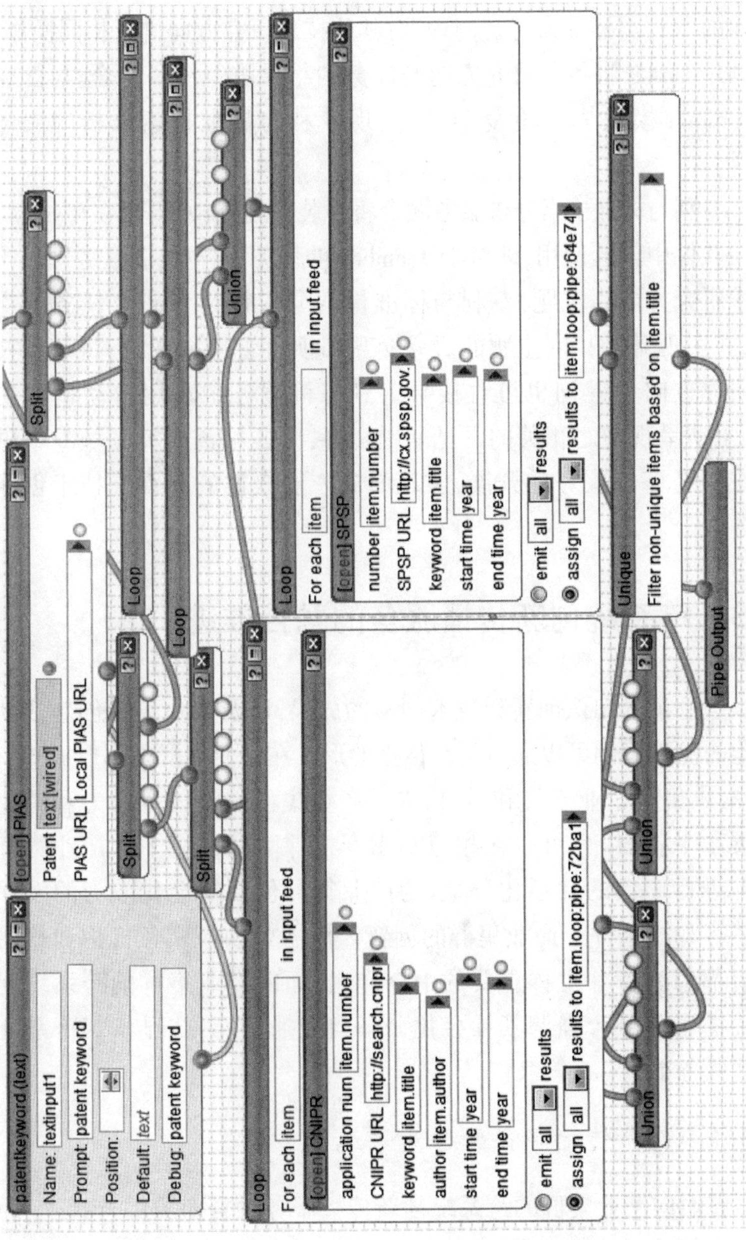

图6-17 专利与标准检索分析服务融合

检索专利全文，同时利用同样的关键词，配合标准号和年限条件进行标准检索，并使用 Union 模块将检索结果进行融合，形成该技术研究方向的专利与标准参考。同理，对其他技术研究方向进行相同操作，并利用 Union 将各子研究方向与任务的结果进行统一融合，再配合以 Unique 模块剔除重复项目，实现专利与标准检索分析的服务融合。

专利与标准检索分析服务融合将封装为独立微件，可在 Teambox 协同软件中嵌套使用，即对于 Teambox 的任务划分中，各任务即以子技术研究方向为主题，专利与标准检索分析作为各研究任务的支撑，并实现基于相同主题的研究交互和项目管理。同时，将该子技术研究方向关键词也可直接导入到咨询服务中利用自动调度功能，主动呈现与之相关的常见问题解答，并匹配该研究领域专家供在线参考咨询服务的开展，实现面向产业集群的跨系统技术创新服务融合。

6.3　跨系统创新传播服务的融合推进

产业集群知识创新和技术创新的成果，以及产业集群创新活动实施的优秀案例可以通过创新传播的形式在产业集群内部形成知识共享，供集群企业学习和借鉴，提升产业集群的整体竞争力和产业发展水平；同样也可以在相应知识产权保障的前提下在产业集群外部进行广泛的社会化分享，为产业集群创新社会化效力的发挥创造客观的条件。产业集群的创新传播需要创新服务机构和相关政府部门支持并发挥重要的中介作用，面向产业集群的跨系统创新传播服务融合强调其社会化分享与传播功能，凸显出其跨系统传播服务能力。

6.3.1　创新传播服务融合对象选择

在面向产业集群的跨系统创新传播服务融合对象的选择上，为突出创新传播能力，应注重创新知识与成果的在线学习和在线分享功能。在线学习使创新知识能面向特定用户群，通过在线学习平台系统化的组织和传播；而在线分享则可利用社会化分享工具促进创新成果的社会传播。此外，诸如网络视频电话工具、面向公众的微博等其他 Web 交互服务功能的融合利用也可辅助产业集群创新传播活动的开展。

(1)基于 E-Learning 的创新知识教学

不同于传统的面对面教学模式，E-Learning 是一种面向分布式用户提供在线教学服务的全新互动教育模式，其优势在于用户的交互行为不再受时间、空间的限制，并基于集成了丰富的网络教育资源的在线学习平台，提供在线学习功能和个性化的学习方式，其已在高等学校与企业中得到了良好的发展。E-Learning 作为一种典型的交互式信息服务方式，为用户创造了一个可以检索、共享和学习信息资源的互动环境，其服务目标即为通过汇集大量数据、多媒体课件、档案资料与教学软件等学习资源，形成高度综合的教学资源库，辅助用户根据各自需求有效地利用 E-Learning 平台实现异步或者同步的远程互动教学[①][②]。在面向产业集群的跨系统创新传播服务中融合 E-Learning 平台，可以将产业集群创新主体的创新资源和创新成果以教学资源的形式进行分享，通过对资源的序化组织加工和在线学习的形式，有助于创新知识的外溢、传播与再创造。E-Learning 用户的知识积累与创新过程如图 6-18 所示。

E-Learning 的用户按其使用行为可区分为学习者与教授者两类，学习者是学习利用教学资源的用户，其可通过参与 E-Learning 平台的在线教学课程或自主参阅平台教学资源以学习知识，并完成教学课程任务；而教授者则是提供和管理教学资源的用户，其规划 E-Learning 的教学环节，传授与分享知识并对在线学习的效果进行评价和总结。E-Learning 两类用户间并不存在严格的界限，用户的角色可以根据对不同资源的教学行为进行转换，即用户既可以作为学

① 邓胜利.基于用户体验的交互式信息服务[M].武汉：武汉大学出版社，2008：81.

② 胡昌平，严炜炜. E-learning 环境下用户交互学习中的协同知识创新[J].图书馆论坛，2011，31(6)：45-50，44.

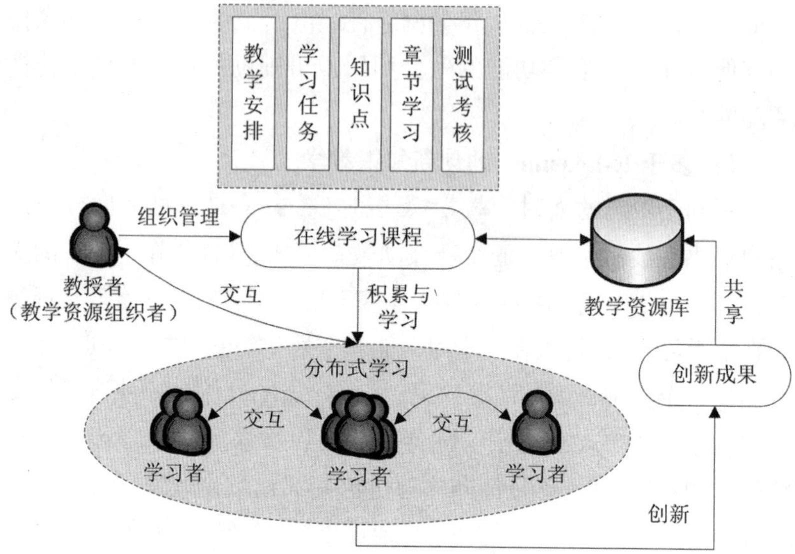

图6-18 E-Learning用户知识积累与创新过程

习者接受知识，也可以作为教授者传授知识。产业集群E-Learning用户同样根据不同创新知识资源的获取方与提供方进行角色区分，分别作为平台的学习者和教授者。

E-Learning的交互过程根据交互的实时性可以划分为非实时交互和实时交互。非实时交互是用户间通过以E-mail、站内信等方式所实现的非实时交流过程；而实时交互则是用户间发生的即时交流行为，例如同一课程学习中的用户讨论，或是利用即时沟通工具实现的互动沟通。产业集群在利用E-Learning实现的用户交互同样采取以上两种方式实现关于知识创新或技术创新的交流与探讨，提升创新知识与成果的传播效率。而根据交互的目的性，E-Learning的交互过程可划分为学习型交互和协作型交互。学习型交互即以学习知识为目的，通过E-learning平台进行在线学习的过程，与共同学习者进行交流与探讨，或者是就相关知识向教授者的咨询，以解决学习过程中的问题；协作型交互需求则是以用户深层次的知识创新为目的，通过用户团队的协作以探究共同的科研项目,或以兴趣为导向,就某一领域知识的深入挖掘而进行的交流探讨。对产业集群创新用户的创新传播目的而言,E-Learning 的交互过程主要体现在创新知识的共享与学习上;而对于可持续性的产业集群协同创新而言,E-Learning 同样起到重要的平台支撑作用。

Blackboard Academic Suite TM 教育软件是由美国 Blackboard 公司开发的典型的 E-learning 平台,Blackboard 平台可用于高等教育辅助教学,也可以应用于企业和政府培训等领域。Blackboard 平台构建了一个以课程为中心的开放化网络教学环境,支持在线课程资源的建设与教学资源的共建共享,可实现教学活动个性化安排与监控。Blackboard 平台除系统管理功能外,还具有以下功能:内容资源管理功能,使用户能够发布、组织与管理教学内容;在线交流功能,实现用户间的异步与同步的交流与协作;考核管理功能,实现用户在线学习中的测验、考试以及成绩统计与管理①。以 Blackboard 平台为模板,通过集成产业集群创新主体的创新知识资源,有助于快速构建产业集群 E-Learning 平台,并融合于产业集群创新传播服务中,促进创新知识的扩散与学习利用。

(2)面向产业集群的社会化网络服务

社会化网络(Social Networking,SN)的本质即强调依托不同空间结构通过人群的有效联系而进行的人际交往活动②,因而社会化网络服务(Social Network Service,SNS)专注于构建一个为用户提供交互分享兴趣爱好平台的虚拟社区,其可通过用户个人信息的发布及用户间的交流实现互动,而用户的参与性和活跃程度则决定了其服务的价值③。随着用户交互行为在 Web 2.0 环境下的网络服务中的

① 屈艳丽,杨成.基于 Blackboard 网络教学平台的协作学习研究[J].软件导刊(教育技术),2010(5):49-51.

② 王陆.虚拟学习社区的社会网络分析[J].中国电化教育,2009(2):5-11.

③ Shin D.H.The Effects of Trust,Security and Privacy in Social Networking:A Security-based Approach to Understand the Pattern of Adoption[J].Interacting with Computers,2010,22(5):428-438.

不断被重视,尤其是网络信息传播方式的转变使得网络舆情传播对于企业公关的地位愈发重要①,将 SNS 引入企业环境已成为一种趋势,因而出现了企业社交网络和企业社交网络服务。而对于产业集群而言,集群创新主体成员所组成的社群用户为面向产业集群的社会化网络服务的开展奠定了最为关键的用户基础,其以产业集群协同创新为共同目标组织组织在一起而形成了有助于产业集群创新知识分享与传播的创新社会化网络。

社会化网络服务有助于用户之间依靠建立相互依赖的正式协作关系,引导创新知识的定向、快速传播。尤其是对于面向产业集群的跨系统协同创新而言,各创新主体成员之间以协同创新项目为依托建立具有紧密关联的伙伴关系,通过用户间的交互实现创新项目信息的即时分享与互动交流。这种以小组或团队的形式,在共同的创新目标的引导下,能够高效的促进创新知识的传播,最大化小组或团队的收益,进一步为协同创新的开展提供保障。通常情况下,在 SNS 服务中,用户可以根据研究兴趣和擅长领域,给自己赋予相应的标签,并以近似标签为基准聚集而形成创新研究协作小组。在产业集群环境下,由于依据共同标签而形成的小组内部的用户在专业背景、创新需求以及目的等方面具备同质性,因此,用户间的创新协同与交互能够以更专业化的程度开展。而基于创新项目形成的小组,则强调以项目为中心的跨学科交叉研究,能够快速定位具有不同学科背景的用户,并开展有目的性的沟通与项目合作,并实现便捷的知识转移,进而促进创新型跨学科项目成果的形成。基于 SNS 的创新协同与交互如图 6-19 所示。

Socialcast 即为一个为快速查找和分享信息、提升工作效率的专注于企业业务的社交网络服务。Socialcast 实现用户的无缝连接,支持多人即时通信和社群分享,创造了一个随时随地分享创新思路与资源的移动定制社区环境,用户在其中可实现便捷地工作流交互、群组沟通和私信发送,也可以项目管理的形式辅助团队用户间的协同

① 李纲,董琦.Web 2.0 环境下企业网络舆情传播过程的研究及实证分析[J].情报科学,2011,29(12):1810-1814.

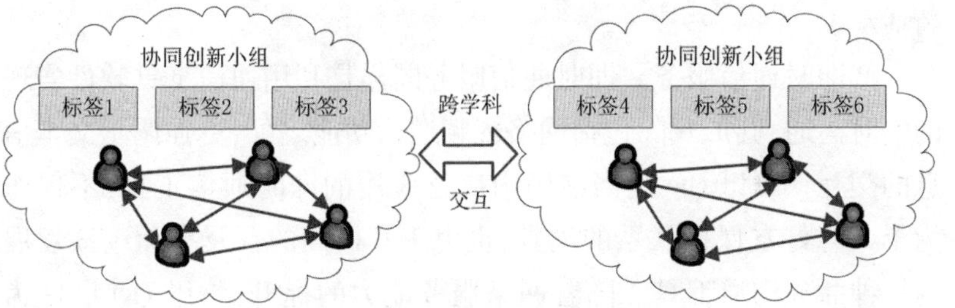

图 6-19 基于 SNS 的创新协同与交互

工作及群组知识管理，实现社交商务通信、分析等功能。Socialcast 支持 PC、IOS、Android、Windows Phone 等多终端的企业社交网络的自主构建，并提供开放 API 作为功能调用接口为 Socialcast 的企业级系统嵌入所用①。

(3)其他 Web 交互服务

Web 2.0 环境下，除 E-Learning 平台和 SNS 社区应用之外，还拥有众多功能细分的用于信息资源传播与交互的服务，诸如网络电话服务、即时通信服务、微博服务、微信服务等。这些应用都面向公众提供，拥有范围广泛、数量庞大的用户群，也正逐步实现标准化的企业级范畴的应用模式。因而，在面向产业集群的跨系统创新传播中融合此类大众化 Web 2.0 应用，将有助于创新资源面向公众层面的社会化传播。

①网络电话服务。网络电话服务可以实现用户间便捷的语音聊天和视频通话，在商务应用中可以利用网络电话服务实现即时语音联系或组织分布式用户召开视频会议。Skype 即为一款网络电话服务工具，其除具备视频聊天、多人语音会议等功能外，还可以发送文本和语音信息或者拨打国内、国际电话，也可通过手机共享消息、照片和位置信息②。通过 Skype 便捷的远程视频电话服务功能，有利于集群用户进行快速的头脑风暴或者其他创新环节或商务活动响

① Socialcast[EB/OL].[2013-12-22].http://www.socialcast.com/.

② Skype[EB/OL].[2013-12-22].http://skype.gmw.cn/.

应,同时还支持创新活动中的远程协助,以更好地开展跨系统协同创新活动。

②即时通信服务。即时通信服务同样是利用通信工具软件实现的实时沟通,其形式除包括网络视频通话功能之外,更强调于文本信息的交互。腾讯 QQ 是当前国内广泛应用的即时通信工具,不仅作为个人与好友保持联系的工具,也由于其极高的普及率而逐渐发展为一种商务沟通工具。随着网络服务能力的提升,腾讯 QQ 已成为一种集在线聊天、视频通话、文件传输与共享、网络硬盘、电子邮箱等功能丰富的综合性平台①。而腾讯 QQ 为企业定制的企业 QQ 产品为企业实现高效的客户服务与客户关系管理提供了良好的解决方案,对于产业集群企业级的沟通与交互带来了显著的效果。此外,通过 QQ 群、讨论组、QQ 空间等功能与平台也提供了群组化、社会化的信息传播渠道,而当前新流行的微信服务主要从移动端实现了服务拓展,同样可通过公众账号为产业集群用户的创新传播带来便利。

③微博服务。微博是一个轻量级的、通过发布信息实现用户交互与信息分享的平台。由于微博通常将发送的内容限定在 140 个字符以内,其除具备以用户为中心等典型的 Web 2.0 应用的特征外,还体现出了简洁、广播、更新频繁、移动性强等特点②。相对于社交网络服务的好友关系的强关联,由于微博服务的用户关系为"关注-被关注"的弱关联关系,因而其更多地被应用于面向公众的信息传播和宣传。如新浪微博就为用户的自主分享信息提供了便捷的渠道,除一般公众账号外,还提供了企业微博,为企业进行产品宣传提供了良好的微博平台,以方便企业用户或潜在用户跟踪企业动态或产品信息③。

---

① QQ[EB/OL].[2013-12-22].http://im.qq.com/.

② Zhao D.J.,Rosson M.B.How and Why People Twitter:The Role that Micro-blogging Plays in Informal Communication at Work[C].Proceedings of the 2009 ACM SIGCHI International Conference on Supporting GroupWork,2009:243-252.

③ 新浪微博[EB/OL].[2013-12-22].http://weibo.com/.

6.3.2 创新传播服务融合流程组织

创新传播是实现创新知识与成果的开放与社会化分享的关键阶段,其有助于知识外溢和外部性价值的发挥。创新传播是一个持续推进的过程,其传播范围既可限定于组织内部也可打破组织边界,实现社会化的传播。为了适应创新传播的需要,辅助于创新传播的工具通常也是同步应用于整个创新传播活动之中,且应用之间的功能关系更多的呈现出外延并行的特征而非线性串行,尤其注重多平台的互操作性和移动端的拓展能力。对于面向产业集群的跨系统创新传播服务融合而言,即在着重于强调 E-Learning 平台学习功能和 SNS 社区服务分享功能嵌入的前提下,结合 Skype、微博等其他功能性 Web 2.0 应用,并根据传播内容按需进行传播范围的分层约束,其服务融合流程如图 6-20 所示。

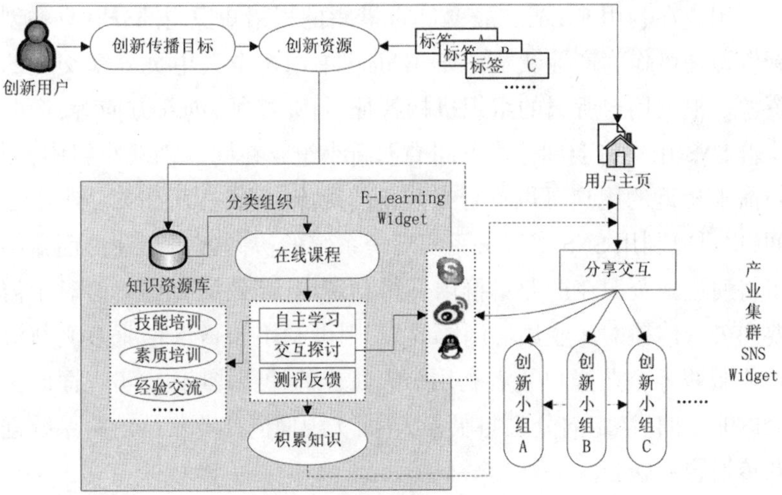

图 6-20 面向产业集群的跨系统创新传播服务融合流程

面向产业集群的跨系统创新传播服务旨在将产业集群创新用户的创新资源和创新成果在集群内外进行共享。根据传播的资源的种类不同,创新用户首先需要拟定创新传播目标,即明确在组织内部进行共享的知识资源、在产业集群创新成员之间共享的创新资源以及面向公众传播的创新成果。其次,对于创新资源需要进行标签标注以利于传播服务的开展。标签标注方式可按照资源类型、资源内容的行业属性、技术属性和所有者等按统一标准进行标注。

进行标注的创新资源便可作为产业集群 E-Learning Widget 知识资源库,并通过分类组织,制作成面向产业集群用户的技能培训、素质培训课程供用户自主学习利用,也可以作为经验交流在 E-Learning Widget 中进行交互探讨,实现用户的协作学习和知识分享。在课程学习中,还可通过在线测评对知识学习效果进行检测并对课程设计进行及时的反馈,以帮助产业集群的 E-Learning 功能更好地发挥其实践价值。同时,在用户的在线学习中,还可充分利用其他 Web 2.0 软件工具实现创新知识学习笔记、经验的交流与分享。

用户在利用 E-Learning Widget 获得的积累知识同部分共享的创新资源均可作为产业集群 SNS Widget 中用户个人主页分享交互的资源。根据用户所属的组织机构特征、行业特征、创新方向等,产业集群 SNS 用户将会细分为不同的创新小组。在同一创新小组中,创新需求相近的用户可以进行专业化的交流与探讨;而在创新小组之间,也可以利用 SNS 好友关系实现跨系统的协同创新交互。创新小组将使创新资源在产业集群内部得到定向、高效的传播。而对于需要向公众传播的产业集群创新成果,则可利用如腾讯企业 QQ、新浪企业微博等企业账户或者利用个人账户的社交影响力,实现面向公众的非定向、半定向分享与服务,进而实现面向产业集群的跨系统创新传播服务融合。

6.3.3　创新传播服务融合的业务实现

对于创新传播服务融合而言,首先需要对跨系统创新资源进行自定义标注,而标签的选取可以根据创新资源的主题实现规范化操作,以为在线学习与交互的知识资源的有效组织奠定基础。自定义标注实际上是对每个创新资源添加标签的过程,如图 6-21 所示。首先通过 URL 输入模块提供创新主体共享的创新资源库的链接,并利用 Fetch feed 模块获取创新资源;对于每条创新资源使用 Loop 循环的方式重新构建应用描述。其中题名、作者、链接以及相关描述信息与创新资源提供方保持一致,而对于创新资源的标签属性则通过标签输入模块为用户提供自主文本输入的窗口,用户将对创新资源自主添加标签,实现创新资源标签的自定义。

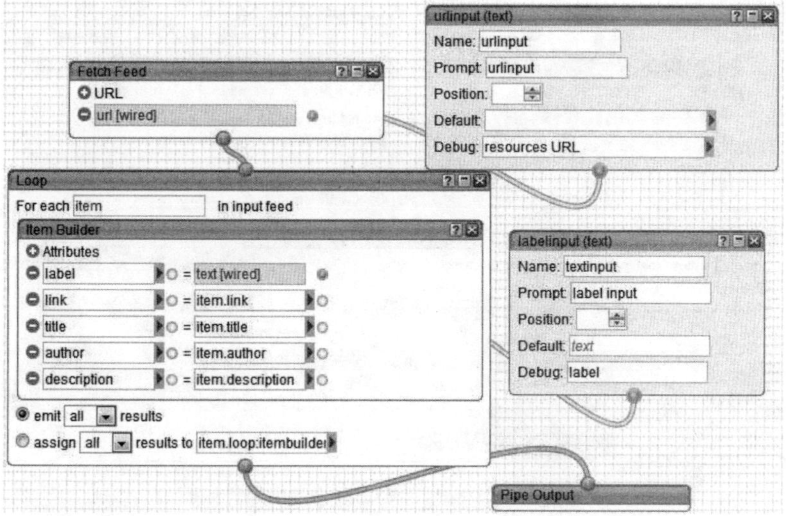

图 6-21 跨系统创新资源标签的添加

在对创新资源实现标签标注后,即可以对跨系统创新资源实现基于标签的检索过滤,如图 6-22 所示。跨系统创新资源将各资源的 URL 链接输入到 Fetch Feed 模块中实现跨系统创新资源的融合;然后提供用户检索标签的输入窗口,并利用 Filter 模块按照 item.label 与用户输入的查询标签短语一致的条件,对创新资源进行基于标签的匹配过滤;最后利用 Unique 模块对创新资源进行唯一性处理,按资源标题剔除重复的创新资源。通过基于标签的跨系统创新资源过滤,可以得到主题一致的跨系统创新资源,以便 E-Learning 在线课程能够有效集成分布式资源,并按课程类别实现资源的分类组织,继而保障在线学习服务的开展。而对于 E-Learning 服务功能则以现有的

E-Learning 服务平台为模板,封装在 E-Learning 模块中,使用户可以有序的利用创新资源课程组织、学习、交流、测验以及相关反馈等功能。

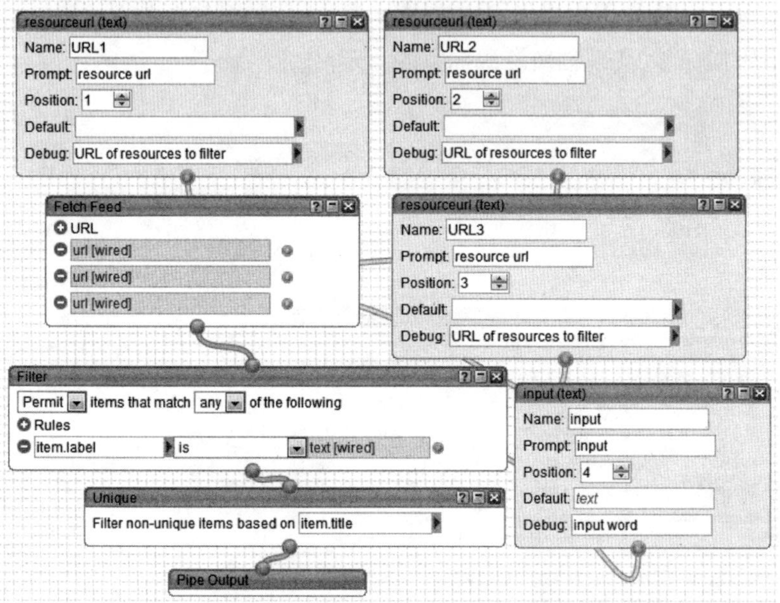

图 6-22　基于标签的跨系统创新资源过滤

为了使用户在 E-Learning 过程中能够及时分享创新知识与创新资源,可将用户在使用 E-Learning 过程中所发布的在线分享内容作为 RSS feed,通过用户个人账号的联系,实现在用户的其他微博或是 QQ 和 Skype 账号中进行同步分享,即将微博、QQ、Skype 以及 SNS 的信息发布功能封装为独立模块,将 E-Learning 平台中分享的内容直接传递到这些独立模块中,实现多平台的创新资源传播与共享,如图 6-23 所示。此外,这些独立的服务功能也可以嵌入在用户工作环境中,以便对其进行实时调用。因而,通过构建产业集群 SNS,提供用户的个人主页服务,使用户不仅能够组织创新资源,也能够实现对创新资源的分享传播,并集成微博、QQ、Skype 等网络交互应用,实现用户之间的多渠道即时交互。尤其是产业集群 SNS 对用户群组的支持,使得创新传播能够在具有共性需求与兴趣的特定群组中展开,使得创新传播更有针对性和实践价值,提升了创新传播的效率和体验。

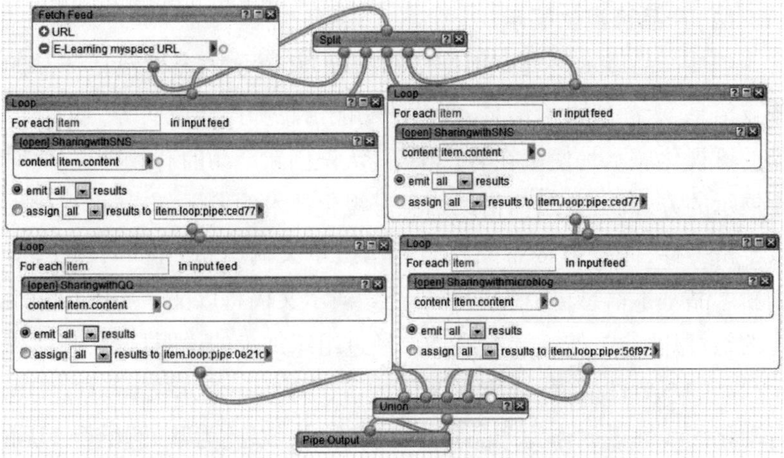

图 6-23 用户创新资源交互与传播中的 Web 服务融合

6.4 跨系统创新应用服务的融合推进

创新应用是在创新传播的基础上,促进创新成果应用于社会发展中创造社会价值的阶段。面向产业集群的跨系统创新应用中,集群企业扮演着实现创新成果产品化生产加工的角色,而创新中介服务机构则辅助集群企业实现科技成果转化,并将创新产品推向市场。因此,面向产业集群的跨系统创新应用服务融合专注于面向市场需求的创新产品推广与实践利用的服务能力的拓展。

6.4.1 创新应用服务融合对象选择

为了突出创新产品应用推广能力和效果,面向产业集群的跨系统创新应用服务融合的对象选择主要以产品的多元化展示服务以及基于网络的推广服务为主体,结合当前移动应用开发趋势,将基于位置的服务(Location Based Service,LBS)融合于创新应用服务之中,并利用在线问卷调查与数据分析工具为创新产品应用效果和用户体验进行及时的跟踪和挖掘分析,实现调查结果的反馈为创新应用改进和精准营销的开展提供参考。

(1)产品可视化展示

创新产品展示是其应用推广的前提,其展示内容可包括产品的版权信息、产品的设计信息、产品的功能信息和操作说明等。创新产品的可视化展示是使潜在客户了解、认识创新产品的有效渠道,而对于展示的方式而言,当前借助信息可视化技术的发展,产品可视化手段丰富多样,而最为常见的就是利用演示文稿(Powerpoint,PPT)对创新产品基本信息进行编辑和描述。演示文稿将以文字和图形相结合的幻灯片形式,按一定次序播放经过组织加工的说明材料,其适用于产品的概要性讲演、功能说明等内容的展示。演示文稿可以实现自动化的线性播放作为产品宣传材料所用。以此为基础,结合 Flash 技术,可以以动画的形式进一步丰富演示文稿的展示内容,其既可作为独立的宣传动画描述产品信息,也可以作为产品演示文稿的一部分,如操作示范,嵌入在演示文档之中,提升产品展示的可视化效果。运用演示文稿与 Flash,可以展示创新产品。

除了线性的展示工具之外,当前以 Prezi 为代表的一种非线性的讲演模式以其独特的可视化效果正成为商务活动中的重要辅助工具,其区别于传统的展示方式之处在于其是以思维进行发散的,按照用户的兴趣路径进行播放,这种基于空间展开的幻灯片,使客户能够与产品推广者间实现交互,即可按客观需求的动态变化选择与调整观看路径,而非被动式的接受①。如图 6-24 所示,(a)和(b)分别代表线性的展示方式和基于兴趣点的展示方式。在产业集群创新产品的展示中应用 Prezi 可视化手段制作创新产品的宣传与说明材料,将使产品的宣传推广过程更具特色、更为高效,且更富有个性化。

① Prezi[EB/OL].[2013-12-27].http://prezi.com/.

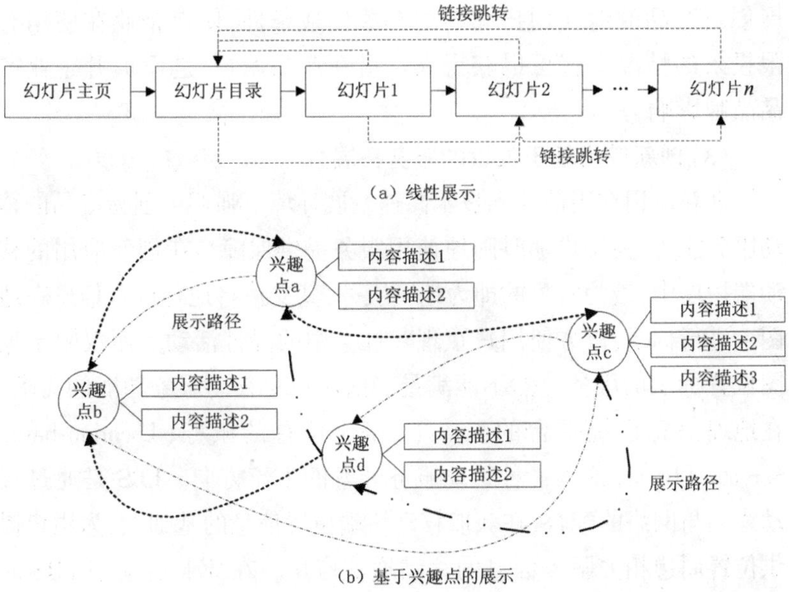

图 6-24 创新产品的可视化展示方式

(2)基于网络营销的市场推广

在具备基础的创新产品可视化展示功能的基础上,需要借助于网络营销手段和工具实现面向市场的产业集群创新产品推广。网络营销通常是以企业经营为背景,以网络营销实践为基础,通过利用互联网搜索功能,使用户能够发现产品及其竞争优势,并能够与卖家或厂家取得联系,达到精准营销目的,实现潜在用户向有效用户转变的过程①。网络营销具有快速、便捷、受众面广泛等特点,尤其是在高速发展的网络环境下,Web 2.0 工具和应用的普及使得用户能够方便自主地发布与分享信息,这为网络营销内容的传播提供了有效保障,而企业也逐渐实现了营销方案的网络化和移动化转型。当前比较有代表性的网络营销手段,包括利用 E-mail、网络广告营销、博客及微博营销等。面向产业集群的跨系统创新应用推广显然也需要借助网络营销手段进行推动,在确保信息真实、有效的前

① 冯英健.网络营销基础与实践[M].北京:清华大学出版社,2007:21-22.

提下,利用地域、时间筛选功能以及广告投放的自主设置功能为发展创新产品的潜在用户和应用对象创造条件,使得企业在使用有限投入的情况下就可以获得大量潜在产品用户,进而提升企业产品品牌影响力。

(3)创新应用基于位置的服务拓展

创新应用在当前移动技术高速发展环境下强调了创新产品的移动服务能力,为用户随时随地使用服务提供保障。在创新应用的移动端拓展中,最为常见的即为地图服务,其支持将地理位置信息在地图上进行标示,以方便用户在现实社会中的寻址活动。而仅限于地图位置标示的服务显然不能满足当前用户对移动服务功能的需求,在地理信息系统平台的支撑下,基于位置的服务(Location-based Service,LBS)已成为一种移动服务开发的主流方向。LBS是通过移动终端与网络的配合,在获取移动终端位置信息的基础上,为用户提供位置周边相关服务信息的移动增值应用。在商业活动中LBS通常被用来作为基于地理位置的搜索服务和签到服务所用,实现用户对位置周边餐饮、酒店、KTV等服务场所信息的查询,同时与同位置的其他用户进行社交活动。此外,利用信息推送技术还可向附近用户主动推送商家的优惠信息以实现面向潜在用户的精度定位营销。这所用到的技术称为地理围栏(Geo-fencing),即利用GPS或射频识别(RFID)技术围绕特定位置构建虚拟的地理边界,并向任何进入该区域的移动终端主动推送内容,如图6-25所示。在商业活动中,地理围栏技术可根据商家需求定制广告范围及形式,具有低成本、低门槛、高拓展性的特点①。

在产业集群创新应用中,以地理围栏技术为基础,提供产品服务商地址信息的同时,将产业集群范围内各创新产品信息以基于位置的主动推送形式进行发布,不但能够提升用户的移动端交互体验和可视化效果,也能够有效降低创新应用营销成本,并提升创新应用活动的效率。

---

① 互动百科.LBS[EB/OL].[2013-12-27].http://www.baike.com/wiki/LBS.

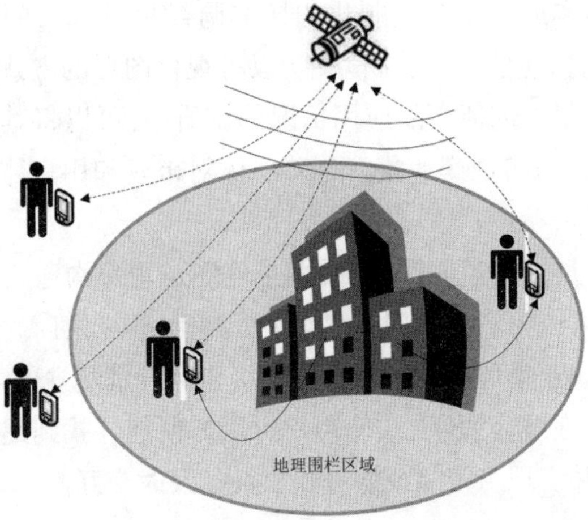

图 6-25 基于地理围栏技术的位置服务

(4) 创新产品应用调研与反馈

在创新产品应用的过程中，还需要及时跟踪市场反应情况，即需要对产品应用进行调研与反馈，以便及时依据市场需求动态改进产品创新生产战略和营销部署工作。

在创新产品应用调研中，可分别从市场和用户两个角度进行衡量。

①从市场角度看，对市场应用的统计性数据的调研，这就包括了创新产品的各类产销数据、库存数据、用户群体的各类人口统计指标数据等，用以体现创新产品生产销售关系和用户特征，对创新产品的生产与供销策略的改进提供参考依据。

②从用户角度看，调研用户对产品的满意度评价以及其他主观性建议与意见，即利用满意度调查研究方法调查用户对创新产品的使用体验，以作为改进产品服务功能与服务方式的参考依据，也可以按用户特征进行满意度评价的深入分类挖掘，以探求用户的个性化需求特征，使营销策略可以更为准确地进行调整。问卷星平台是国内广泛使用的在线调研平台，其支持自助式的在线问卷设计，用户可以在平台上自定义调查问卷并发布于网络上，以 URL 链接的形式邀

请网络用户进行在线填写，也可依靠问卷星所提供的 260 万分布于各行业的样本成员支持定制化的样本调查①。同时，问卷星还支持调研问项的描述性统计分析功能，以可视化图形的方式展示调查结果。在产业集群创新产品应用情况的调研中，可以将其融合于创新应用服务之中，实现产业集群创新主体对市场和用户体验的在线调研与分析。

而对于反馈渠道而言，实质上是建立与用户沟通交互的客服平台，使用户可以将意见及时反馈给产品或服务提供商。可以按照创新产品，为产业集群创新产品或服务提供商分别建立留言板，或集成相应的企业在线客服平台，使用户可以方便地寻找到建议与意见的反馈渠道，并实现与产品或服务提供商的及时交互。

6.4.2　创新应用服务融合流程组织

面向产业集群的跨系统创新应用服务融合强调对创新产品与服务的实践应用与推广。由于创新产品与服务的提供方不局限于某一家企业成员，但却处于同一产业集群的区域地理位置。因而在服务融合的流程组织中，对于创新产品和服务的介绍与展示可采用 Prezi 基于兴趣点的展示方式，按产品与服务分类组织，提供跨系统集成展示产品信息的平台；对于创新产品与服务的推广，可共同借助搜索引擎，实现以产业集群为单位共同推广与以组织个体的个性化定制相结合的推广模式；对于创新产品与服务的移动服务拓展，采用地理围墙技术手段，实现产业集群区域内的信息推送；对于创新产品与服务的调研反馈，则可利用问卷星在线调查平台的调查分析功能，结合留言板等交互渠道，实现市场信息与用户体验的及时反馈。面向产业集群的跨系统创新应用服务融合流程如图 6-26 所示。

对于产业集群的跨系统创新应用而言，以企业为代表的各集群创新主体所提供的创新产品和创新服务是创新应用的根本。根据产品的类别和服务的种类，在创新展示微件中，以 Prezi 基于兴趣点的

① 问卷星[EB/OL].[2013-12-27].http://www.sojump.com/html/promote/info.aspx.

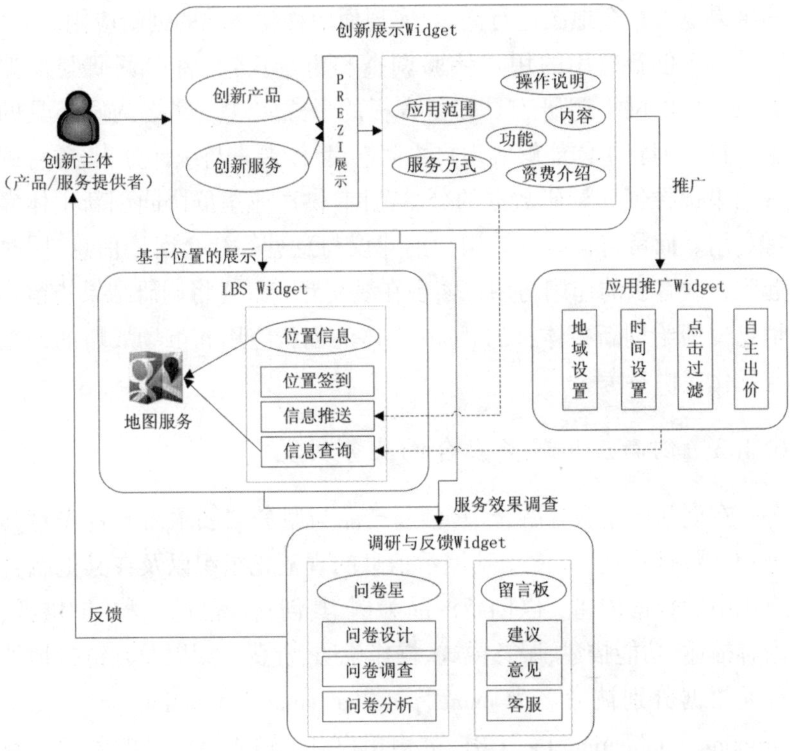

图 6-26 面向产业集群的跨系统创新应用服务融合流程

展示方式，将产品或服务的功能、内容、应用范围、服务方式、操作说明与资费介绍等实现可视化加工处理与个性化播放。

以经组织加工的创新产品或服务的介绍材料为基础，提炼其标题、关键词、描述及 URL，作为实现基于网络搜索引擎的应用推广内容。根据创新主体的应用推广需求，在产业集群区域或邻近省市范围内设置推广地域以及推广的时间范围，结合网络搜索引擎所提供的点击过滤功能，实现创新应用推广。

创新应用的移动端服务拓展功能则利用 LBS Widget 基于地图和位置信息的服务。通过在产业集群区域范围内对用户移动端位置信息的识别以及用户的主动签到服务，将创新产品或服务的介绍信息主动推送到用户的移动终端，并结合地图进行标注和可视化呈现。

同时,用户也可以进行主动搜索,经过应用推广推荐的产品或服务检索结果也可结合地图进行展示,实现面向移动终端的创新应用。

对于创新应用的用户体验调查和市场反馈,将以调研与反馈Widget中的网络调研工具和留言板的形式实现。网络调研工具的融合将使创新主体能够实现自主问卷设计、调查与统计分析,并将调查结果选择创新调研数据的分享范围,供产业集群协同创新主体参考利用。而留言板则反馈用户的建议与意见等社会舆论信息,同时起到在线客服的作用与用户实现在线交互。最终将调研结果与留言信息反馈给创新主体,以为创新主体的创新应用和市场战略的调整与优化提供参考。

6.4.3 创新应用服务融合的业务实现

在创新应用服务融合中,创新产品与服务的展示需要首先对其进行元数据描述,以便于其展示信息的规范化组织以及在其他融合应用中的数据传递。以创新产品为例,其创新产品的名称、提供者、内容描述、功能描述、服务模式、操作说明、资费介绍以及其链接地址等元数据分别被命名为name、provider、content、function、service、instruction、application、fee、URL,并由用户自主输入该产品的各项元数据信息,如图6-27所示。完成元数据描述后的创新产品可以导入到封装的Prezi presentation模块中,其中的内容描述、功能描述、服务模式、操作说明以及资费介绍等可分别作为Prezi的兴趣点,进而实现基于兴趣点的展示。用户可以选择具体某项感兴趣的项目对创新产品进行直观了解,其动态的可视化展现方式摆脱了传统的线性描述与静态选项卡式的展示局限,更容易让用户接受和掌握。

在将创新产品信息与地图服务融合的过程中,需要将创新产品信息在地图上进行可视化展示。Yahoo! Pipes提供了Location Extractor模块,该模块能够检测输入源,寻找其中关于地理位置的信息。如果发现地理位置数据,模块便添加y:location元素到输出端,该元素包括子元素经度(Lon)、纬度(Lat)、国家(Country)、州省(State)、城市(City)等子元素,并在雅虎地图(maps.yahoo.com)上进行位置标记。因此,基于Location Extractor模块在利用Prezi展示的

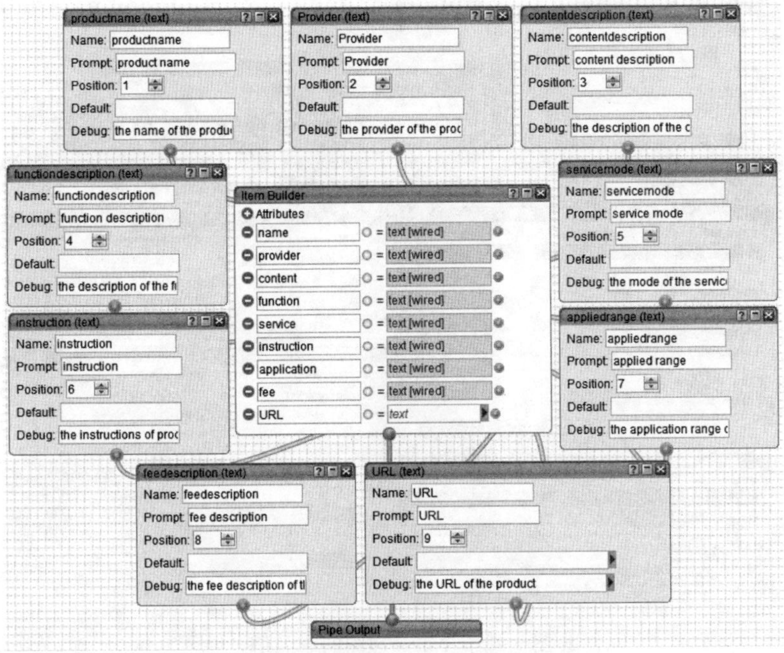

图 6-27　创新产品展示信息的元数据描述

产品信息中搜寻地理位置信息,并按照经度和纬度进行区域范围的限制和过滤,使得在产业集群区域范围内的产品服务信息得以实现主动推送。此外,Yahoo! Pipes 还提供 Yahoo! Local 模块,其是针对特定区域的搜索服务,通过键入检索目标服务关键词,以及位置关键词和限定的距离范围,可以实现在特定地点一定区域范围内的特定服务所处位置的检索,也可融合于基于地图的创新应用服务中,以增加用户的主动位置搜寻体验。对于推广推荐信息而言,则可利用封装了推广搜索结果的 Popularize 模块,将推荐的产品信息与产品介绍信息一起实现可视化展示,如图 6-28 所示。

而对于创新应用的市场调研与公众反馈意见而言,可以直接将问卷星调查平台的网络调研封装,与面向公众的留言板一起并嵌入到用户工作环境中。用户根据自主需要上传调研问卷并制定调查对象和调查时间范围,调查结果将自动以图表的形式展示并形成完整

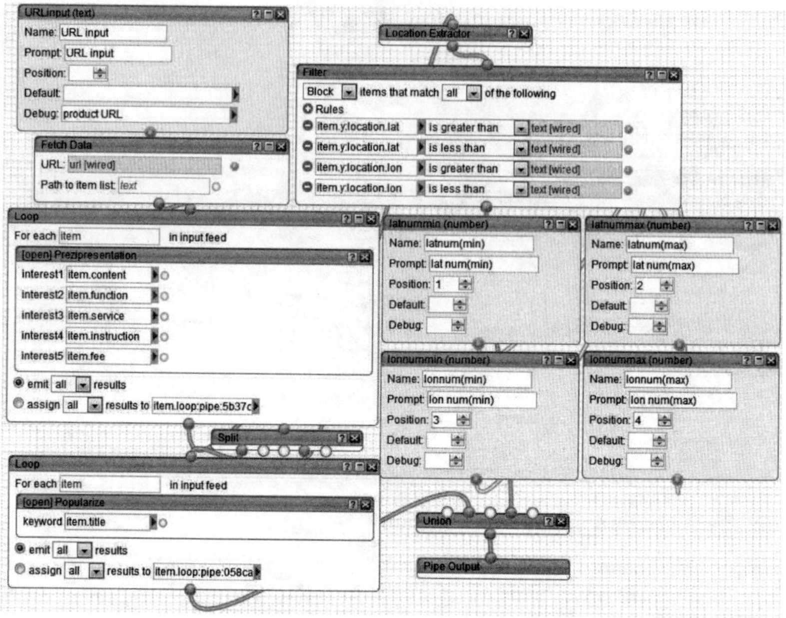

图 6-28　基于 Yahoo 地图的产品信息展示

的调查报告。调查报告和公众留言的融合将成为产业集群创新主体对创新应用服务的有力保障,使产业集群创新活动维持健康可持续的发展状态。

第7章　产业集群协同创新中的融合信息服务嵌入

产业集群升级是产业集群面向社会与市场发展中，保持集群竞争力所必须经历的过程。在跨系统协同创新战略指导下的产业集群升级中，实现适应于产学研协同以及多元创新主体共同参与合作创新模式，是提升我国自主创新能力的重要保证①。而突出协同创新过程中的知识属性和交互特征，构建面向产业集群的跨系统协同创新流程，则能够顺应产业集群升级与可持续发展。在创新活动中，信息服务的嵌入作为一种在创新研究与实践全过程各环节中提供信息服务支撑的手段，是发挥其创新服务能力的重要途径②。因而，面向产业集群协同创新流程的融合信息服务的嵌入，在有效控制创新成本、避免创新资源重复建设的基础上，深入产业集群用户协同创新实践，是融合信息服务在用户环境中的具体应用。

7.1　面向产业集群协同创新的信息服务关联组织与嵌入

为了打破固有的依靠劳动密集型生产运作方式以及成本竞争优

---

①　毕强，朱秀梅，陈凌.自主创新信息服务保障体系——基于产、学、研合作模式的研究[J].图书情报知识，2009(5)：94-98.

②　谢守美.国内外图书馆嵌入式服务实践进展[J].图书情报工作，2013，57(18)：133-137.

势而确立的产业集群发展思路，舍弃以小而全、单打独斗为特点的创新方式，摆脱以低端复制、模仿而形成的以同质化竞争为主导的产业集群市场竞争策略，面向产业集群协同创新提出了一种产业集群多元主体共同参与的竞合发展模式，实现了面向产业集群创新主体擅长领域的专业化分工与协作。面对产业集群协同创新这一发展趋势，其跨系统协同业务活动中信息服务的提供须紧密围绕协同创新流程而组织和利用，这就提出了面向产业集群协同创新的信息服务关联组织与嵌入的问题。

7.1.1　信息服务关联组织与嵌入要求

信息服务的关联组织与嵌入，强调面向战略管理目标与环节的信息服务资源关联利用过程，其在收集、加工整理、反馈的基础上形成闭路循环，提升信息服务手段的柔性化和动态化能力①。面向产业集群协同创新的信息服务关联组织具有区域性和产业性特征，与区域产业发展情况以及信息服务技术的运用情况关系密切，其信息服务流程依赖于区域化产业建设和知识创新的协同化发展。由此，应将面向产业集群的信息服务关联组织纳入国家创新保障体系和信息化建设总体战略布局之中，并以此为出发点，寻求致力于产业可持续发展的战略方针与实施原则，促进相应信息服务嵌入的实现。归纳起来，面向产业集群协同创新的信息服务关联组织与嵌入的要求体现为以下几点：

(1) 以创新型国家建设与发展战略为实施指导

产业集群创新发展是创新型国家建设与发展重要的组成部分，产业集群的创新能力更是创新型国家各区域创新竞争力的直观表现。从整体上看，产业集群具有相同或相近的行业特征，行业信息服务机构仍然是为产业集群提供行业知识创新服务的主要组织，其贯穿于产业集群知识创新各阶段之中，目的在于为产业集群创新主体提供信息资源保障及其他相关信息服务和知识服务，具有其他组织

① 马俊.信息技术嵌入的物流企业服务能力研究[D].武汉：武汉理工大学，2011：77-78.

不可取代的作用。在创新型国家建设与发展战略指导下，行业信息服务机构更应体现出中介服务职能，贯彻相应政府部门的创新战略方针，承担起面向产业集群协调多元信息服务提供方的利益，引导协同创新服务的开展和运作的职责，并直接参与到产业集群协同创新过程之中，促进创新的转移与扩散，搭建知识创新成果转化的桥梁。而落实到面向产业集群协同创新的信息服务关联组织与嵌入之中，行业信息服务机构自然需要以创新型国家建设与发展战略为实施指导，明确信息服务组织与嵌入的实施方案与任务，并督促相关创新主体投入到协同创新活动之中。

(2)以创新阶段全方位协同为关联目标

为了进一步体现产业集群的协同创新优势，在信息服务关联组织中还需要挖掘各创新主体的创新服务资源与服务能力，按创新阶段任务目标合理安排与配置，实现全方位的协同创新服务。其中，既要体现协同部署的科学性与合理性，也要强调协同过程的严密性和周期性。对于前者而言，协同创新须从国家层面到产业集群区域层面逐级对创新发展战略进行分解，并在政府部门和相关中介服务部门的宏观调控与具体协调下，以协同创新目标为主导，实现服务于创新阶段的产业信息服务体系变革，制定具有针对性的产业集群协同创新资源共建共享方案与协同创新活动的运行机制，在各创新阶段充分体现出创新资源的有序性、充分性和完备性，同时避免创新资源的重复建设和低效率利用；对于后者而言，则说明了各协同创新阶段之间的密切关联，面向各协同创新阶段的服务间也应具有流畅的互动机制与规范的服务顺序，同时也从产业集群协同创新可持续发展的角度，凸显协同创新流程的循环性特征，尤其是在信息共享与服务技术、网络通信技术、数字化知识管理技术、信息安全技术等技术的不断发展与变革下，协同创新要适应技术环境的转变，并灵活应用于协同创新各环节中，以动态、可拓展的服务流程架构方式，为开展具有竞争力的协同创新活动提供保障。

(3)以产业集群创新网络为嵌入环境

产业集群创新网络即产业集群内创新主体间错综复杂的交互关系所形成的合作创新网络结构。在集群式创新战略指导下，产业集群创新网络组织形式自然成为面向产业集群协同创新的信息服务嵌入的环境，信息服务是以产业集群创新网络中的创新主体为对象，信息服务流程也应满足产业集群创新网络的互动模式进行组织。产业集群创新网络的成员是多元的，因而面向产业集群协同创新服务的流程应尽量涵盖各类组织机构，合理有序地调用各成员的创新资源与创新服务能力。产业集群创新网络中的互动是动态的、复杂的、多向的，因而在信息服务关联组织上，信息服务可按服务对象组织机构特征进行预先组织，再按具体创新需求灵活选择服务对象推行定制服务。产业集群创新网络的信息传播与知识溢出速度与效益是明显的，因而在信息服务关联组织中还应着重于对信息资源的过滤与筛选能力，强调从大数据中挖掘可用信息与价值的数据挖掘与分析处理能力，也要体现出良好的知识管理能力，这就要求信息服务的嵌入应按信息的处理加工过程以及知识的转化过程来实现，确保产业集群创新网络环境下协同创新活动的有序开展。

(4)以创新主体集聚特征为优化准则

区别于产业集群外部创新主体的创新形式，集群内部创新主体具有突出的集聚特征，这为协同创新的开展带来了显著的成本效益。因而，在面向产业集群协同创新的信息服务关联组织中，应将集聚特征作为优化准则，凸显其创新市场竞争优势。由于网络信息传播技术的发展，从信息的传递角度来看，受地域的限制并不明显或者说微乎其微。然而，面向产业集群协同创新的信息服务绝不仅仅体现在信息资源的传递或利用上，更强调面向创新主体实际创新活动中的尽职调查与创新支持，以及以区域市场特征为参考的个性化组织加工。对于协同创新而言，各创新主体具有不同的创新优势与创新能力，其组织内部的专家也可能擅长于不同的创新领域。由于创新活动具有复杂性特征，信息服务不能简单地依靠远程支持，更要以实地的调研为基础，并结合信息资源进行组织加工，形成能够反映客观创新事实并具有实践价值的创新支撑报告，进而为协同创新的开展提供参考依据。产业集群内创新主体的集聚特征为该活动的开展提供了便利的客观条件，面向产业集群协同创新的信息服务也应重视这种基于集聚特征的信息服务的开展与嵌入实施。

7.1.2 信息服务嵌入中的流程重组

创新竞争优势的来源并不在于静态的创新资源的本身，而在于能够依据市场环境变化而不断利用资源创造新价值的可识别的组织流程①，作为一种动态能力，其识别方式就在于关键流程的确定②。因此，创新流程对于创新活动的开展和创新优势的确立具有重要的意义，而在面向产业集群协同创新的信息服务嵌入中，需要实现对信息服务的流程重组以适应协同创新各环节要求。

传统的信息服务流程中，一般是遵照情报循环过程而进行服务组织的，即由规划定向开始，经搜集和报告、信息存储和加工、信息分析和生产环节，最终实现情报发布③。基于情报循环过程中的信息服务手段，用户知识创新需求可得到一定程度上的满足，即在以知识资源的检索与加工为主体的信息服务保障中，通过知识转化这一用户获取隐性知识必须经历的过程④，实现知识由文档等载体记载的显性状态，被用户内化吸收转为隐性知识，再通过归纳总结创造新知识并显性化，并以知识成果的形式组织发布和展示的过程，如图 7-1 所示。

然而，面向产业集群协同创新的信息服务流程重组旨在改变这种传统的依赖于信息检索的被动式信息搜集服务，而转换为适应于协同创新环节需要的主动式信息提供与知识交互服务。这是由于被动式信息搜集服务的精力主要集中于如何适应多用户的并发检索需求，以及如何提升集成检索效率之上，而忽视了除信息检索服务之外的其他交互性信息服务的价值，也未能调用创新主体的创新协作能

---

① Eisenhardt K.M., Martin J.A.Dynamic Capabilities: What Are They? [J]. Strategic Management Journal, 2000, 21(10/11): 1105-1121.

② Hammer M., Champy J.Reengineering the Corporation: A Manifesto for Business Revolution[J].Business Horizons, 1993, 36(5): 90-91.

③ 马费成.情报学发展的历史回顾及前沿课题[J].图书情报知识, 2013(2): 4-12.

④ 李纲, 纪曼, 陈景浩等.基于社会网络的知识共享研究综述[J].信息资源管理学报, 2013(2): 50-58.

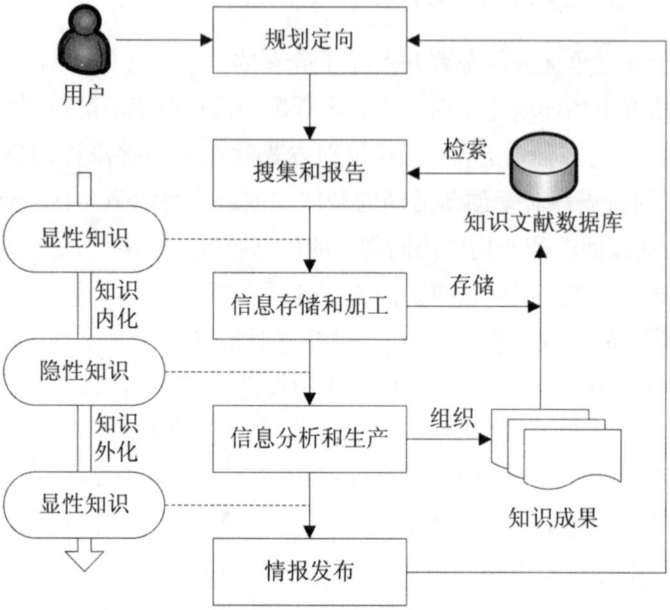

图 7-1　传统的面向知识创新的信息服务流程

力，即对协同创新缺乏主动性的支撑。在信息服务流程重组与具体实施方案的制订过程中，需严格遵照一定的规范来实施流程重组相关活动。具体而言，信息服务嵌入中的流程重组应立足于以下几点：

①整体化重组。面向产业集群的协同创新信息服务重组必须体现跨系统特征，打破固有的部门或组织机构之间的界限，实现跨系统信息资源共建共享和创新活动的开放协作，充分挖掘和发挥各创新主体的创新能力，从整体上重组创新活动中的信息服务功能与环节，解决系统互操作与服务协调问题，实现多元创新主体共同参与和协同。

②标准化重组。跨系统信息服务由于服务提供者的不同，体现在服务手段上通常具有异构性。然而在产业集群创新服务战略中，必然需要实施标准化战略推动跨系统信息服务的发展。在服务流程重组的过程中，应采用通用的标准化技术，建立标准化的信息服务方式，促进信息服务的流程化融合与利用。此外，标准化重组还将使产

业集群信息服务流程具有一定的复制性和更强的推广应用价值，以运用于其他产业集群创新活动中。

③融合化重组。网络环境下，面向协同创新的信息服务种类繁多，既包括数据挖掘、信息可视化处理服务等对信息进行组织加工的服务，也包括信息资源门户、信息推送等信息组织与传播类服务。对于众多的服务项目，在信息服务流程重组中，需要对部分创新活动与服务功能进行融合化操作，以精简服务项目与步骤的同时，体现综合化服务水平与服务能力。

④均衡化重组。由于产业集群协同创新中涉及多元创新主体的权益，这包括信息资源和信息服务的知识产权、所有权等，在信息服务流程重组中需要落实对这些权益的保护。尤其是在知识创新活动中，其将会广泛利用到专利信息以及其他知识资源，协同知识创新的开展需要建立在产业集群内的创新资源的充分开放基础之上，因而需要在信息服务流程重组中注重对各方利益的均衡化处理与保障。

⑤面向用户的重组。信息服务是以满足用户的信息需求为目标而组织的，因而面向用户的信息服务流程重组意味着重组流程应充分适应用户的个性化创新需求与深层次创新服务要求。从流程上，体现用户在不同阶段的创新活动特性以及信息需求特点，并通过无缝的用户接口使整合的资源能够通过面向产业集群协同创新的信息服务得以发挥其价值。面向用户的重组，最终是为了形成以用户创新为导向的信息服务机制。

依照信息服务流程重组要求和重组规范，在信息服务流程重组实施中应强调多元创新主体的协同参与及其相互间的交互行为，并体现协同创新中的信息服务手段的知识属性，如图 7-2 所示。对于重组的面向产业集群协同创新的信息服务流程而言，在知识获取、知识吸收、知识创造和知识转移过程中，充分体现出主动式信息服务的特征，分别借助知识资源门户主动推荐信息资源与知识资源，借助 E-Learning 平台提供用户在线学习的渠道，借助协同业务平台联合各创新主体实现知识创新业务环节中的协同，借助知识社区使创新主体能够及时分享创新知识。而在重组的信息服务流程中，除体现出由知识内化吸收到外化传递流程外，还将知识管理活动与知识交互行为贯穿于其中。知识管理是对各创新主体自身而言,对知识创新各环节的知识内容、资源以及知识结构实现归纳总结和组织加工;而知识交互则是产业集群创新主体之间以协同创新为基础,在知识创新各环节中的信息交互与共享。将知识管理与知识交互凸显出来作为信息服务流程中的组成部分,即是强调在面向产业集群协同创新过程中对知识管理行为和交互行为的支撑,也显示出在由被动式信息服务向主动式信息服务转变中,以及由独立创新服务向协同创新服务转变中,对多元产业集群创新主体创新活动的主动性支持,以及对各创新主体创新资源和能力的挖掘与利用。

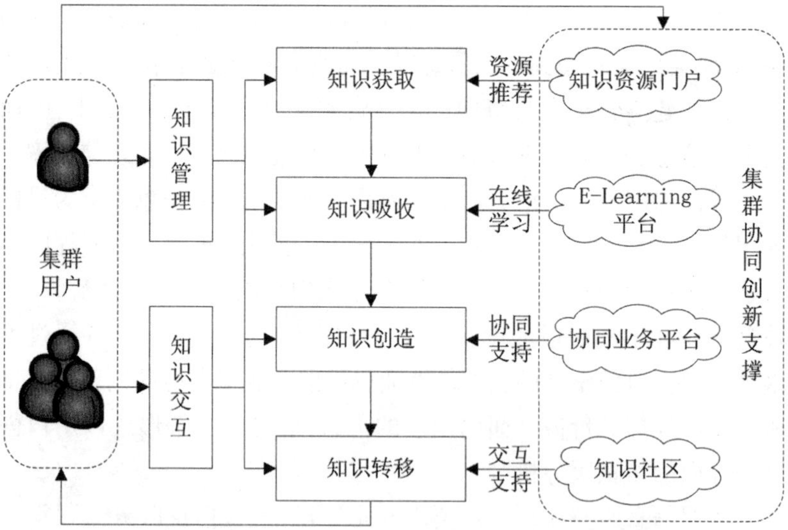

图 7-2　面向产业集群协同创新的重组信息服务流程

7.2　基于业务关联的融合信息服务封装组织

基于重组的面向产业集群协同创新的信息服务流程,将融合信息服务按服务功能与目的进行封装和分类组织,并嵌入到产业集群创新主体的跨系统协同创新环境之中,服务于特定的创新环节与创新活动,可以使产业集群的协同创新得到良好的、综合化的信息服务支撑与保障。在基于重组流程的融合信息服务封装中，需要以重组流程为参照，筛选待封装的信息服务对象，并进行服务的功能层面以及服务的融合过程层面的适应性调整。

7.2.1 基于流程的信息服务关联

在信息服务的融合中，服务功能之间通过有效的链接，提供了一种用户可以根据个性化需求自由装配服务功能的方式。尽管在基于创新价值链的信息服务融合中，根据创新的不同阶段对信息服务功能进行融合操作满足了创新主体的共性需求。但是面对产业集群协同创新的重组流程，在不同知识创新环节中筛选融合服务并进行模块化封装则有利于对创新主体个性化需求提供定制化服务。

(1)知识获取环节

在知识获取环节中，主要利用知识创新服务融合中的知识图谱工具以及技术创新服务融合中的专利分析工具。根据创新主体的知识获取关键词，确定知识领域的核心研究方向和已有创新文献与专利研究成果。以知识图谱工具与专利分析工具的可视化结果展示为基础，按产业类型限定电子资源门户和专利、标准数据库的学科范围，并从中进行集成检索，获取相关的知识资源。除此以外，在技术创新服务融合中的技术创新资讯模块同样集成了相关知识领域的技术知识，也可作为知识获取环节服务模块之一，由用户自主选择封装的产业科技成果、技术标准等资讯板块内容。

(2)知识吸收环节

在知识吸收环节中，主要依赖于创新主体对获取的知识资源的理解和提炼。一方面，可以借助创新传播服务融合中的 E-Learning 平台，在利用在线课程丰富知识资源并实现在线学习的过程中，将经过整合、组织加工的课程知识通过自主学习和教学互动内化吸收；另一方面，可以通过技术创新服务融合中的参考咨询服务，由知识领域的专家对知识资源的关键内容与核心问题进行指导，辅助创新主体的知识吸收过程。

(3)知识创造环节

在知识创造环节中，创新主体将在互动中实现对显性知识资源的深入挖掘以及隐性经验知识的概括总结,以从产业发展中的专业理论与技术创新角度,以及生产实践和组织变革等角度实现新知识的创造。由此,知识创造过程中强调发挥产业集群创新主体的协同优势,以知识创新项目为依托,利用技术创新服务融合中的协同工具,实现知识创造过程的任务委派、进度管理以及即时交互等服务功能,以核心创新主体为主导,充分调用协同创新主体的创新能力,并统一指导知识创新尤其是知识创造活动的分层有序开展。

(4)知识转移环节

在知识转移环节中,强调了创新主体之间基于知识创新内容的共享以及知识的定向传播与利用。其作为知识创造的后续阶段,能够在产业集群协同创新主体之间发挥出知识社会效应,提升产业集群的整体竞争能力。出于知识产权保障的考虑,在产业集群中的知识转移的过程大多具有定向性和有偿性特征,通过创新主体之间的协议约定,实现创新知识的共享。因此,可以借助于创新应用服务融合中的可视化展示、网络推广以及基于位置的服务拓展功能,实现对知识的多终端、精确定位的共享与转移。

(5)知识管理环节

由于知识管理环节贯穿于整个重组流程之中,其应用服务功能也应是可根据创新主体需要进行随时调用的。为了实现对知识的便捷管理,通过利用知识创新服务融合中的概念图知识管理工具,能够及时对知识结构进行梳理,也能够同其他协同创新主体进行领域知识结构的协同编辑与交流,并补充相关介绍性知识资源,进而完善该领域知识管理的内容。

(6)知识交互环节

同知识管理环节一样,知识交互环节也贯穿于重组流程的始末,即使产业集群协同创新主体在知识创新的各环节活动中能够及时进行互动交流。为了实现这一目标,可以综合利用技术创新服务融合中的协同工具的交流模块、创新传播服务融合中的企业级 SNS 即其他 Web 2.0 交互应用工具。其中,主要通过创新主体的社区和微博分享知识,而通过即时通信软件进行文本、视频等形式的知识交互。

7.2.2 信息服务融合封装中的组织协调

在基于重组流程的服务融合中,信息服务的封装组织需要产业集群各创新主体的协同参与,不仅按统筹安排提供创新资源与服务,也要相互间实现服务的关联与协调,以适应于服务融合的互操作需求。产业集群中的企业、科研机构和高等学校、中介服务机构以及政府部门都在协同创新的融合服务提供、支撑与组织中扮演着不同的角色。

(1)企业

企业几乎全程参与产业集群创新活动中并扮演着重要的角色。在基于重组流程的服务融合组织中,企业不只是融合服务的使用者,同时也须为实现协同创新共享创新资源和创新服务能力。从融合服务的使用上看,企业在知识获取、知识吸收、知识创造、知识转移、知识管理以及知识交互中的各类信息服务均有其个性化的需求,其中较为关注对企业知识管理以及知识转移中对知识成果的应用推广等相关服务功能,而不同企业间对融合服务的使用差异则主要集中于企业业务所属创新领域与分工区别所带来的知识与技术涉猎、关注范畴之上。也正是由于创新分工的不同,产业集群企业在协同创新中能够专注于其所擅长的专业领域,这就提出了企业需要在获取创新资源的同时也要共享其优势资源或创新成果。这意味着,从融合服务的提供上看,其一,需要提供企业知识创新与技术创新动态资讯,以便于协同创新伙伴能够及时了解彼此的创新进展,实现创新分工合作中进度的彼此协调;其二,需要提供企业创新成果丰富知识文献数据库和专利库的内容,考虑到对企业知识产权的保护,可以对企业创新成果资源的共享内容和共享范围进行约束限制;其三,需要提供企业技术人员或专家支持,一方面确保协同创新的活动中完成指定分配任务,另一方面则提供本企业擅长领域的专家咨询服务。

(2)科研机构和高等学校

科研机构和高等学校由于其在知识创新资源和科研创新能力上的突出水平,使得其在产业集群协同创新中扮演着创新支撑的角色,并主要为产业集群的知识创新与技术创新提供科研支持。这一定位使得其在基于重组流程的服务融合组织中，专注于为产业集群创新发展中以企业为代表的创新主体的知识获取、知识吸收和知识创造活动提供知识资源与知识服务。对于科研机构而言，其融合服务主要提供知识文献资源的检索、分析服务适应于创新主体的知识获取需求，提供参考咨询服务以对创新中的前沿性关键问题进行攻关，并参与到产业集群的协同创新活动中，进行协作式研发。而对于高等学校而言，其优势在于教育能力，其除了可以对知识创新资源库进行补充和丰富，也可进行创新方向的科技查新与参考咨询等活动实现对创新问题的咨询辅助，而最为重要的则是负责组织面向产业集群创新主体的 E-Learning 在线课程与相关培训等工作，适应于产业集群创新主体知识吸收环节的需要。此外，高等学校所培育的人才也可以直接输送到产业集群创新主体中去，参与到创新实践活动之中培养实践能力，或直接成为相关创新主体的职员持续性投入到创新活动之中。

(3)中介服务机构

中介服务机构则应突出其在产业集群协同创新中的桥梁作用，为协同创新主体创新行为提供中介支持，为创新主体之间的交互提供保障，因而在重组的信息服务流程中不仅为知识创新活动提供产业动态、市场动态、创新设备供需等创新动态资讯，而且更加强调对知识创新主体的知识转移与知识交互的支撑。在知识转移环节中，中介服务机构能够为知识的应用推广匹配供需双方，实现精准的知识共享与转移，也能够及时反映市场的动态需求，以及对知识创新成果应用的反馈信息，有助于产业集群创新主体战略的调整。而在知识交互中，则需要承担起搭建与维护协同创新主体交互社区或平台的职责，使协同创新各方能够通过便捷的交互渠道实现知识的分享，有利于知识外溢和外部性价值的发挥。

(4)政府部门

政府部门理所当然的是产业集群创新发展战略与规划的制定以及创新活动的管理部门。根据政府部门职责的不同，其在产业集群协同创新中所承担的任务也将会有差异，如商务部负责推进流通产业结构调整，工信部负责推进信息化和工业化融合并优化产业布局，科技部负责指导国家级高新技术产业开发区建设并促进产学研相结合。但概括而言,政府部门依然主要在重组流程中为产业集群创新主体提供知识创新领域相关政策、法规以及技术标准等信息,同时平衡各方利益对创新主体的协同参与过程中的行为起到监督和保障的作用,以保障产业集群协同创新的可持续发展。

7.3 面向流程需求的嵌入服务拓展

网络环境下,面向重组流程的融合信息服务在实际应用中应同其他 Web 2.0 服务一样,突出其以用户为中心的特征,即在将融合服务嵌入到产业集群创新主体的创新活动的过程中,要根据用户的业务流程及其他个性化需求,有机衔接用户各创新环节,并提供个性化服务定制与推荐,将系统到系统的服务转变为应用到应用的服务①,以提升产业集群创新主体在创新实践活动中的信息服务交互体验。

7.3.1 面向流程需求的嵌入服务个性化设计

个性化服务作为网络环境下适应于用户为中心发展的服务模式,一直受到广泛的关注与重视,尤其是在以提升用户体验为目的的信息服务拓展中,对信息服务的个性化设计的改进具有极其重要的现实意义。概括而言,个性化服务具有如下特点②:①适应用户信息需求而动态化改进,考虑到用户信息需求会随着自身素质、周边环境的变化而改变,为适应用户新增的信息需求以及用户对信息服务的期望值与质量的要求变化,个性化信息服务既提供满足用户需求的信息服务,也挖掘用户个性化特征,主动收集与推荐用户偏好信息给用户;②满足用户对服务的多元化集成需求,即个性化信息服务为了

---

① 李阳晖,邓胜利.数字信息服务的个性化演变[J].图书情报工作,2006(10):36-39.

② 胡昌平等.面向用户的信息资源整合与服务[M].武汉:武汉大学出版社,2007:137-139.

适应用户对信息服务的集成化程度的提升，以及对信息内容、获取途径与方式的多样化要求，而提供的经高度整合的个性化信息资源，并使用户能够多样地选择对信息形式、内容、传递方式进行选择配置；③深入挖掘服务内容与服务策略。即个性化服务从更为专业化、纵深化的角度，有针对性的关注特定用户群体的偏好和行为特征，并通过挖掘服务内容和服务策略，帮助用户筛选信息，为用户提供根据其特定的信息需求量身定制的，经过有效过滤和加工组织的专业化的信息；④强调用户与资源建设及服务的交互，即在个性化服务中，通过与用户间的充分交互了解用户的真实意图，并以此作为参考，使个性化信息服务提供者在资源建设与服务组织中支持对用户的偏好与习惯，提升用户参与服务程度的同时，进一步影响个性化服务整体质量的感受。

正是基于个性化服务的高效性、针对性、专业性以及实践价值，加之考虑到产业集群各创新主体对创新服务的需求不尽相同，对创新知识的领域偏好、接受能力等也有所区别，因此在融合信息服务的嵌入过程中需要依据用户属性特征和流程需求实现服务的个性化设计。由于在信息服务融合中，服务功能被封装成可链接的微件，这为用户对服务功能的自定义筛选、拖拽等满足个人需求的操作提供了便利，也是实现个性化设计的基础。在面向流程需求的嵌入服务中，个性化设计可从服务的内容、融合组织与呈现方式三个角度实施。

(1)服务内容的个性化设计

从服务内容上看，应突出产业集群创新主体的创新研究专业领域特征。例如，在集成的技术创新资讯中，对于产业动态信息、科技成果信息、政策法规信息等利用标签使产业集群创新主体可以依据专业领域进行筛选。同时，根据创新规划以及创新环节中的需求，创新主体也应可以对创新资讯的针对范围进行限定，如指定为区域范围内的创新资讯，进一步缩小技术创新资讯的推送范围，而排除关联度或重视程度较低的信息。除技术创新资讯以外，其他贮存知识创新资源的各类数据库也可以按产业进行划分，使得创新主体在检索创新资源时所获得的结果更贴近用户需求，同时提升创新主体的知识资源获取效率。

(2)服务组织的个性化设计

从服务组织上看,个性化设计体现在各服务功能微件选择以及搭配之上。从微件的选择上看,根据创新主体不同创新流程的需求,选择与需求相对应的服务功能微件来实现创新服务;而从微件的搭配上看,服务融合平台可推荐默认的、功能联系紧密的功能性微件搭配应用,也可由用户自主选择所要应用的服务功能。例如,在知识创新阶段,创新主体需要对知识结构进行梳理就选用概念图 Widget,尽管知识创新服务融合提供了将概念图的知识概念提取,与分析该知识领域研究趋势并获取相关文献的知识图谱和电子资源门户服务的融合支持,但创新用户的需求可能仅为利用概念图工具进行知识管理,此时就可仅选择概念图 Widget 为其所用。如果在概念图编辑过程中,需要实现协同创新过程,其还可以选取协作工具与其他协同创新主体实现创新互动合作。

(3)服务呈现方式的个性化设计

从服务呈现形式上看,个性化的设计体现在融合服务提供的界面及载体之上。对于融合服务的展示界面而言,对于各创新主体而言,应是一个自定义的展示主页。在展示页面中,服务功能微件将以小部件的形式,由用户自由选择,并利用拖曳的直观形式由用户自定义其在页面中的展示位置。而对于融合服务的载体而言,其除提供PC 端的网络融合服务平台外,更应着重强调在移动客户端的应用拓展,适应当前移动办公和移动商务的需求。尤其是对于知识交互和知识成果推广融合服务而言,利用 SNS、微博等的移动端交互渠道,实现随时随地的知识分享与交流;利用基于地图的可视化展示以及LBS 的地理围墙技术,嵌入到用户移动终端,使用户能利用移动终端随时查询和获取知识资源。

7.3.2 面向流程需求的嵌入服务定制与推荐

由于知识创新活动是一个复杂的,由多创新主体和多阶段活动交织的过程,在实现个性化服务中,极大程度上依赖于创新主体提炼出自己对创新资源与服务的需求,并根据需求定制融合服务。在面向产业集群的协同创新中,尽管通过开放共享使得服务融合能够对分布式资源进行跨系统调用，但为了使其能够主动迎合创新主体各创新流程中的需求，嵌入服务的拓展需要多元服务提供者实现跨系统的协同定制与推送，并利用各自所拥有的用户记录文件进行数据挖掘与分析，分享对用户行为和偏好的解析结果，进而推荐合适的融合服务资源，实现跨系统协同推荐。

嵌入服务的协同定制与推荐除具有个性化服务的基本特征外，还包括以下特点①：①差异化服务，由于创新主体的创新需求各不相同，其在协同创新中所扮演的角色也不同，对知识资源与服务的推送应按用户类别与角色进行划分，即跨系统的协同定制与推荐需进行差异化处理，而在嵌入服务中所采用的动态定制组合技术保证了服务融合过程中的针对性与专指性；②主动性服务，通过服务融合平台实现多元服务功能的整合，并根据用户需求和偏好分析，预测用户创新需求与行为，主动推荐与其创新活动相关的资源与服务；③协同性服务，在跨系统服务融合中，由于服务以松散耦合方式完成，各服务功能被封装为标准化的开放化服务，并可根据客观需要通过服务功能的组装实现协同服务，最终嵌入用户环境，而不需要关心服务来源的位置和实现技术。

对于面向流程需求的嵌入服务个性化定制而言，即为以用户为主导，由用户根据创新环节的需求，主动进行嵌入服务相关的知识资源类型、内容涉及领域和范围等方面的选择，并进行阶段性推送方式设置，利用 RSS 订阅的形式，由服务提供者按照用户资源定制需求将相关资源推送给用户。通过融合知识资源的推送方式，一方面可以以用户需求为依托，针对性的提供经筛选的资源内容，另一方面还可以减轻创新主体自主寻找特定资源的负担。

与之相对应，在面向流程需求的嵌入服务拓展中，由系统端主动跟踪用户的历史记录文件，研究和分析出用户的偏好，并以用户偏好为基础向其推荐嵌入的服务融合资源的方式，则在服务融合的社会应用中更具实践价值。这是由于其不仅变被动定制为主动挖掘与推

① 胡昌平等.创新型国家的知识信息服务体系研究[M].北京：经济科学出版社，2011：231-233.

荐,实现了面向用户的主动性服务,而且通过数据挖掘归纳出用户的潜在需求,并以服务推荐的形式使潜在需求具现化。在个性化推荐中,最为关键的环节即为对用户的订阅历史、浏览记录、功能使用记录与反馈等用户记录信息,对用户当前的创新需求和创新活动阶段进行分析判断,并利用数据挖掘和机器学习的方式,对用户偏好和行为进行关联分析和聚类分析,并在与创新用户的不断交互与反馈中,优化对用户创新行为的预测,进而实现精准的智能推荐。

在协同创新流程中,嵌入服务的个性化定制与推荐更多的应用于知识获取环节和知识转移环节。在知识获取环节中,一方面体现在技术创新资讯的推荐上,即根据用户的信息浏览或检索历史,发现其创新研究技术专业方向,进而以其为关键词对技术创新资讯的推荐进行过滤,将经过筛选的信息推荐给用户,用户可以对获取的信息资讯的相关程度进行反馈,根据用户反馈调整推荐方案,提升推荐精度;另一方面则体现在文献资源的推荐上,即可按照用户的检索历史,主动推荐与其相关的,被引次数较高、下载次数多或者来源于权威期刊的经典文献资源。而在知识转移环节中,则主要体现在知识资源的供需匹配之上,主动将知识资源或服务提供者推荐给有该需求的知识创新主体;或者在知识社区中,将具有共同创新方向或技术实践应用领域的创新主体互相推荐,促进创新主体之间的交互活动开展,以及创新小组的组建。

7.4　基于服务协同的融合信息服务嵌入评价

面向企业信息资源与信息服务利用效果的科学评价,可以揭示企业信息化进程中的优势与不足,有助于企业的科学化决策和市场竞争应对①。对于产业集群而言,为了显示面向产业集群创新主体协同创新过程中信息服务的嵌入效果,同样可以采用多元科学评价手段以揭示融合信息服务的应用效果。基于融合信息服务的协同特

① 邱均平,粟大为,余以胜.企业信息能力综合评价研究[J].情报科学,2006,24(10):1446-1450.

征，可分别从信息服务嵌入的适用性角度利用融合信息服务的跨系统协同度评价进行衡量；从信息服务嵌入的用户体验角度利用融合信息服务的满意度评价进行衡量。综合融合信息服务嵌入用户创新环境的协同程度和满意程度，对所嵌入的信息服务的融合组织与封装等环节的改进提供实证参考。

7.4.1　融合信息服务嵌入的协同度评价

复合系统是由不同属性的子系统相互交织、作用与渗透而构成的具有特定功能结构的开放复杂的动态大系统①。在面向融合信息服务嵌入的协同度评价中，融合信息服务所嵌入的系统，即服务融合系统可以看做复合系统，其体现为多元网络服务系统的交融而成的动态系统。

复合系统的内涵可表示为：$S=f(S_1,S_2,\cdots,S_k)$，其中 f 称为复合因子，用以表征子系统之间的非线性连接关系，而 S_i 则代表构成复合系统 S 的第 i 个子系统，即 $i=1,2,\cdots,k$。

复合系统的协同是指在子系统或子系统组成要素之间发展演化中的一致性表现，以发挥系统的整体效应。协同作用和协同一致的程度将决定系统由无序走向有序的趋势与程度②。在服务融合中，则反映了多元服务类型之间有机融合、协调的程度，或反映了融合产物的服务功能序化程度。

在服务融合系统中，子系统有序度通常通过以下模型进行评价。

设服务融合系统其 S 由 k 个子系统组成，即 $S=f(S_1,S_2,\cdots,S_k)$，对于任意子系统 $S_i, i\in[1,k]$，设其发展过程中的序参量变量为 $e_i=(e_{i1},e_{i2},\cdots,e_{in})$，其中 $n\geqslant 2, \alpha_{ij}\leqslant e_{ij}\leqslant\beta_{ij}, j\in[1,n]$，$e_{ij}$ 即为刻画系统运行机制与状态的某一具体指标。考虑到这些指标，对系统有序程度评价的区别性，假定指标 $e_{i1},e_{i2},\cdots,e_{ip}$ 是随着其取值的增加，有

① 白华，韩文秀.复合系统及其协调的一般理论[J].运筹与管理，2000，9(3)：1-7.

② 孟庆松，韩文秀.复合系统协调度模型研究[J].天津大学学报：自然科学与工程技术版，2000，33(4)：444-446.

序度也增高；而 $e_{ip+1}, e_{ip+2}, \cdots, e_{in}$ 则与之相反，即随着其取值的减少，有序度增高，其中 $2 \leqslant p \leqslant n$。则可将子系统 S_i 的序参量分量 e_{ij} 的系统有序度表示为：

$$u_i(e_{ij}) = \begin{cases} \dfrac{e_{ij}-\alpha_{ij}}{\beta_{ij}-\alpha_{ij}}, j \in [1, p] \\ \dfrac{\beta_{ij}-e_{ij}}{\beta_{ij}-\alpha_{ij}}, j \in [p+1, n] \end{cases} \tag{7-1}$$

显然，$u_i(e_{ij}) \in [0,1]$，且其值越大，说明指标 e_{ij} 对系统有序贡献越大。从总体上看，序参量变量 e_i 对子系统 S_i 有序程度的总贡献则可通过线性加权求和方法进行计算，即序参量变量 e_i 的系统有序度为：

$$u_i(e_i) = \sum_{j=1}^{n} \omega_j u_i(e_{ij}) \tag{7-2}$$

其中，$\omega_j \geqslant 0$，且 $\sum_{j=1}^{n} \omega_j = 1$，显然 $u_i(e_i) \in [0,1]$，且其值越大，序参量变量 e_i 对子系统 S_i 有序程度的总贡献越大。而对于权系数 ω_j 而言，其指代指标 e_{ij} 在保持融合系统有序运行中所起的作用，其取值由融合系统的现行状态以及系统在一定时期内的融合发展目标所决定。

考虑到服务融合系统的协同度是动态演变的，而各系统的有序程度的变化趋势反映了融合系统整体的协同运作情况。对于某一初始时刻 t_0，其融合系统各子系统序参量的系统有序度为 $u_i^0(e_{ij})$，则对融合系统发展过程中的另一时刻 t_1 而言，子系统序参量的有序度表示为 $u_i^1(e_{ij})$，由此可得融合系统协同度 SI：

$$\mathrm{SI} = \frac{\min\limits_i [[u_i^1(e_i) - u_i^0(e_i)] \neq 0]}{|\min\limits_i [[u_i^1(e_i) - u_i^0(e_i)] \neq 0]|} \sqrt[k]{\left| \prod_{i=1}^{k} [u_i^1(e_i) - u_i^0(e_i)] \right|}, i = 1,2,\cdots,k \tag{7-3}$$

显然，$\mathrm{SI} \in [-1,1]$，其取值越大说明该融合系统协同程度越高，当且仅当 $u_i^1(e_i) - u_i^0(e_i) > 0, \ \forall i \in [1, k]$ 成立时，融合系统才具有正的协同程度。故即便融合系统中存在有序度显著提升的功能子系统，只要有其他子系统有序程度降低，则融合信息服务嵌入系统过程中仍未达到较好的协同状态。

由此可见，融合信息服务的协同度评价主要依赖于各服务功能系统的评价指标及其权重的设置。评价指标的设定可以通过专家调查法或者依据前文所探讨的影响服务融合的集成、个性化等因素进行设定，而权重的设定则同样可利用德尔菲法的专家打分或者参考各影响因素对服务融合的影响程度进行设置。定期地对融合信息服务协同度的评价反馈，可以发现在众多服务融合功能嵌入系统的实践中，与整体运作不协调的服务功能或系统，以便及时动态调整服务融合组织与嵌入策略。

7.4.2 融合信息服务嵌入的满意度评价

用户满意度的评价能够揭示用户体验与用户期望之间的差异，即如果用户使用服务的实际体验显著高出其期望水平，则用户对服务比较满意，反之亦然①。用户满意度的评价可以采用描述性统计方法依据用户对各服务的满意度评分说明用户对不同服务的满意程度，亦可以探讨不同服务要素对用户整体满意度的影响程度以说明不同服务的对用户体验的重要性。而四分模型(Tetra-Class Model，TCM)则实现了依据对整体满意度的贡献值划分各服务要素，其将服务要素作为独立个体进行研究，并按对整体满意度的影响大小进行重新聚类，是一种更为直观的可视化用户满意度评价方法。

由于服务要素对满意度和不满意度的影响是非对称的，并且消极评价相对积极评价而言，会产生更加显著且持续性更久的影响②。基于此，四分模型将用户对服务元素的感知绩效分为积极和消极两种态度，并依据每种服务元素对用户满意度的贡献度的强弱与服务

① Ipsos MORI.Public Service Reform[EB/OL].[2013-11-13].http://www.ipsos.com/public-affairs/sites/www.ipsos.com.public-affairs/files/documents/measuring_and_understanding_customer_satisfaction.pdf.

② Bodet G.An Investigation of the Influence of Consumer Value on Service Elements' Contributions to Satisfaction[J].Journal of Targeting, Measurement and Analysis for Marketing, 2009, 17(3):205-228.

感知绩效组合,将服务元素进行划分,其方法的合理性和科学性已被广泛证明[①,②]。服务要素最终被划分为四类:

①基础服务,服务要素评价为消极时,其对不满意度的贡献值高,而评价为积极时,其对满意度的贡献值低;

②附加服务,服务要素评价为积极时,其对满意度贡献值高,评价为消极时,其对不满意度的贡献值低;

③关键服务,不论服务要素评价情况如何,对满意度和不满意度的贡献值均高;

④次要服务,不论服务要素评价情况如何,对满意度和不满意度的贡献值均低[③]。

服务感知与其对用户满意度贡献的关系特征如图 7-3 所示。

在融合信息服务的四分模型评价中,可将所嵌入的融合信息服务的各种功能进行一一列举,并调查用户对每一种服务的体验感受,通过构建服务要素评价与满意度评价结果的交叉列联表,并利用对应分析方法分别计算每个服务要素积极评价和消极评价对服务满意度的贡献程度。因而,每一个服务要素都将获得两个因子得分,一个是其为消极评价时对整体满意度的贡献值(X 轴),另一个是其为积极评价时对整体满意度的贡献值(Y 轴)[④]。经过 0 点的水平线和垂直线将坐标分成四个区域,坐标得分值越大,表示该服务要素对整体

① Poubanne Y., Clerfeuille F., Chandon J. L. Variation within Service Categories and Customer Satisfaction: A Segment-Based Approach Using the Tetra-class Model[J].Journal of Targeting, Measurement and Analysis for Marketing, 2006, 15(1):30-46.

② Clerfeuille F., Poubanne Y., Vakrilova M., et al. Evaluation of Consumer Satisfaction Using the Tetra-class Model[J]. Research in Social and Administrative Pharmacy, 2008, 4(3):258-271.

③ Bartikowski B., Llosa S. Customer Satisfaction Measurement: Comparing Four Methods of Attribute Categorizations[J]. The Service Industries Journal, 2004, 24(4):67-82.

④ Hu C.P., Yan W.W., Hu Y.A Study on Service Quality Evaluation of Digital Libraries in China Based on Tetra-class Model[J].Chinese Journal of Library and Information Science, 2013, 6(2):14-32.

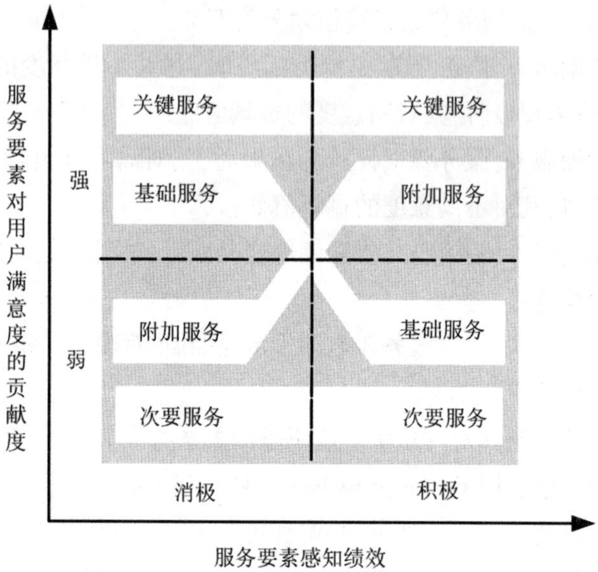

图 7-3　服务感知与其对用户满意度贡献的关系特征图

满意度的贡献值越大。四种服务类别的分布坐标图如图 7-4 所示。显然,对于图中所示意的 A、B、C、D 四个服务要素,当服务要素评价为消极时,D 对整体服务不满意的贡献度最高,C 的贡献度最低;而

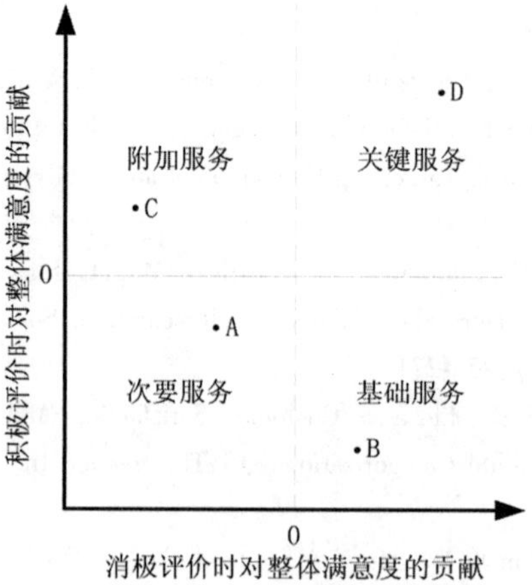

图 7-4　四种服务类别的分布坐标图

当服务要素评价为积极时,D 对整体服务满意的贡献度最高,B 的贡献度最低。因而,D 是对服务满意度最为重要的关键服务;C 对不满意度影响较小而对满意度影响较大,属于能为用户带来意外收获的附加服务;B 与 C 相反,对满意度影响较低,但对不满意度影响较高,属于用户视为理应无误的基础服务;而 A 对满意度和不满意度的影响均在相对较小的区间内,即为用户关注程度较低的次要服务。

依据四分模型坐标图,可以直观地展示对于用户而言各融合信息服务功能要素对整体满意度的贡献程度,明确对用户而言重要的服务功能和次要的服务功能。同时,还可以进行具体服务功能要素的坐标分布比较,或对不同用户群体的分类结果进行对比,以为针对性的服务融合功能改进提供参考。

7.4.3 融合信息服务嵌入的改进

融合信息服务嵌入的改进是在对融合信息服务嵌入效果评价的基础上展开的,由于其主要是对融合信息服务协同度、各服务功能的满意度等的调研,旨在通过融合信息服务的用户体验揭示融合信息服务的嵌入与应用效果,为信息服务融合对象的筛选以及融合技术与过程的优化所用。因此,对于产业集群而言,一方面可以通过定期地组织面向用户的在线融合信息服务嵌入评价,并将其评价结果直接通过融合产业集群信息服务融合平台反馈给平台建设者,以从技术手段对信息服务融合内容和流程进行调整;而另一方面,对于线下的融合信息服务评价来说,其是对在线评价的良好补充,能够从更为客观的角度,通过实地访谈与调查的形式,深入到产业集群创新主体的创新实践活动中,以探索其利用融合信息服务的现实状况,并将调查结果以报告的形式进行汇总,供平台建设者研究参考所用,尤其是针对创新主体的个性化服务优化提供依据。

在这两方面的评价反馈中,创新用户均不直接与信息服务融合平台所嵌入的具体信息服务的提供者接触,即其评价反馈是针对信息服务的筛选、融合组织和嵌入而言,并不是针对具体服务功能的本身。如若存在对具体服务功能意见与建议,可以借由向平台建设者提出,由平台方归纳汇总并代为统一向服务提供者反馈。当然,基于融合信息服务嵌入评价的反馈,融合信息服务嵌入改进最为有效的方式是依靠平台自主实现。具体而言,改进的措施可分别从融合对象、融合过程和嵌入方式着手实施。

(1)融合对象的替换

融合对象的替换是改进融合信息服务内容最为直接的措施,其体现在信息源的替换和信息服务功能的替换之上。对于信息源而言,即对技术创新资讯等中所集成的信息源,根据评价反馈的结果,将无关信息源或者更新频率过低的信息源进行剔除,并重新选择新的信息源。而由于网络信息普遍存在老化快速、生命周期较短的特征①,信息源的替换在融合信息服务的改进中应作为常用手段定期进行,以确保融合信息服务中所提供动态信息资讯的相关程度和时效性价值。对于信息服务功能而言,考虑到在信息服务融合中并不一定是对原信息服务产品所有功能的融合利用,而是有选择性地功能融合。根据用户的反馈需求,可以对信息服务产品的功能在融合中进行重新筛选;又或者对同类信息服务功能的不同信息服务产品之间实现替换,即通过融合新的信息服务应用来实现信息服务功能上的优化。

(2)融合过程的优化

融合过程的优化是强调在信息服务融合流程上,以产业集群创新发展中的动态创新需求为依托,对信息服务对象的融合技术环节、信息服务功能的搭配顺序以及信息服务处理结果的排列顺序等方面实现的优化。对于信息服务对象的融合技术环节而言,即为对信息服务融合中数据的标准化过程、语义化过程、数据传递过程等融合技术实现上的改进,使融合信息服务交互更为顺畅而避免系统错误的产生。对于信息服务功能的搭配顺序,则是从融合信息服务对象功能的搭配应用角度,按照用户创新流程的变更及时调整服务融合策略,以使服务的利用过程与创新流程保持动态一致。对于信息服务处理结果的排序,则是根据用户的偏好以及对某类资源或服务的关

① 马费成,夏永红.网络信息的生命周期实证研究[J].情报理论与实践,2009,32(6):1-7.

注程度,从可视化排序与界面布局角度对结果显示效果的优化。

(3)嵌入方式的改进

在融合信息服务面向产业集群协同创新活动的嵌入方式上,其与产业集群创新业务活动的耦合程度影响着其创新活动的效率,是其能否提升集群创新主体创新能力的关键。嵌入方式主要可归纳为优化型嵌入和取代型嵌入两种,前者是以现有服务流程为基础,通过结合多元信息服务手段来辅助完善相应创新服务功能,如在产业集群创新知识分享中,借助第三方社交网络服务应用的嵌入来辅助用户进行广泛的知识交流;后者则是以融合信息服务手段为主,替代原有创新服务环节,如利用集概念图服务、知识图谱服务和电子资源门户服务于一体的知识创新融合服务替代传统的文献检索环节。对产业集群创新而言,针对不同融合信息服务具体选择哪一种嵌入方式是根据用户创新水平和服务应用能力密切相关的,即同样需要围绕创新用户的个性化需求和使用体验,进行嵌入方式上的改进。

此外,在融合信息服务的改进与优化中还需要提供以下三方面的保障,以确保信息服务融合可持续性地发展:

(1)知识产权保障

对于信息服务融合对象的知识产权相关问题,考虑到融合对象除了部分是来源于产业集群创新主体内部或各主体间相互开放共享的资源外,还来源于通过开放 APIs 获取的 Web 服务商提供的信息。这就要求对于拥有开放 APIs 的服务融合对象,以自觉遵守其开放使用规范为前提,可直接利用 APIs 实现服务的融合应用;而在服务提供者未提供开放 APIs 的情况下,则需要申请得到资源或服务提供者的许可才可作为微件嵌入为用户所使用。

(2)激励与监督机制保障

在面向产业集群创新发展的信息服务融合推进中,必须发挥其轻量级的系统架构优势与灵活的服务应变能力,使产业集群创新主体能在短期内看到信息服务融合带来的协同创新价值,并配合区域性政府部门为促进产业集群协同创新发展所提供的相应优惠政策与财政补贴,进而保证产业集群创新主体的参与积极性以及产业集群创新的区域活跃性。同时,信息服务融合以及协同创新活动需要一系列的监督管理机制的保障，以规范和约束产业集群创新主体的行为，确保协同创新活动的有序开展。

(3)培训保障

尽管信息服务融合主要是通过封装其他现有服务而形成新的服务，其在技术的实现上较为简单且容易为用户所接受。但在实际应用中，由于融合对象的多样性，并不是每类创新主体都对各个服务功能熟悉，这就要求对创新主体协同创新中融合信息服务的利用过程提供业务培训，确保其用户能够灵活运用各服务功能，发挥信息服务融合的价值。同时，考虑到用户往往习惯使用固定的数据分析工具或服务手段，而不愿轻易尝试改变。这就同样需要借助培训机会，让用户去尝试和发现信息服务融合所带来的益处，从而驱使用户主动去接受创新活动中的信息服务融合应用。

第8章 跨系统信息服务融合的方案实证

基于面向产业集群的跨系统信息服务融合架构与产业集群创新导向下的信息服务融合组织与嵌入方式,在前文论述的基础上,本章将通过案例进一步探讨面向产业集群的跨系统信息服务的实施过程,以光电子信息产业和纺织服装产业为例,进行信息服务融合需求、信息服务融合设计与嵌入实施的信息服务融合应用综合研究,为面向产业集群的跨系统信息服务融合产业实践的开展提供参考。

8.1 光电子信息产业集群的跨系统服务融合

电子信息产业是研制和生产电子设备及各种电子元件、器件、仪器、仪表的工业,从20世纪90年代开始,我国电子信息产业进入了高速发展时期。值得指出的是,中西部地区作为我国电子信息产业布局的重点地区级军工电子主要基地,不仅积累了雄厚技术基础,也展现了快速增长势头①。而伴随光纤通信技术的兴起,其迅速成为电子信息产业中的核心,其高新技术特征推动着电子信息产业的整体发展。武汉是中国光通信发源地,其最早在国内实现激光技术的产业化,同时也是国内最大的光电器件生产基地。武汉在光电子技

① 魏江等.中国产业集群发展报告[M].北京:机械工业出版社,2009:83-84.

术与人才上的优势,促使国家科技部、国家发改委于2000年决定在武汉建设国家光电子信息产业基地,“武汉·中国光谷”也就此成为全球光电子信息产业链中重要的一环①。

8.1.1　光电子信息产业集群发展及其信息服务融合需求

在“中部崛起”战略的推动下,武汉市作为“1+8”城市圈的中心城市,在实现基础设施建设一体化、产业发展与布局一体化等战略发展目标中处于重要的战略支点地位。从电子信息产业来看,当前武汉市电子信息产业行业集中度不断提高,产业集群初具规模。根据工信部统计数据显示,2013年武汉市电子信息产业实现稳步发展,电子信息产业实现工业总产值2485.5亿元,同比增长22.7%;实现销售收入2388.2亿元,同比增长23%;完成工业增加值695亿元,同比增长22.5%。2014年武汉市电子信息产业工业总产值达到2900亿元,同比增长超过18%。而在武汉市电子信息产业中的五大产业集群之中,光电子产业集群实现产值325.6亿元,仅次于软件产业集群和计算机与视听产业集群,位列第三,预计到2015年光电子信息产业总收入将实现5000亿元。武汉市作为全球最大的光纤光缆制造基地,现已突破4000万公里,光缆完成2800万芯公里。此外,光谷自获批国家级知识产权实验区以来,其自主创新能力不断提升。依赖于电子信息技术相关领域的12个国家级科研机构,6个省、部级重点实验室和3个省级工程研究中心的技术创新支撑,光谷在2013年全国高新区综合排名跃升至第三位,知识创造和技术创新能力列第二,专利申请1.5万余件,同比增幅50%以上,尤其是在大容量光存储技术等领域,光谷已取得关键性突破,形成了国家行业标准②。

在国家高技术研究发展计划(“863”计划)、“十二五”国家战略

① 王孝斌,王学军.创新集群的演化机理[M].北京:科学出版社,2011:148-149.

② 2013年武汉市电子信息产业经济运行分析[EB/OL].[2014-02-07].http://www.whbii.gov.cn/d/b/a/2014/01/15145450.html.

性新兴产业发展规划等国家高新技术发展相关战略的推动下，光谷也通过制定《武汉东湖新技术开发区加快发展光电子信息产业实施方案》及《武汉东湖新技术开发区关于加快光电子信息产业发展的若干意见》等多种产业推进政策，从企业培育、技术创新、人力资源等方面支持光电子信息产业的发展①。随着我国宽带计划以及大规模商用4G的大力推进，信息消费列入国家经济发展战略计划，光通信、激光等光电子产业将再次进入到快速发展阶段。光谷从2013年开始每年拿出20亿元，重点支持光电子信息企业培育和引进、关键技术研发与产业化、创新平台建设、知识产权创造与运用；同时也对光电子信息企业进行奖励和补贴，以鼓励其在光谷的投资和创业行为②。

当然，在电子信息产业经济运行中，企业生产经营和创新发展依然面临着诸多困难：一是部分重点企业受国内外市场及集团订单分配影响，企业生产增长乏力，例如武汉富士康，其作为光谷重点企业随着生产线的迁移入园，产能不断扩大，2010年就已实现产值161.2亿元，同比增长127%，但如今增速已明显放缓；二是下游需求减弱，资金紧张压力从终端企业向上游企业持续传递，企业回款账期普遍延长，造成企业资金周转压力较大；三是产品价格大幅回落，同时原材料、人工及融资等成本快速增加，两头挤压导致企业增产不增效，经济效益复苏局面没有根本改观。作为高新技术产业，保持产业创新动力，推动产业创新发展是解决这些问题的核心要务。为了从信息服务层面支持光谷光电子信息产业的发展，最大程度上发挥现有信息服务的针对性和实用价值，提出了面向光电子信息产业集群的跨系统信息服务融合的需求。

(1)促进光电子创新资源的共建共享

科技资源的共建共享一直是科技创新的重要议题。在《“十一

① 东湖高新区加快发展光电子信息产业《实施方案》和《若干意见》发布会召开[EB/OL].[2014-02-07].http://www.wehdz.gov.cn/structure/xw/yw/ywzw_25364_1.htm.

② 光谷光电子信息产业2015突破5000亿[EB/OL].[2014-02-07].http://news.cjn.cn/24hour/wh24/201210/t2105011.htm.

五”国家科技基础条件平台建设实施意见》指导下，以实现信息资源的高效利用为宗旨，湖北省科技信息共享服务平台成为区域创新资源共建共享的标志性产物①。而对于光电子产业的创新发展而言，科技信息共享服务平台也能够提供良好的科技资源支撑。因而，在信息服务融合平台中，应力求对现有科技信息共享服务平台创新资源的利用，尤其是对光电子产业特色创新资源的再组织，避免光电子产业创新资源的重复建设，促进光电子创新资源的共建共享。

(2)凸显高新技术产业的创新需求

高新技术产业具有知识密集型、技术密集型的特点，往往一种技术专利便能带来市场竞争优势和利益增长点。这就意味着，高新技术产业具有着极高的创新需求，并且从产业构成来看，除了具备较强科研创新能力的大、中型企业外，也囊括了大量依托于较单一技术专利的小微企业。为了凸显高新技术产业的创新需求，一方面需要通过信息服务融合平台重点支持品牌企业展开全面的创新活动，提升区域光电子产业的国际竞争能力；另一方面依赖于科技企业孵化器扶持，利用信息服务融合平台为培育高新技术产业小、微型企业奠定基础服务支撑，并为其创造新的技术和经济效益的增长点提供创新支持。

(3)推动项目主导的协同创新活动

在光谷光电子产业创新发展中，通过建立创新项目主导的协同创新机制，积极引导和促进烽火科技与富士康等光谷光电子企业、华中科技大学与武汉大学等高等学校、光电国家实验室等科研机构之间形成紧密的产学研协同创新。而为了进一步推进项目主导的产学研协同创新活动的开展，利用信息服务融合平台提供以协同办公、协同项目管理、即时沟通等为代表的信息服务功能，为产业集群创新主体之间的创新交互提供服务支撑。

(4)加强创新活动的信息服务保障

在光电子产业创新活动中需要多元信息服务为其顺利开展提供

① 严炜炜.基于文献共享平台的信息推送服务定位与架构——以湖北省科技信息共享服务平台为例[J].情报科学，2010，28(9)：1314-1318.

保障，这不仅体现在产业集群创新动态、招商引资、光电子展会等信息提供服务层面，还应包括数据统计分析、信息推荐、知识管理等功能复合的信息乃至知识的组织加工类服务。从而基于信息服务融合技术手段，实现由信息资源门户向创新服务平台的转变，使融合信息服务能够更为贴近光电子产业创新主体实际创新活动中的信息处理与利用需求，使服务融合内容与手段凸显其知识价值，也能更为适应知识创新的各个环节所需。

8.1.2　光电子信息产业集群服务融合设计

以光电子信息产业集群信息服务融合需求为驱动，在光电子信息产业集群的高速创新发展实践中，面向光电子信息产业集群的服务融合设计，可按照知识创新、技术创新、创新传播与创新应用这四个知识创新价值链的创新阶段来进行服务融合的设计。

(1)光电子信息产业知识创新服务融合

光电子信息产业属于高尖端技术产业，知识创新作为产业创新的理论支撑是最为关键的基础环节。从知识创新阶段来看，为了实现针对光电子信息产业的服务融合，其需要对知识资源库进行筛选，形成光电子产业特色资源库以便知识文献检索和知识管理活动的开展，并通过将概念图、知识图谱与电子资源门户等服务应用融合，以提升知识创新的效率。

在利用概念图实现知识概念结构的梳理时，可以将光谷光电子信息领域核心研究方向作为主体，分别构建知识描述概念图。例如，光通信领域是光电子信息产业核心领域，其包括三大战略性技术分别是光通信系统技术、光电器件技术和光纤光缆技术。因而，这三大光电子信息技术即可作为三个概念图根节点，由该技术领域研究相关创新主体去丰富其知识结构与内容。由于光谷光电子信息产业创新主体具有鲜明的行业特色，为了使概念图中知识概念揭示内容更具有专业性和权威性，定位于光电子信息领域的知识图谱应用与电子信息资源门户的融合应用能够反映出相应知识概念领域的研究现状、发展趋势与核心成果，并使用户能够通过简单的操作就能较全面、系统的把握该知识概念领域，有利于其光电子信息产业知识创新活动的开展。在实践中，数据库的筛选就成为知识创新服务融合的首要任务。通过集成中国光学期刊网、光学系统数据库、HighWire 数据库、INSPEC 数据库等中外文光电子行业相关数据库资源，为光谷光电子信息产业创新主体提供具有针对性的数据库资源。在此基础上，提取概念图中光电子信息知识概念并进行知识图谱的展示和核心知识文献的获取，为知识创新提供创新文献资源保障。光电子信息产业知识创新服务融合设计如图 8-1 所示。

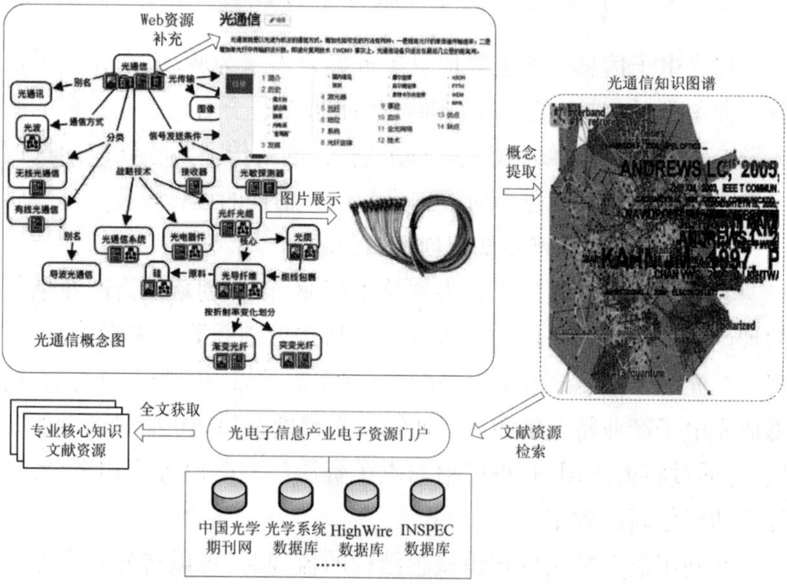

图 8-1　光电子信息产业知识创新服务融合设计

(2)光电子信息产业技术创新服务融合

为了满足光电子信息产业技术创新中对相关技术动态资讯与创新成果的获取需要，技术创新动态资讯的融合技术创新服务融合成为首要任务。在技术创新动态资讯的融合中，对于光电子信息产业而言，其信息源不仅来自区域产业集群内部，也可来源于产业集群外部，包括光电子行业服务网站、相关政府部门网站以及企业门户等。对于光电子行业服务网站和相关政府部门网站而言，其主要为产业集群所属区域的产业管理部门所提供的区域光电子产业发展信息，以及集群外部所提供的光电子产业宏观规划、指导、竞争情报等。前者包括由武汉东湖新技术开发区政务网、光谷统计信息网、光谷企业服务网等;后者则由武汉市经济和信息化委员会、武汉市信息产业办公室、武汉企业信息化云服务平台等武汉市内服务网站,以及上海光电子行业情报服务网等国内其他省市相关服务网站所组成。而从企业角度来看,也可以分别按照光谷区域内光电子信息企业和区域外相关企业选择活跃信息源进行分类组织。最后,将集成的光谷区域内、外两类信息源按照产业动态、产业统计数据、创新设备供需、政策法规、技术标准与科技成果六个板块组织与展示。

从技术专利检索与分析服务来看,由国家知识产权局和武汉市人民政府共同建设的"武汉 · 中国光谷"知识产权信息中心是我国唯一专业收集光电子专利数据的知识产权专业咨询服务机构,其拥有包括中国、美国、英国、德国、瑞士、日本、欧洲专利局、世界知识产权组织等国家、地区和组织的光电子信息专利数据超 600 万件①,利用其自建的光电子信息行业专利数据库、CNIPR 专利信息服务平台的专利数据库以及辅助企业建设的光电子信息企业专利数据库,并配合以 PIAS 专利信息分析系统的专利分析功能提供中外专利检索与专利跟踪等服务。光电子信息产业技术创新服务融合设计如图 8-2 所示。

(3) 光电子信息产业创新传播服务融合

对于光电子信息产业创新传播服务融合而言,其关注的焦点在于光电子信息产业的创新知识、技术等创新资源的分享交互过程。当前,在利用网络平台的交互中,以武汉东湖新技术开发区政务网为代表的光谷综合服务性服务网站,仅提供了政务信息咨询和投诉的反馈交互,并没有为产业创新提供专门的交互渠道。同时,面向光电子信息产业的社区也较少,仅通过中国光学电子行业论坛、光电工程师社区以及部分由企业自主设置的光电信息论坛来实现,且论坛交互氛围十分有限,未能起到良好的创新分享与传播作用。因而,光谷

① "武汉 · 中国光谷"知识产权信息中心[EB/OL].[2014-02-09].http://www.ipic.com.cn:81/wldhe.html.

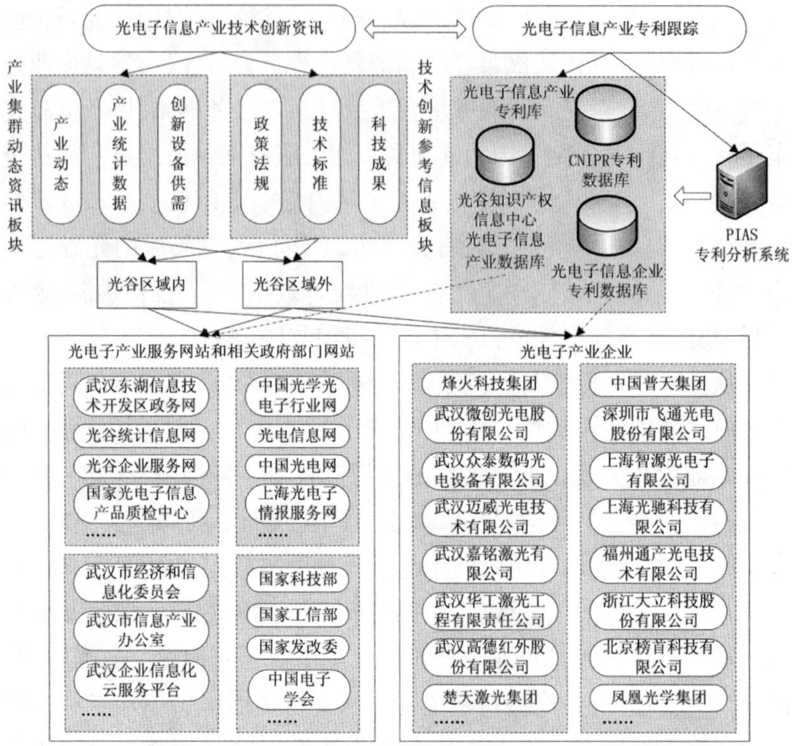

图 8-2　光电子信息产业技术创新服务融合设计

作为国内最大的光电子信息产业基地，构建光谷光电子信息产业 SNS 社区并嵌入光电子信息产业 E-Learning 平台即为创新传播服务融合的关键。

光谷光电子信息产业 SNS 社区的构建的重点在于以下 3 点：

①构建用户个人主页。这里的用户既包括企业级用户的企业门户主页，也包括从事光电子信息产业工作的用户的个人主页。用户个人主页一方面可以依据用户的偏好设置，按需向用户推荐由融合平台组织的相应知识领域的知识文献与技术创新动态资讯、其关注的企业或专家用户发布的动态、来源于市场的统计数据以及供需信息等内容；另一方面可以由用户自主发布创新知识资源，包括学习资料、学习感受、技术经验等，起到分享的作用。

②群组交互。为了提升创新传播的有效性,使知识创新与技术创新的传播具有指向性,通过设置群组交互功能,使具有相同创新方向与兴趣的用户间实现群组交流是社区所应设置的又一重要内容。群组交互的实现可以配合现有第三方交互软件的嵌入开展,提供即时交互、微博、视频电话等多元的交互手段,拓展群组交互渠道。

③E-Learning 平台的嵌入。以光谷光电子信息企业的创新实践为支撑,充分利用光谷周边华中科技大学、武汉大学、武汉理工大学、中国地质大学等高校教育资源和师资力量,配合以光电国家实验室的科研人员,按主要专业方向组织光电子信息产业教育与培训课程,将在线学习和社区互动配合实施,促进光谷光电子信息产业各创新主体间的创新资源流动。同时,光谷光电子信息产业 SNS 社区的构建还可有效利用中国光学电子行业论坛和光电工程师社区的内容与服务,以实现对现有社区资源的有效利用。例如,可以依照中国光学电子行业论坛对专业的分类,并设置相应的专业讨论组,供具有相同创新研究领域的用户进行沟通交互,并探讨创新过程中的问题;同时融合光电工程师社区所提供的光电微博,通过账号关联关系,吸纳这部分在光电子信息领域具有较高交互需求的用户。光电子信息产业创新传播服务融合设计如图 8-3 所示。

(4)光电子信息产业创新应用服务融合

光电子信息产业创新应用是光电子信息产业创新成果面向市场实现其经济效益和社会价值的环节。为了更好发挥创新成果的应用价值,一方面要利用多媒体功能实现企业创新成果的展示,另一方面则要借助多元推广手段加速光电子信息产业创新成果的社会应用。

从光谷光电子信息产业创新成果展示角度看,武汉东湖新技术开发区政务网汇集了光谷区域内各科技园区的介绍、科研院所简介、企业名录和重点企业介绍,但其内容均为纯文本的介绍,未跟踪创新成果的发布情况,也缺乏互动性组织和多媒体拓展。在创新应用服务融合中,利用 Prezi 等软件工具,制作模块化的多媒体展示模板,并提供给创新主体由其自主添加和更新创新成果内容,包括产品文本、

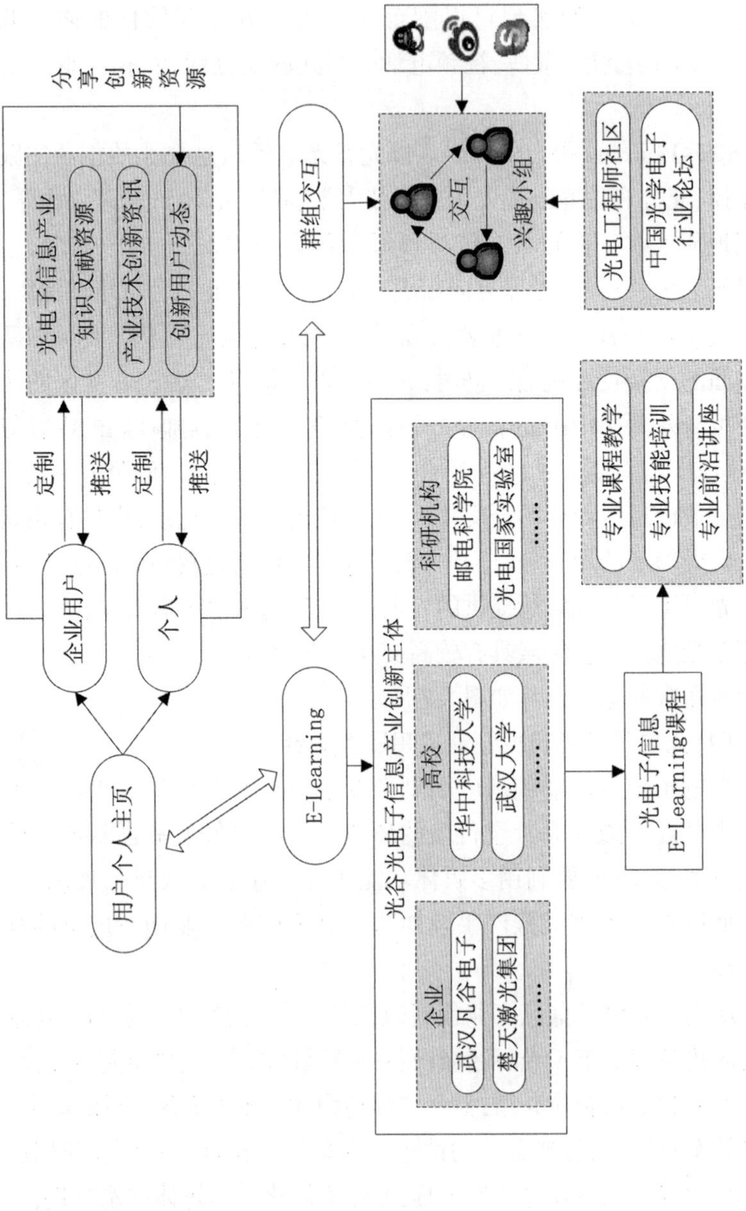

图8-3　光电子信息产业创新传播服务融合设计

图片、音视频等介绍内容，并按产品内容、功能、使用方式等介绍内容框架作为兴趣点分类组织，由用户自主选择浏览，进而提升创新成果展示的交互式体验。

对于以上创新成果的展示内容，在市场推广中除了可以通过在搜索引擎中利用关键词的关联推荐提升创新成果的曝光率之外，还可以通过融合地图工具的位置服务功能进行拓展。尤其是对于光谷庞大的产业集群区域而言，既可以在地图搜索中添加创新成果的展示内容索引和链接，更重要的是又可以利用地理围栏技术而面向特定用户实现主动式推送服务。这种基于位置的服务，能够使进入光谷产业集群区域内某创新主体所在位置附近时，接收到由该创新主体主动推送的创新成果推广信息，这种应用方式具有针对性，能够大幅提升应用推广效率。光电子信息产业创新应用服务融合设计如图8-4所示。

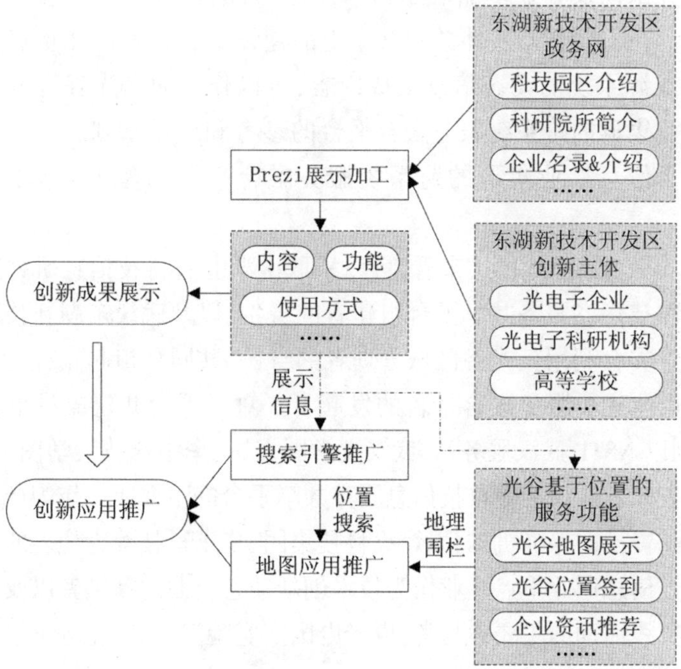

图 8-4 光电子信息产业创新应用服务融合设计

8.1.3　光电子信息产业集群服务融合嵌入与实施

光电子信息产业集群服务融合是依托于面向光电子信息产业的创新服务平台而实现的。对于光谷而言,其光电子信息产业集群的跨系统服务融合平台嵌入与实施过程需要区域内多元创新主体的协同参与作为支撑,实现创新资源的开放共享和创新活动的协作开展。湖北省科技信息共享服务平台是信息资源共建共享的典型实例,其由湖北省科技信息研究院负责牵头,联合国家科技图书文献中心(NSTL)武汉服务站、CALIS 华中地区中心(武汉大学图书馆)和中科院国家科学图书馆武汉分馆等共同组建而成,实现了对各成员单位优势资源的有效整合与利用,从而形成了四网联通的局面①。在此基础上,湖北省科技信息研究院还构建了湖北省重点行业信息资源系统,并为电子信息业设置了专门板块,提供电子信息行业相关动态资讯以及企业产品展示窗口。显然,湖北省科技信息共享服务平台在多元创新主体共建共享上的建设经验以及湖北重点行业信息资源系统的动态信息集成内容,可以作为面向光谷光电子信息产业集群的跨系统服务融合平台的参考和建设基础。面向光谷光电子信息产业集群的跨系统服务融合平台构建思路如图 8-5 所示。

从平台的组建模式来看,可以采取由湖北省科技信息研究院利用其科技信息服务共享平台组建者的身份,以及武汉东湖新技术开发区管委会利用其光谷区域管理者的身份,共同承担起光谷光电子信息产业集群服务融合平台的发起者。对于平台共建成员单位而言,则以 NSTL 武汉服务站、武汉大学图书馆、华中科技大学图书馆、湖北省知识产权局等科技信息服务共享平台的主要成员作为产业创新文献资源的保障机构;以烽火科技集团、华工科技等为代表的光谷光电子信息产业重点企业作为技术创新动态资源的提供者以及产业创新实践活动的主要参与者;以光电国家实验室、国家光电子信息产

① 湖北省科技信息共享服务平台[EB/OL].[2014-02-09].http://www.hbstl.org.cn/.

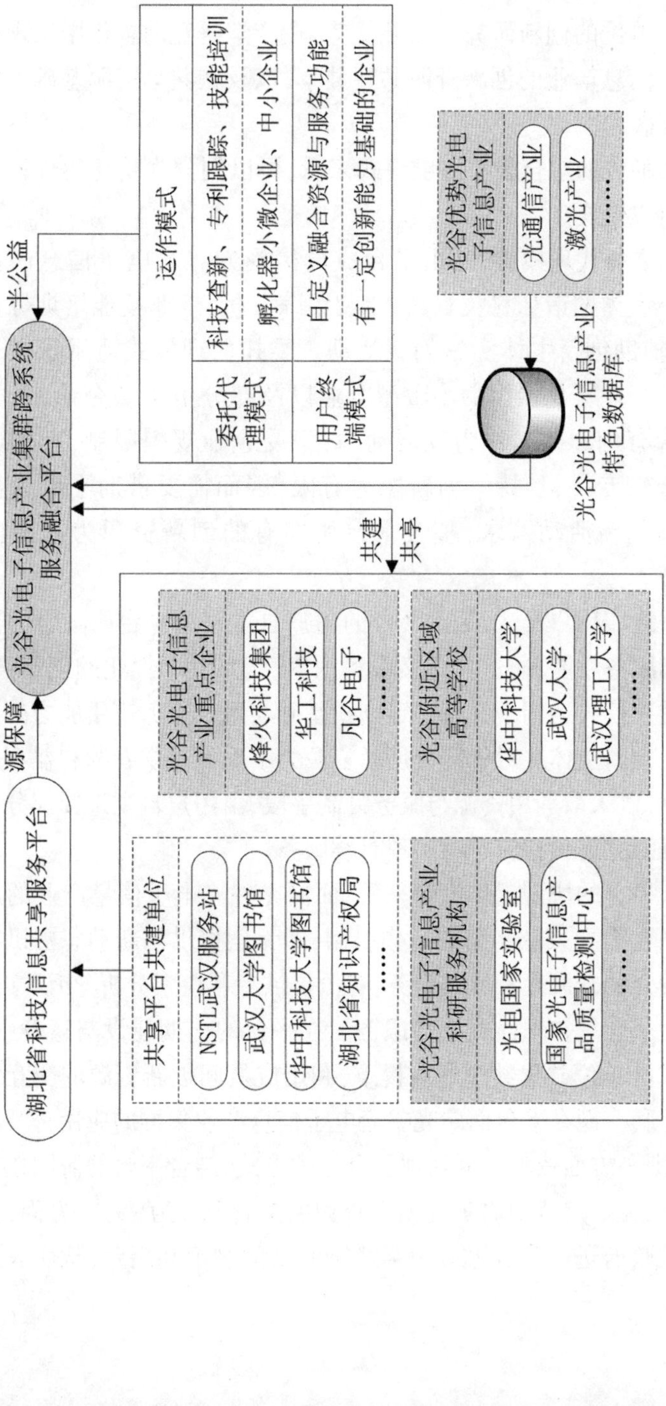

图8-5 面向光电子信息产业集群的跨系统服务融合平台构建思路

品质量检测中心等科研与相关服务机构作为产业创新咨询服务的提供者以及产业创新研究与发展的支撑者；以华中科技大学、武汉大学、武汉理工大学等高等学校作为产业创新人才培养的合作者。依托共建单位的创新研究与资源优势，在产学研互动合作中实现面向光电子信息产业的创新资源共建共享，以及在共享资源基础上的融合服务嵌入。

从平台的融合服务提供模式来看，可以划分为委托代理模式和终端用户模式。

①委托代理模式，是由平台成员接受光谷光电子信息产业集群创新主体的诸如科技查新、专利跟踪分析、专业技能培训等任务委托，辅助创新主体实施创新活动。委托代理模式适用于在光电子信息产业孵化器内的小微型企业以及部分中小型企业，这类企业尽管有创新技术作为发展动力，但受企业规模限制，其创新技术领域较专一，且持续创新能力有限，因而需要借助平台为代理其部分创新活动需求，整合平台所拥有的创新资源为其提供相关服务。

②终端用户模式，是由平台的用户自主利用平台所融合的开放资源和服务功能，通过自定义服务内容，满足其个性化的创新需要。终端用户模式适用于具有一定创新基础与融合服务应用能力的企业或其他创新主体。对于部分创新资源为了确保提供者的利益不遭受损失，可以采取利用资源与服务订制手段，由用户自主选择部分所需创新资源并支付相应费用实现有偿服务。

从平台的协同运作机制来看，面向光谷光电子信息产业的服务融合平台需要采取半公益运作机制，即无偿提供创新动态资讯等平台所融合的开放性资源与服务，有偿提供专利检索分析、知识文献资源全文获取等知识性资源与服务。在平台的前期建设与运营中，在核心成员单位共建共享的前提下，利用成员间创新资源的交互实现互惠互利。而在平台面向光谷光电子信息产业集群的应用普及和推广中，则一方面依靠于创新项目合作的形式，结合平台的协同创新服务功能，在一定范围内实现创新资源的融合和交互；另一方面，依赖于区域政府进一步补贴政策与激励制度的制定和出台，从而鼓励区域创新主体的参与。

从平台的特色资源与服务组织模式来看,具有区域产业特色和区别于其他行业门户平台的创新服务功能是平台实用性和竞争力的有力体现。对于光谷光电子信息产业平台而言,首先在区域产业特色方面,由于其区域光电子产业创新能力在国内具有明显优势,尤其是作为国内光通信发源地,应进一步强化光通信领域在光纤光缆、光电器件等方面的优势,同时加快激光产业的发展,并反映在特色文献资源库、专利标准库、创新成果库的构建层面之上。而在特色的创新服务功能方面,则借助平台的多元信息服务融合手段,借助其模块化的服务功能应用,利用服务功能个性化定制手段,实现围绕知识创新、技术创新、创新传播和创新应用各阶段开展的功能复合的信息服务,提升创新资源的交互与使用效率,推动区域光电子信息产业创新的快速发展。

8.2 纺织服装产业集群的跨系统服务融合

纺织服务产业作为一种代表性轻工业,是工业发展中的重要组成部分。伴随着改革开放和纺织业的发展,我国纺织服装产业依靠低成本比较优势,在广东、浙江、福建、江苏等东部沿海地区形成了众多专业化的纺织服装产业集群,纺织服务产业区也一度占到了我国产业集群总数的四成,我国也迅速成为世界纺织品主要产地①。但粗放式发展的模式依然为当前我国纺织服装产业集群的主要运行模式,据中国行业咨询网统计数据显示,截至 2013 年 11 月,我国纺织行业生产表现较为疲软,纺织行业 2013 年保持增长(同比增长 8.5%)的同时,增速同比回落 2 个百分点,低于全部规模工业增加值增速 1.2 个百分点②。同时,由于国内棉花价格的高位运行,加之人

① 魏江等.中国产业集群发展报告[M].北京:机械工业出版社,2009:116-117.

② 2013 年 1—11 月纺织行业数据统计分析[EB/OL].[2014-02-18].http://www.china-consulting.cn/data/20131230/d10440.html.

工等成本上涨速度过快均在一定程度上削弱了我国纺织行业在国际上的竞争优势，纺织服装产品出口在美国、日本及欧盟成员国等国家的市场份额均有所下降。需要注意的是，纺织产业生产中心的转移是经济全球化过程中国际分工的必然结果，是产业对地区间比较优势选择的结果，也是当地政府产业政策引导的结果①。因此，伴随着产业转移的发生，单纯依赖于劳动力成本是不能适应于纺织产业的可持续发展的，必须有效利用信息化手段，将融合信息服务嵌入到纺织服装产业之中，促进产业的转型升级，提升产业链的国际竞争力。在众多纺织服装产业集群区域中，佛山就是其中的典型代表。

8.2.1　纺织服装产业集群发展及其信息服务融合需求

作为珠三角的经济重镇之一，佛山市自改革开放以来，经济发展迅速，其生产总值、人均 GDP 增长明显，日趋凸显出其辐射作用。伴随着科技技术与经济环境的改变，全球化竞争压力促使佛山市不断探索产业发展转型和高新技术的研发与应用。近年来，佛山市产业结构不断得到优化升级，一方面传统产业得到稳步提升，奠定了优势行业在全国乃至国际同业中的重要地位，并形成了“佛山制造”的品牌效应；另一方面高新技术产业也实现了快速的发展，技术装备水平和创新能力显著提升。同时，在广佛同城化建设推进中，佛山市不断加强在规划资源、产业、基础设施等领域与广州市的互动与对接，合作范围得以日益扩大，为珠三角地区建设布局合理、功能完善的城市群奠定了基础，已成为全国科学发展示范区②。

然而，为了适应不断变化的竞争环境，推进产业结构的优化，保持持续发展动力，信息化与工业化的融合已成为“十二五”规划的重要课题。在信息化与工业化的交互促进中，能进一步助于传统产业的改造升级、培育新兴产业和新经济增长点，并加快现代服务业的发

① 王珺等.产业集聚与区域经济协调发展研究[M].北京：经济科学出版社，2012：221-223.

② 广州佛山同城化建设进入实施阶段[EB/OL].[2014-02-18].http://news.sina.com.cn/c/2009-04-17/041017626180.shtml.

展。加速推进“两化融合”使得佛山市经济发展方式从粗放型向集约型转变，提升科技含量与经济效益的同时，减少资源消耗与对环境的污染，实现可持续发展的新型工业化道路。而在“两化融合”的具体任务中，借助佛山市良好的信息技术基础设施环境，依据佛山市的产业特色，在纺织、陶瓷、家电、医药、建材等行业中，将培育一批具有较高信息技术应用水平的典型示范企业，并通过辐射方式，带动周边更多中小企业发展，以加快传统产业的转型和升级；同时，强调传统服务业的信息化改造和转型，借助产业政策引导和国家创新资源，着重于区域创新服务平台的建设，以信息技术为依托，以技术创新为保障，实现广泛的产学研合作，推进“公益性信息服务”和“市场化信息服务”的双轨制建设，提升佛山市现代服务业水平。

纺织服装作为佛山市十大优势产业之一，在佛山市的“两化融合”中具有重要的位置，也是佛山市经济发展与产业集群创新的重要组成部分。隶属于佛山市的特色产业基地中就包括佛山市禅城区张槎街道、佛山市南海区西樵镇等，分别被中国纺织工业协会所授予“中国针织名镇”和“中国面料名镇”称号①。

张槎聚集了超过1600家针织企业，其中包括1200余家织布企业，其余企业则涉及定型、漂染、印花、制衣等产业链其他配套生产加工业务。张槎针织厂房面积超200万平方米，日耗原料多达1000余吨，年生产各类针织布超过30万吨，年贸易额则达数十亿元，产品除供应国内各地市场外，还远销美洲、欧洲及东南亚等国家和地区。经过多年发展，张槎已形成集原料供应、生产加工和销售为一体的针织产业链服务体系，并成为全国重要的针织品生产与流通基地②。在针织产业的创新发展中，张槎还建立了紧密的产学研合作关系，实现协同创新与合作③。例如，张槎针织研究开发中心与东华大学合作

---

① 佛山国家创新型城市建设信息发布平台[EB/OL].[2014-02-18].http://www.fskw.gov.cn/cxcs/.

② 佛山·张槎[EB/OL].[2014-02-18].http://info.texnet.com.cn/list/zt/buy/zhangcha/index-blue.html.

③ 赵雪芹.基于知识创新价值链的跨系统协同信息服务研究[D].武汉：武汉大学，2011：163-164.

开展广泛的针织技术创新研究，同时张槎针织企业也与东华大学纺织检测中心合作提供规范、权威的针织面料、服装标准检测与技术咨询等服务；通过与五邑大学合作建设五邑大学研究生张槎工作站，利用高等学校的人才资源开展针织有关项目规划、可行性研究、科技攻关等工作；通过与西纺广东服装学院合作设立针织服装研究测试室、设计室，全面引导张槎针织服装设计、品牌设计与策划推广活动的开展；通过与武汉纺织大学共同建立张槎研究开发中心，开设服装CAD、工艺制作、配件设计、色彩设计、服装制版与推版等的开发与培训工作，实现产业技术的交流与合作①。

西樵则是我国著名的纺织之乡，其率先引入西方纺织机械技术，纺织设备超 3 万台套，其中高档设备占 45%，远高于全国 23%的平均水平，现已成为国内最主要的纺织品生产和销售基地。西樵纺织产业以面料织造业为主，在加强“织”、“染”和市场环节的基础上，大力引入原料、机构、服装、家纺、物流等上下游产业环节，产业链条逐步发展壮大，品牌知名度也不断提升，为区域纺织产业的发展提供了良好的环境支撑。西樵为了保持纺织业发展活力，积极采取产学研联盟政策推进纺织业关键技术和工艺的创新发展，其先后与中国纺织信息中心、国家纺织品开发中心、中国纺织科学研究院等机构合作建立纺织品生态实验室、纤维分析检测实验室、功能纺织品实验室，还与东华大学合作建立了东华大学教育部重点实验室西樵分中心，从而加快了西樵纺织产业新型原料、面料开发应用以及产业化等关键环节的推进速度②。此外，西樵还通过构建产业技术创新平台——广东(南海)南方技术创新中心，并将其作为产业转型升级的核心，形成了面向中小纺织企业的公共服务体系。创新平台包含产品研发、检测和质量认证、教育和培训、信息化服务、电子商务和现代化物流配送共五大体系，深化了面向纺织行业的创新服务内容与方

① 广东佛山市张槎针织产业集群科技创新平台建设[EB/OL].[2014-02-18].http://www.cnknit.org/LUNWEN/foshan.htm.

② 佛山西樵镇推动纺织业转型升级焕发活力[EB/OL].[2014-02-18].http://www.tnc.com.cn/info/c-001001-d-3412485.html.

式,有助于纺织行业的技术创新、体制创新与管理创新。该平台在与专业科研机构和高等院校开展的产学研合作与技术协作中,每年为企业开展各类技术服务近十万次,多项技术处于纺织业领先地位,全面助推纺织业转型升级。

尽管佛山市纺织服装产业在国内处于领先地位,其创新发展依赖于创新平台的建设也取得了一定成效,在同行业中也具有一定的借鉴意义,其产业创新发展结构如图 8-6 所示。但在其"两化融合"进程中,由于产业信息资源来源更为复杂化且内容更加专业化,仍存在信息化建设与工业化生产融合度不高、信息资源利用率及共享程度有限、面向企业创新发展的信息保障不充分等不足之处亟待改进①。对于佛山纺织行业创新发展的推进仍可基于现有创新平台的

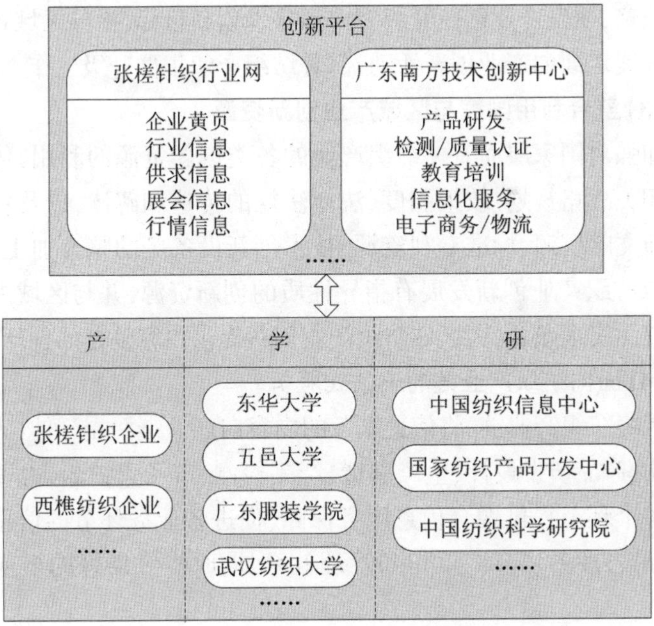

图 8-6 佛山市纺织服装产业创新发展结构

① 胡昌平等.创新型国家的知识信息服务体系研究[M].北京:经济科学出版社,2011:372-373.

基础上,有效结合信息化手段并运用信息服务融合方式,推动纺织行业的创新活动的持续高效的开展。具体而言,其信息服务融合需求体现在以下几个方面:

(1)与纺织企业创新发展战略相结合

面向纺织企业的信息服务融合需要体现出"两化融合"战略的主导思路和方针,密切联系纺织企业的创新发展需求,在实现纺织企业生产加工中的信息化手段升级与嵌入中,围绕纺织企业的织染技术创新、纺织创新知识传递、纺织企业制度及管理创新等内容,合理组织定向的信息服务,以服务于纺织产业创新发展的全过程。

(2)立足市场需求指导纺织产业集群升级

及时跟踪纺织产业市场需求,以市场调研数据、调查报告,以及区域各纺织企业的供销数据为支撑,调整区域纺织企业生产计划和发展战略,明确产业创新升级方向和技术创新目标,指导区域各纺织企业开展定向的产业创新活动,部署纺织产业集群升级工作。

(3)整合利用国家与区域产业创新资源

加强对国家层面有关纺织产业的各类创新资源的利用,包括对国家相关战略规划、政策制度、法律法规的传达和解读,以及各类知识创新文献资源、标准专利资源、技术创新设备等的整合加工,筛选对区域纺织产业创新发展有指导性质的创新资源,并与区域内相关创新资源实现融合,为区域纺织产业创新提供内容复合的创新资源。

(4)面向纺织产业链的一站式服务

围绕纺织产业链,将信息服务的内容向产业链两端延伸,为原材料采购、产品研发设计、生产制造、产品检测、市场营销、人力资源管理等各个环节提供融合信息服务保障,促进各业务环节的信息化升级,提升各业务环节的工作和管理效率,同时提供良好的产业创新环境。

8.2.2　纺织服装产业集群服务融合设计

在纺织服装产业集群创新发展中,面向创新的纺织服装产业集群的服务融合依然按照知识创新价值链的创新阶段来设计,即分别围绕纺织服装产业的知识创新活动、技术创新活动、创新传播活动和创新应用活动进行融合服务的组织。

(1)纺织服装产业知识创新服务融合

纺织服装产业知识创新服务融合围绕对纺织服装产业相关知识的梳理以及核心知识文献资源的获取和管理展开,以佛山纺织服装特色为基础,充分利用概念图工具、知识图谱工具以及电子资源门户的融合实现面向佛山纺织服装产业集群知识创新活动的信息服务融合。根据国家统计局制定的《国民经济行业分类》表,根据原材料以及制造加工工艺的不同对纺织服装产业进行了细分,如表 8-1 所示。

表 8-1 **纺织服装产业分类与代码**

代码			类别
17			纺织业
	171		棉纺织及印染精加工
		1711	棉纺纱加工
		1712	棉织造加工
		1713	棉印染精加工
	172		毛纺织及染整精加工
		1721	毛条和毛纱线加工
		1722	毛织造加工
		1723	毛染整精加工
	173		麻纺织及染整精加工
		1731	麻纤维纺前加工和纺纱
		1732	麻织造加工
		1733	麻染整精加工
	174		丝绢纺织及印染精加工
		1741	缫丝加工
		1742	绢纺和丝织加工
		1743	丝印染精加工
	175		化纤织造及印染精加工
		1751	化纤织造加工

续表

代　码			类　别
		1752	化纤织物染整精加工
	176		针织或钩针编织物及其制品制造
		1761	针织或钩针编织物织造
		1762	针织或钩针编织物印染精加工
		1763	针织或钩针编织品制造
	177		家用纺织制成品制造
		1771	床上用品制造
		1772	毛巾类制品制造
		1773	窗帘、布艺类产品制造
		1779	其他家用纺织制成品制造
	178		非家用纺织制成品制造
		1781	非织造布制造
		1782	绳、索、缆制造
		1783	纺织带和帘子布制造
		1784	篷、帆布制造
		1789	其他非家用纺织制成品制造
18			纺织服装、服饰业
	181	1810	机织服装制造
	182	1820	针织或钩针编织服装制造
	183	1830	服饰制造

注：此表来源于《国民经济行业分类》（GB/T 4754—2011）①

对于佛山纺织服装产业集群的知识创新活动而言，通常围绕各自的生产加工内容而展开，进而选择与之对应的知识创新方向，所融合的概念图服务、知识图谱服务以及电子资源门户服务也依次进行知识领域限定。例如张槎镇针织产业集群，即围绕针织或钩针编织物及

① 国民经济行业分类（GB/T 4754-2011）[EB/OL].[2014-02-20].http://www.stats.gov.cn/tjsj/tjbz/hyflbz/.

其制品制造(176)而开展知识创新活动,其可细分为针织或钩针编织物织造(1761)、针织或钩针编织物印染精加工(1762)和针织或钩针编织品制造(1763)。

为实现面向针织产业集群知识创新的针对性服务,概念图的绘制以此为基础进行针织知识的细分和加工展示,对于概念节点将作为知识图谱绘制的关键词进行针织领域研究现状的图形化展示,并将其中有代表性的研究领域和成果通过电子资源门户中进行检索,电子资源门户可选择相应的数据库如中国纺织网的纺织数据库、中国知网数据库中的工程科技Ⅰ辑轻工业手工业子数据库、EBSCO公司的纺织科技全文数据库(Textile Technology Complete,TTC)等,获取经过加工筛选的知识文献资源以供学习交流所用。在知识创新过程中,产业集群各创新主体之间可以通过自主的概念图编辑实现对创新知识的及时归纳和分享,并不断推动后续知识创新活动的持续开展。纺织服装产业知识创新服务融合如图8-7所示。

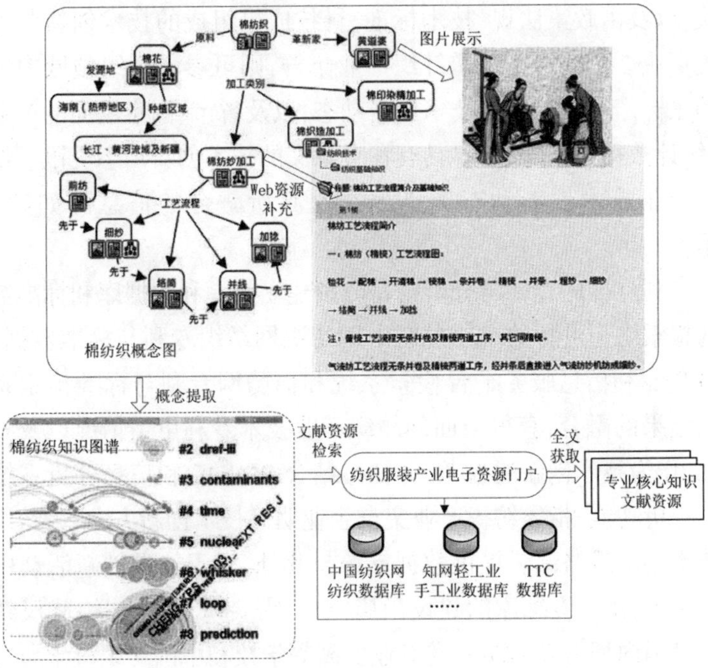

图8-7 纺织服装产业知识创新服务融合设计

(2)纺织服装产业技术创新服务融合

从技术创新服务融合的角度来看,其主要满足纺织服装产业技术创新动态的跟踪、专利标准的查询与分析、纺织技术的参考咨询以及创新主体之间的协同创新开发活动所需。对于纺织服装产业技术创新动态而言,其信息源可划分为三类,分别是:全球纺织网、中国纺织网、中国纺织信息中心等在内的产业信息源;包括佛山市政府网、佛山市科学技术局、西樵公众服务网等在内的管理部门信息源;包括张槎针织行业网、南方纺织网等在内的区域产业信息源。产业技术创新动态资讯融合组织策略则可分为两种,可根据用户的客观需求进行选择。一是按照专业技术领域,即同样按照纺织服装产业分类,分别组织棉纺织技术领域、毛纺织技术领域、麻纺织技术领域、丝绢纺织技术领域以及针织技术领域等的动态资讯;二是按照区域层级,分层组织相关产业动态资讯,即按国家、省市和产业区域对产业动态资讯进行划分。两种划分方式最终的呈现页面保持一致,即包括由产业动态、产业统计数据、创新设备供需组成的产业集群动态资讯类板块,以及由政策法规、技术标准、科技成果组成的技术创新参考信息类板块。例如对于张槎针织产业集群,则可参考针织领域中所提供的张槎产业集群区域技术创新动态,以及省市、国家层面的产业政策、统计数据、科技成果等具有参考意义的技术创新动态资讯。纺织服装产业技术创新动态资讯分类及其所融合的信息源如图 8-8 所示。

专利标准的查询与分析则是分别建立在专利数据库和标准数据库的检索之上进行的。通过对中国纺织网纺织专利与标准数据库、CNIPR 专利信息服务平台检索系统和佰腾网专利与标准检索系统检索结果的融合,获得全面的纺织产业技术专利申请情况以及技术标准,作为技术创新的参考。同时,结合 PIAS 专利信息分析系统的专利分析功能,指导纺织产业集群企业明确技术创新方向,为纺织产业技术创新战略部署提供数据支撑。此外,对于技术创新活动中的咨询需求,由于专家库的建设尚属空白,需要以东华大学、武汉纺织大学等国内拥有知名纺织类专业的高等学校和中国纺织科学研究院等专家为基础,联合纺织生产企业的高级技术员工共建纺织服装产

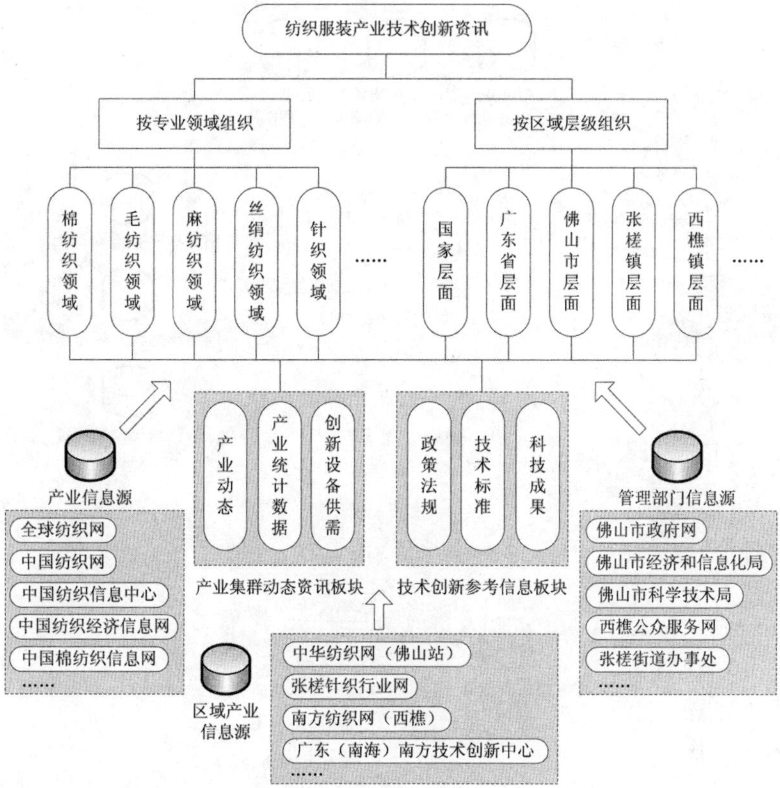

图 8-8　纺织服装产业技术创新动态资讯融合

业专家库,进而实现面向纺织技术创新的诊断咨询。而基于创新战略部署和技术创新分工,纺织产业集群可以实现技术创新的分工合作,利用协同开发工具共同完成技术创新过程。

对于技术创新成果需要进行产品检测,为大规模的生产制造和技术与经济贸易纠纷的规避提供保障。因此,产品检测和质量认证服务也应作为技术创新阶段信息服务融合的对象,依据 ISO、AATCC、GB/T 等 10 多种国内国际行业标准所提供的各项产品质量检测服务,并因标准化检测报告输出,作为纺织品出口的“通行证”。纺织服装产业技术创新服务融合设计如图 8-9 所示。

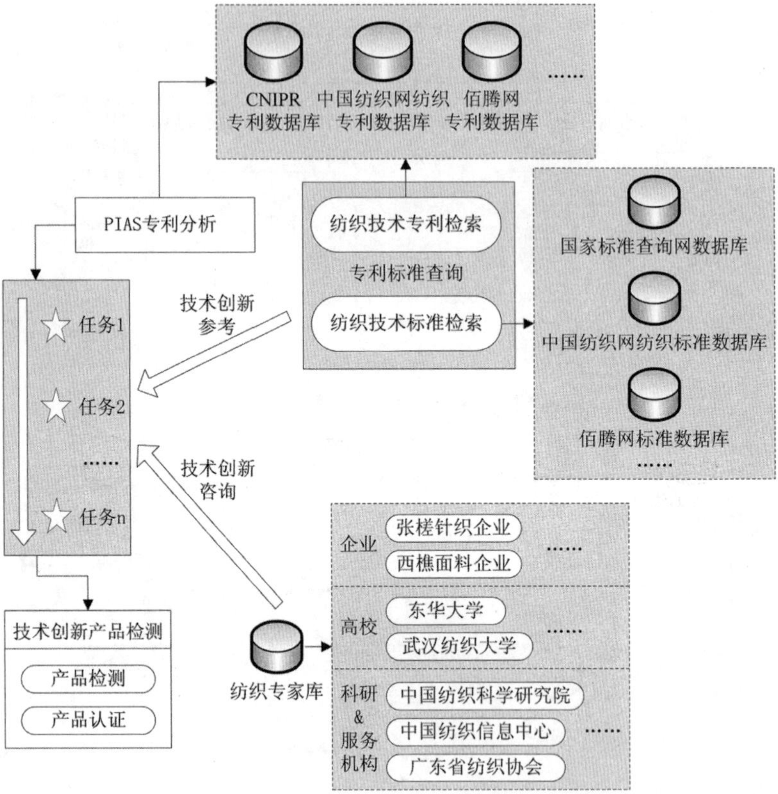

图 8-9　纺织服装产业技术创新服务融合设计

(3) 纺织服装产业创新传播服务融合

创新传播服务融合主要依赖于 E-Learning 服务与社会化交互平台或工具的融合应用。对于纺织服装产业而言，E-Learning 服务尚未得到有效的组织，在线学习内容仅有部分高校开放的相关专业国家级、省市级精品课程网站可供在线学习所用，如东华大学的“针织学”“纺纱学”“非织造学”课程，武汉纺织大学的“纺织材料学”课程等。由于此类课程网站通常面向高校学生，内容较为基础，适用于作为纺织产业集群创新主体的相关知识培训的辅助阅读材料，从理论上巩固员工的专业技术知识，然而对纺织服装产业集群内的企业技术创新活动的开展的价值有限。因此，为了实现纺织服装产业创新传播的作用,其 E-Learning 服务的开展需主要集中于对专业技能培训内容的开放共享上,一方面,对集群内部协同创新主体的织染技术知识进行归纳并制作为电子教程;另一方面,由科研机构或高等学校的专家将国内外相关领域公开的科研成果转换为课程发布,供纺织产业集群交流学习。此外,亦可开展面向企业管理、会计财务、ERP 信息化管理以及商务法规等方面培训活动,从而提升产业集群企业经营与管理的综合能力。

在利用 E-Learning 服务实现在线学习的同时,需要进一步利用面向纺织服装产业的社会化网络服务促进知识交流和分享。当前,纺织服装产业的网络互动交流服务主要以 BBS 论坛为主,具有代表性的论坛诸如全球纺坛、中国纺织网论坛、中华纺织网论坛,其主要内容涉及纺织贸易与展会资讯发布、纺织技术交流、纺织知识问答、纺织人才互动等方面。可以发现,对纺织市场信息和技术信息的交互是当前纺织服装产业在交互活动中所关注的焦点。在纺织服装产业创新传播服务融合中,应以此为基础进行服务拓展应用。通过构建纺织服务产业集群社区应用,一方面提供纺织产业集群各创新主体乃至其每个员工个性化主页的权限,实现自主的信息发布与分享;另一方面将微博工具、即时沟通工具等网络交互应用作为拓展交互手段融入到社区中。从而既保证了技术创新知识的及时交互,也能够组织兴趣小组或项目团队实现定向的知识共享与交流。纺织服装产业创新传播服务融合设计如图 8-10 所示。

(4)纺织服装产业创新应用服务融合

创新应用服务融合是为创新产品的展示和应用推广服务的,因而在面向纺织服装产业实现创新应用服务融合的过程中,即为纺织服装产业集群创新主体展示各自的创新产品并面向市场推广而服务。从创新产品的展示上看,诸如中华纺织网、中国纺织信息网等行业服务网站,以及面向西樵镇的南方纺织网等都提供了企业和产品展示的平台,但均仅限于由文字和图片简单加工而成的静态页面,并以目录导航形式进行展示。结合 Prezi 基于兴趣的展示模式,提供展示文档的制作模板,可以辅助纺织企业根据自身特色创建互动式的展示内容,以吸引潜在客户的关注,并且能够在交互中达到产品介

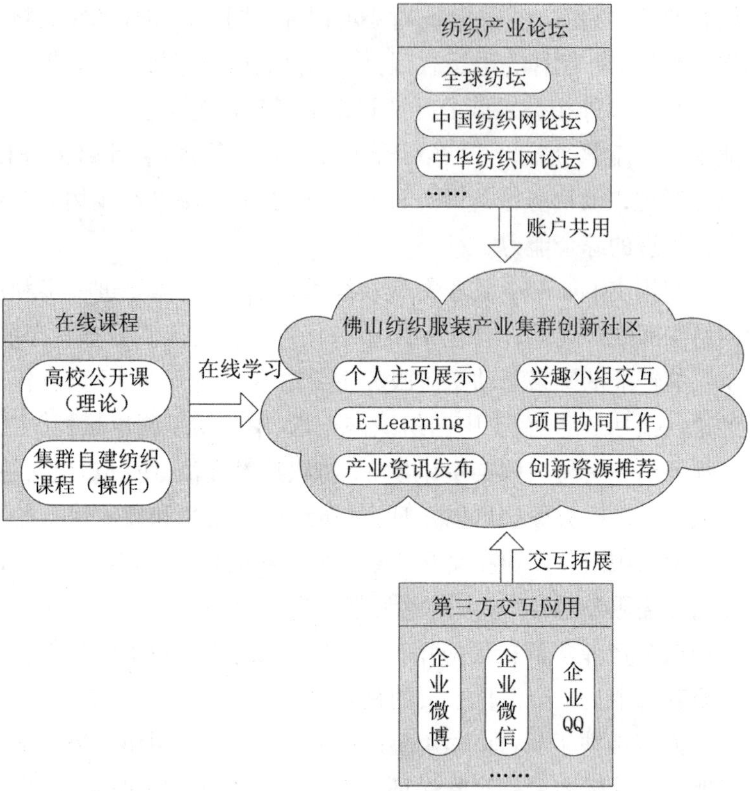

图 8-10　纺织服装产业创新传播服务融合设计

绍、功能演示等目的。

而为了进一步推广纺织产业集群创新主体的创新成果应用，可以借助搜索引擎的应用推广功能和地图工具的位置服务功能的融合应用。当前南方纺织网虽然以地图标识了所属区域内的纺织企业的地理位置分布，但并没能进行基于位置的服务拓展，而将企业的介绍资源以及创新产品推广内容以链接的形式附着于相应位置，将会丰富基于地图的展示内容。同时，利用地理围栏技术，将产品应用推广信息主动推送到潜在客户的移动终端，则更能体现出 LBS 服务的特色。

在线网络调查功能模块亦是创新应用服务中必不可少的，通过自主设置在线调查板块,提供模板式调查问卷以获取客户需求变化以及满意度变化情况,并融合第三方网络调查工具进行简单的描述性统计分析,能够及时反映纺织服装产业市场情况,为纺织服装产业集群创新发展提供指引。纺织服装产业创新应用服务融合设计如图 8-11 所示。

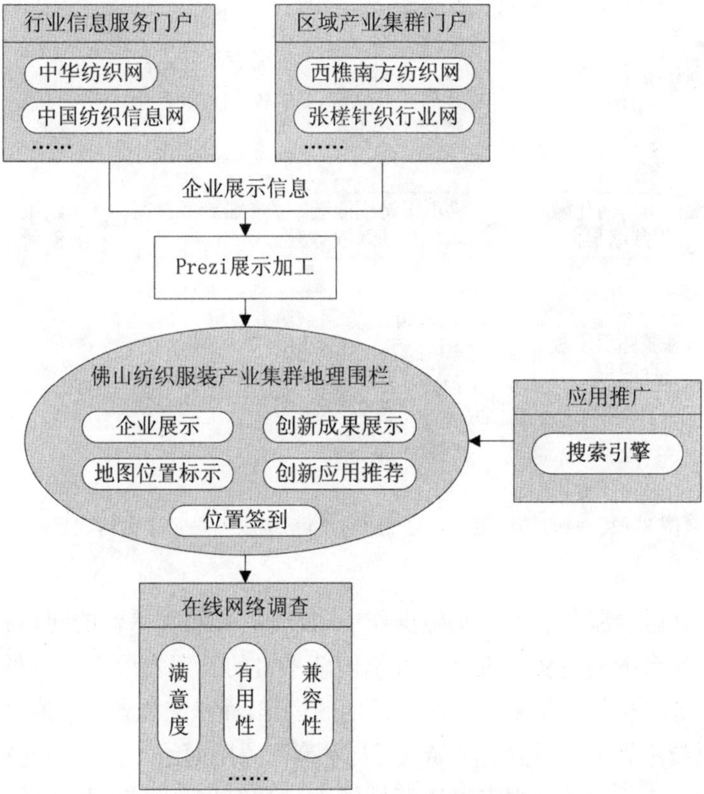

图 8-11 纺织服装产业创新应用服务融合设计

8.2.3 纺织服装产业集群服务融合嵌入与实施

纺织服装产业集群服务融合嵌入与实施的过程既需有纺织服装产业的行业特征,也应反映区域纺织服装产业集群的特色和优势。对于佛山市纺织服装产业集群而言,在构建面向佛山纺织服装产业创新的跨系统信息服务融合平台的过程中,以现有南方纺织网和张槎针织行业网等区域产业信息门户为基础,将融合服务嵌入到佛山纺织服装产业创新活动之中,适应区域产业创新发展的需要。面向纺织服装产业集群的跨系统服务融合平台构建思路如图 8-12 所示。

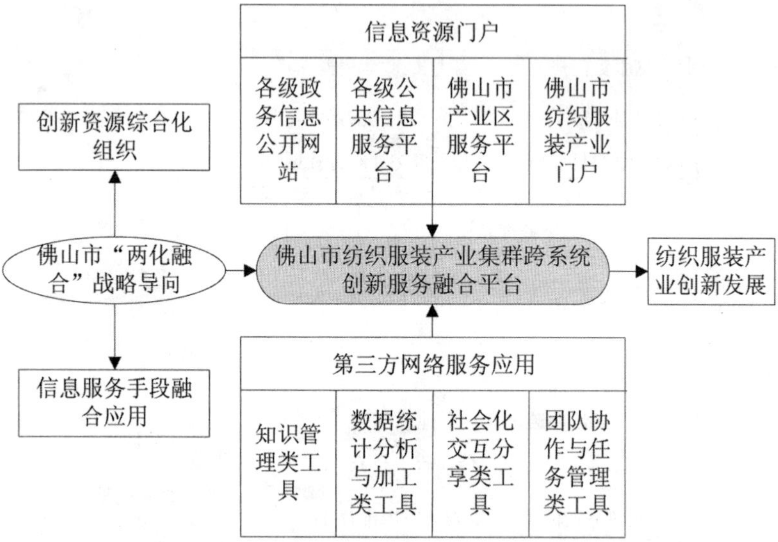

图 8-12　面向纺织服装产业集群的跨系统服务融合平台构建思路

在融合服务嵌入与实施操作中,首先需要明确平台的建设机制以及平台的利益协调机制。对于创新平台的长期发展而言,仅凭创新服务机构的力量不足以保障长期的运作,而是需要各级政府、协会和科技主管部门,在技术、资金、人才等资源层面给予的大力支持和帮助。南方纺织网由南海区西樵镇人民政府出资建设,张槎针织行业网也是由张槎街道张槎信息中心风投所建设,由此可见,政府相关部门理应承担起面向产业集群的跨系统信息服务融合平台的建设职责。佛山市人民政府、佛山市经济和信息化局、佛山市科学技术局、佛山市高新区管委会,以及张槎、西樵等各佛山纺织服装产业所属区域政府管理部门应发挥各自的组织管理能力和权限,在建设信息服务融合平台基础上设施的基础上,协调区域产业集群内企业以及周边高等学校和科研机构利益,实现产学研创新资源共建共享与配置。

例如,在纺织服装产业文献数据库的建设中,一方面,可依托于合作高等学校购买的文献数据库,由政府补贴相应数据库购置成本,并有限度开放给区域产业集群创新主体使用,避免数据库资源的重复建设;另一方面,由当地企业支持,将产业集群内企业的隐性知识转换为显性的文献资源,并作为具有专业特色和优势的区域产业特色资源库资源建设,在区域产业集群内部进行共享交流,有助于提升产业集群的创新能力和竞争优势。而由于产业集群内的企业在专业领域上具有高度一致性,其创新知识能够为彼此所充分吸收与利用,因而对于创新知识与成果的转移也应采取共享互惠与政府补贴相结合的形式,即在政府相关部门的监督和保障下,促进创新成果的交换,确保产业集群内企业创新成果的产权利益不遭受损失的前提下,亦可加速知识在集群内部交互,并发挥其价值。在具体实施中,可以区域内代表性的大型纺织企业为试点,深入到纺织产业创新发展中去,建立产学研互助模式,实施创新资源共建共享与融合信息服务的嵌入工作,在其价值得以初步展现的时候,再将其成功模式逐步向集群内中小企业推广,并吸纳其加入到产业集群的协同创新发展之中。

然后需要制定平台的信息服务流程。在面向纺织服装产业集群的服务融合设计中是按照知识创新价值链各阶段所进行信息服务的融合组织,其分别对应于产业创新活动的开展阶段。显然,平台所提供的融合信息服务既要满足创新主体在不同创新阶段的信息需求,也要在服务流程上按创新用户的一般性利用逻辑实行默认设置。因此,首先在平台的设计上可提供知识创新、技术创新、创新传播以及创新应用四个板块,分别提供这四类可供筛选的融合信息服务。其次,由用户在知识获取、知识吸收、知识创造、知识转移、知识管理与知识交互共六个创新环节中,根据当前的创新需求选择,平台将提供由系统默认的服务提供给用户,用户亦可对其中的服务进行筛选操作来实现个性化的设置。

最后需要建立平台的更新、维护与评价改进机制。平台的更新与维护工作主要体现在对信息服务融合对象的管理上面。由于信息服务融合十分依赖于信息源的质量,信息源的相关性、活跃性以及可靠性都极大程度上影响了融合信息服务的服务效果。尤其是在对纺织服装产业资讯的动态跟踪上面，来源于中国纺织信息中心、中国纺织经济信息网、中国纺织信息网等产业信息门户的信息资讯具有较高的权威性和实时性，但在融合过程中需要注重对区域产业创新有指导意义的信息资讯的筛选和分类组织；而来源于张槎针织行业网、广东南方技术创新等区域产业信息门户的信息资讯则具有显著的区域特色，但其更新频率和信息质量却得不到保证，在融合过程中更需要区域政府和中介服务机构的重视，联合产业集群创新主体提供稳定的信息源保障。而对于其他第三方软件工具的融合应用则需要定期检测在信息服务融合中的兼容性，并及时跟踪相应工具的版本更新以作及时调整。此外，平台的更新还强调服务融合对象的拓展。如今移动商务和物联网的飞速发展使得纺织服装产业创新发展还需要不断延伸创新产业链，移动支付、物流跟踪等常用功能也需列为待融合对象，适应纺织服装产业的电子商务发展转型。另一方面，对于平台的评价改进机制，则借由平台所提供的用户调研与分析功能的结果，以及通过留言板等途径获取的用户建议与意见，进行平台信息服务融合对象、功能以及服务流程的完善。

第9章 总结与展望

信息服务融合是多元化网络信息服务发展的必然结果,其体现出了短周期、轻量级的个性化服务应用开发趋势。作为一种内容集成、功能复合的新型服务组织模式,信息服务融合不仅从信息源上实现了多元资源的筛选和再组织,而且也从服务方式上改善了用户的信息服务体验,尤其是在创新活动中表现为获取和利用信息的过程变得更为方便、快捷。基于此,信息服务融合手段以其灵活性、动态性的优势,能够适应网络技术发展的需求,并可广泛应用于网络信息服务之中。本书从产业集群创新发展中对信息资源与服务的利用角度展开,面向创新实践活动研究其信息服务融合的需求、方式、协同推进过程以及嵌入实施策略,以期从服务层面探索提升产业集群协同创新效率的有效途径。

9.1 总结

经济全球化背景下,产业集群是发挥区域产业特色,实现规模化经济效益和竞争优势的产业发展模式。在国家创新发展战略推动下,产业集群创新作为国家创新体系的重要组成部分,是推动区域产业集群转型发展的关键。对于产业集群而言,其地理位置上的区位优势和创新领域上的专业优势,为产业创新持续、有效地开展提供了保障;而产业区域内良好的产学研互动关系也为面向产业集群的跨系统协同创新奠定了基础。然而,与产业集群创新发展这一重要战略目标相对应的，面向产业集群的信息服务手段却略显单一，主要体现为产业集群区域门户网站所提供的资讯服务以及电子政务服务等，尚缺乏围绕产业集群创新阶段进行组织的针对性信息服务。另外，在大数据环境下，网络信息资源与服务增速迅猛且重复建设现象严重，专业化信息服务功能具有丰富的替代品，但综合性及可嵌入性水平较低。尤其是在面向知识创新的服务组织中，资源的检索、处理、统计、分析与管理等应用功能细化明确，却往往需要进行分步式操作实现，缺乏内容及功能的有机融合利用。因此，本书选定产业集群作为研究对象，以产业集群创新发展中的信息服务需求为指导，引出面向产业集群创新发展的跨系统信息服务融合问题，在探讨面向产业集群的跨系统信息服务融合架构与技术实现方式的基础上，构建跨系统信息服务融合平台，利用 Yahoo！Pipes 工具按知识创新价值链各创新阶段融合信息服务并嵌入到协同创新流程之中，最后通过光电子信息产业和纺织服装产业进行案例分析，提出面向产业集群的跨系统信息服务融合的推进策略。

本书从产业集群创新结构和创新行为入手，梳理了产业集群创新交互关系，指出了产业集群成员间的交互关系由劳动分工，向资源共享、业务竞合及协同创新的演化过程。为了进一步说明产业集群开展协同创新的必然趋势，本书分别从生态学视角、物理学视角、经济学视角和社会学视角阐述了产业集群协同创新的演进，以从不同学科角度揭示产业集群协同创新的客观演化规律。以此为基础，归纳了协同创新中信息服务的社会化、服务系统的开放化以及服务产业链的延伸化变革，而跨系统信息服务融合则适应了协同创新导向下的信息服务变革需求，并推进了协同创新环境的拓展、创新服务的增值利用、动态整合与定制。同时，对于跨系统信息服务技术而言也呈现出由数据整合向信息集成，并最终朝信息服务融合发展的趋势。

针对产业集群创新发展中创新主体间信息服务需求的差异，以及分布式创新资源缺乏有效的配置及整合利用的问题，产业集群创新信息服务的开展必须依赖信息服务融合的形式，充分调用各创新主体的创新资源，其服务融合需求具体表现为服务集成化、服务知识化、服务主题化、服务个性化和服务社区化的层级递增结构。以产业集群协同创新中的信息服务融合需求为基础，利用系统动力学分析方法，揭示了产业集群跨系统创新服务融合的因果关系，并由此构建了系统动力学模型，以进一步说明推动产业集群跨系统创新服务融合的关键动力要素。同时，通过构建跨系统信息服务融合的影响因素模型，并进行结构方程模型分析，指出对服务融合意图产生直接影响的因素为感知有用性、感知集成性和感知风险性，且感知集成性对服务融合意图的影响最大。基于系统动力学和影响因素分析的结果，本书提出了产业集群协同创新导向的跨系统信息服务融合任务、功能定位与目标选择，以明确产业集群创新中的跨系统信息服务融合的开展方向和预期效果。

面向产业集群的跨系统信息服务融合的开展需要选择合适的路径，这不仅体现在融合要素的选择上，也体现在融合方式的选择上。从面向创新主体的信息融合要素上看，资源要素主要包括政务信息、数据库资源、技术知识交流信息、产业竞争情报以及市场供需信息等；而功能要素则涵盖了跨库检索、知识管理、协作办公、沟通交互与管理咨询等功能。从基于跨系统协同的信息服务融合方式选择上看，则在分析各服务融合方式及特点的基础上，提出了汲取信息融合、过程融合以及网站融合方式的优势，实现从信息、流程到布局展示的混合融合方式。进一步在信息服务融合的组织中，在数据层面采用基于语义的数据融合方式，而功能层面则以知识创新价值链创新阶段为依托，阐述了面向产业集群的跨系统信息服务融合架构。

以产业集群跨系统信息服务融合架构为基础，本书从接口设计、部件封装、框架体系等方面阐述了产业集群背景下的信息服务融合的技术规范与实现方法。具体而言，本书采用分布式超媒体系统的架构风格的 RESTful 轻量级接口技术，突出了组件的交互性和扩展能力；采用基于元数据驱动的微件独立部件封装技术，缩短开发周期并降低开发门槛；采用具有流程逻辑性的管道框架体系，序化融合处理过程的同时利于更新维护工作的开展。为了实现面向产业集群协同创新的跨系统信息服务融合，本书提出了产业集群背景下的跨系统信息服务融合平台建设的目标和构建原则，并按信息服务融合平台的资源层、数据融合层、微件层和微件封装层的分层架构形式，搭建了产业集群背景下的跨系统信息服务融合平台构架。

以产业集群创新为导向，信息服务融合平台的利用最终是体现在平台所提供的融合信息服务之上，本书融合信息服务的组织与协同推进是围绕产业集群知识创新价值链的知识创新、技术创新、创新传播与创新应用四个创新阶段而展开，并利用 Yahoo！Pipes 工具实现相应信息服务的融合操作。其中，知识创新阶段选择概念图、知识图谱以及电子资源门户等应用，实现知识结构梳理以及知识资源获取、分析的功能；技术创新阶段选择综合技术创新资讯、专利与标准查询、参考咨询以及协同开发应用等服务，实现技术创新协同和技术咨询支撑；创新传播阶段选择融合 E-Learning 学习功能和 SNS 社区服务分享功能，并结合 Skype、微博等其他功能性 Web 2.0 应用，实现创新资源的学习利用和分享传播；创新应用阶段选择融合基于兴趣点的创新产品展示应用、搜索引擎推广应用、地理围墙技术应用以及在线调查分析应用，实现创新产品的市场推广和反馈。

面向产业集群的跨系统融合信息服务需要嵌入至产业集群协同创新活动之中，以推动产业集群创新发展。本书在分析信息服务关联组织与嵌入要求的基础上，将传统的依赖于信息检索的被动式信息搜集服务流程转换为适应于协同创新环节需要的主动式信息提供与知识交互服务流程，并按重组流程中的知识获取环节、知识吸收环节、知识创造环节、知识转移环节、知识管理环节与知识交互环节分别探讨了融合信息服务的关联与封装组织。同时从产业集群创新主体的角度，分别阐述了企业、科研机构和高等学校、中介服务机构以及政府部门在协同创新的融合服务提供、支撑与组织中所承担的任务。为了进一步推动信息服务融合在产业集群中的嵌入和应用发展，本书还从个性化拓展和评价反馈角度分别探索了信息服务融合的个性化设计、定制与推荐，以及服务评价策略和改进措施。

最后，为从应用角度揭示信息服务融合在产业集群中的实施策略，本书选取了光谷光电子信息产业集群和佛山纺织服装产业集群为例进行了信息服务融合的方案分析，以从高新产业和传统轻工业两个不同产业创新领域，利用本书所提出的信息服务融合平台架构和信息服务融合组织方式，分别探讨产业集群信息服务融合设计与嵌入实施方式，在深化了本书研究内容的同时，对产业集群的创新发展中的信息服务融合推进具有重要借鉴意义。

总体而言，伴随着创新型国家的深入推进，产业集群创新中利用信息服务融合的手段整合跨系统资源与服务的现实意义日趋明显，也为产学研跨系统协同创新活动的高效开展起到积极的推动作用。

9.2 研究展望

考虑到信息服务融合涉及领域广泛，其待研究内容不仅包括理论层面的内在机理研究，也包括实践层面的技术应用研究。本书在研究过程中，虽以产业集群创新为对象，涉及了相应服务融合组织和实施等多个环节，但在面向多元产业集群协同创新主体的跨系统信息服务融合嵌入研究中还存在不足之处；在实践探索中，信息服务融合内容和实施过程等方面均还有不断深入挖掘和改进的空间，且有待于通过更多实例进行验证，以不断增强其可操作性和适用性。鉴于此，在今后的相关研究中，可从以下方面进一步展开：

①深化面向产业集群的跨系统信息服务融合中的对比分析研究，细化产业集群创新主体分类，并挖掘不同创新主体的创新能力、创新需求、创新分工、创新优势与特色资源等在开展信息服务融合中的区别和所带来的影响，为信息服务融合的定制与推荐功能拓展提供依据；获取更充分的产业集群创新发展数据，分类分析不同创新主体跨系统信息服务融合影响因素；开展不同产业集群信息服务融合的对比研究，揭示产业特色在信息服务融合中的反应。

②为了确保产业集群创新发展的动态性和可持续性，面向产业集群创新发展的跨系统信息服务融合也应不断更新和推进。一方面，产业集群创新主体的协同创新关系结构以及产学研合作方式应以创新性国家建设战略为指导，以促进产业集群协同创新活动开展为目标，探索新的组织形式和协同创新流程；另一方面，跟踪创新活动中的信息服务新技术和应用，将其及时纳入到信息服务融合对象之中，优化融合信息服务内容与组织流程。

③在我国现行体制下，针对信息服务融合的轻量级开发优势，进

一步探讨其在产业集群创新活动中的运行机制。所提出的信息服务融合实施方案还有待细化,特别是针对具体操作层面还需联合多部门开展更深入的案例与实证研究,通过以局部创新主体之间的跨系统信息服务融合作为试点,并逐步完成面向产业集群的跨系统信息服务融合推广。

参考文献

[1]阿尔弗雷德·马歇尔著.经济学原理(上卷)[M].朱志泰,译.北京:商务印书馆,1981.

[2]辞海编辑委员会.辞海(缩印本)[M].上海:上海辞书出版社,1980.

[3]戴布拉·艾米顿著.创新高速公路——构筑知识创新与知识共享的平台[M].陈劲,等译.北京:知识产权出版社,2005.

[4]邓胜利.基于用户体验的交互式信息服务[M].武汉:武汉大学出版社,2008.

[5]冯英健.网络营销基础与实践[M].北京:清华大学出版社,2007.

[6]弗朗西斯·萨拉汉著.Mashups Web2.0 开发技术——基于 Amazon.com[M].吴宏泉,译.北京:清华大学出版社,2008.

[7]胡昌平等.创新型国家的信息服务与保障研究[M].北京:学习出版社,2013.

[8]胡昌平等.创新型国家的知识信息服务体系研究[M].北京:经济科学出版社,2011.

[9]胡昌平等.面向用户的信息资源整合与服务[M].武汉:武汉大学出版社,2007.

[10]胡志坚.国家创新系统——理论分析与国际比较[M].北京:经济管理出版社,2000.

[11]李勇.产业集群创新网络与升级战略研究[M].上海:上海社会科学院出版社,2010.

[12]刘静波.产业竞合——合作博弈、网络平台与制度条件[M].上海:上海财经大学出版社,2010.
[13]刘友金,叶文忠.集群创新网络与区域国际竞争力[M].北京:中国经济出版社,2011.
[14]马费成.网络信息序化原理——Web 2.0 机制[M].北京:科学出版社,2012.
[15]尚玉昌.普通生态学(第2版)[M].北京:北京大学出版社,2002.
[16]唐纳德·A. 马灿德等著.信息管理:信息管理领域最全面的MBA指南[M].吕传俊,等译.北京:中国社会科学出版社,2002.
[17]王福涛.集聚耦合:创新集群发展动力机制[M].武汉:中国地质大学出版社,2011.
[18]王珺等.产业集聚与区域经济协调发展研究[M].北京:经济科学出版社,2012.
[19]王孝斌,王学军.创新集群的演化机理[M].北京:科学出版社,2011.
[20]魏后凯等.中国产业集聚与集群发展战略[M].北京:经济管理出版社,2008.
[21]魏江等.中国产业集群发展报告[M].北京:机械工业出版社,2009.
[22]严怡民等.情报学概论(修订版)[M].武汉:武汉大学出版社,1994.
[23]约瑟夫·熊彼特著.经济发展理论[M].何畏,等译.北京:商务印书馆,1990.
[24]张哲.产业集群内企业的协同创新研究[M].北京:人民交通出版社,2011.
[25]赵昌文,陈春发,唐英凯.科技金融[M].北京:科技出版社,2009.
[26]赵忠华.产业转型背景下产业集群演化路径研究[M].北京:经济管理出版社,2012:30-31.
[27]郑海涛.产业集群网络结构与企业创新绩效关系研究[M].广州:华南理工大学出版社,2012.

[28]钟永光,贾晓菁,李旭.系统动力学[M].北京:科学出版社,2009.
[29]周德群等.系统工程概论(第2版)[M].北京:科学出版社,2010.
[30]庄为民,龚仰军.产业技术创新[M].上海:中国出版集团东方出版中心,2005.
[31]胡潜.面向企业创新发展的行业信息服务重组研究[D].武汉:武汉大学,2009.
[32]刘友金.中小企业集群式创新研究[D].哈尔滨:哈尔滨工程大学,2002.
[33]马俊.信息技术嵌入的物流企业服务能力研究[D].武汉:武汉理工大学,2011.
[34]苗红.区域技术创新生态系统协调性评价研究[D].北京:北京工业大学,2007.
[35]殷红春.品牌生态系统复杂适应性及协同进化研究[D].天津:天津大学,2006.
[36]张敏.面向知识创新的跨系统协同信息服务研究[D].武汉:武汉大学,2009.
[37]张树人.从社会性软件、Web 2.0到复杂适应信息系统研究[D].北京:中国人民大学,2006.
[38]赵进.产业集群生态系统的协同演化机理研究[D].北京:北京交通大学,2011.
[39]赵雪芹.基于知识创新价值链的跨系统协同信息服务研究[D].武汉:武汉大学,2011.
[40]赵杨.国家创新系统中的信息资源协同配置研究[D].武汉:武汉大学,2010.
[41]白华,韩文秀.复合系统及其协调的一般理论[J].运筹与管理,2000,9(3):1-7.
[42]毕强,周浩,王雨.面向产学研合作创新的信息资源配置研究[J].情报科学,2013,31(6):20-23,27.
[43]毕强,朱秀梅,陈凌.自主创新信息服务保障体系——基于产、学、研合作模式的研究[J].图书情报知识,2009(5):94-98.

[44]蔡秒.论提升企业核心能力的有效途径——知识联盟[J].经济工作导刊,2003(14):41-42.

[45]陈朝宗.产业集群的社会学思考[J].福建行政学院福建经济管理干部学院学报,2004(1):17-20.

[46]陈伟丽,王雪原.产业集群网络结构与创新资源配置效率关系分析[J].科技与管理,2009,11(3):63-66.

[47]陈夏生,李朝明.产业集群企业间知识共享研究[J].技术经济与管理研究,2009(1):51-53.

[48]陈要立.基于社会网络视角的产业集群技术学习研究[J].科技进步与对策,2009,26(19):153-156.

[49]仇涵,周明全,耿国华.基于 XML-RPC 的分布式 Web 体系结构研究[J].微机发展,2005,15(10):138-140.

[50]邓朝华,鲁耀斌,张金隆.基于 TAM 和网络外部性的移动服务使用行为研究[J].管理学报,2007,4(2):216-221.

[51]邓胜利.面向用户的文献信息服务集成探索[J].图书情报工作,2006,50(1):109-111.

[52]方静怡,侯经川.知识图谱与认知地图在决策信息分析中的融合应用——以"人民币汇率"领域为例[J].情报学报,2012,31(5):487-494.

[53]范太胜.基于产业集群创新网络的协同创新机制研究[J].中国科技论坛,2008(7):26-30.

[54]方文超,马怀礼.三螺旋互动创新与产业集群升级研究——以丹麦风电产业为例[J].现代经济探讨,2013(6):63-67.

[55]奉永桃.Mashup 国内外研究综述[J].图书情报工作,2010,54(8):60-63.

[56]高长元,杜鹏.高技术虚拟产业集群成员企业合作竞争与知识创新的关系研究[J].管理学报,2010,7(2):212-217.

[57]耿帅.共享性资源与集群企业竞争优势的关联性分析[J].管理世界,2005(11):112-119.

[58]海岚,王飞.论促进武汉高新技术产业集群发展的金融服务支持[J].武汉金融,2010(10):38-39.

[59]何卫平,张俊英,芮玉.基于工程项目风险分担的合作创新风险管理研究[J].改革与战略,2011(5):46-49.

[60]何雄浪.劳动分工理论与产业集群形成和发展机理分析[J].科技管理研究,2007,27(7):193-194.

[61]贺延辉.《俄罗斯信息社会发展战略》研究[J].图书馆建设,2011(10):31-36.

[62]胡蓓,古家军.基于 BP 神经网络的产业集群创新能力评价实证研究[J].科技进步与对策,2008,25(7):144-147.

[63]胡昌平.面向新世纪的我国网络化知识信息服务的宏观组织[J].中国图书馆学报,1999(1):20-24.

[64]胡昌平,刘昆雄.国家创新发展中的社会化信息服务组织[J].图书情报知识,2013(2):20-25.

[65]胡昌平,严炜炜.E-Learning 环境下用户交互学习中的协同知识创新[J].图书馆论坛,2011,31(6):45-50,44.

[66]胡昌平,严炜炜.基于概念图的个人数字图书馆知识服务拓展[J].情报理论与实践,2013,36(6):37-40.

[67]胡昌平,严炜炜.面向科学研究的个人数字图书馆服务融合[J].中国图书馆学报,2013(4):93-101.

[68]胡昌平,张敏.欧盟支持行业创新的信息服务平台实践及其启示[J].图书馆论坛,2007(6):187-191.

[69]胡昌平,张敏,张李义.创新型国家的信息服务体制与信息保障体系构建(3)——知识创新中的跨系统协同信息服务组织[J].图书情报工作,2010,54(6):14-17.

[70]胡吉明.创新型国家的信息服务体制与信息保障体系构建(2)——基于创新价值链的信息服务转型[J].图书情报工作,2010,54(6):10-13,35.

[71]胡潜,李巍.创新型国家的信息服务体制与信息保障体系构建(5)——面向企业创新的集成信息服务推进[J].图书情报工作,2010,54(6):23-47.

[72]胡平,周森,温春龙.产业集群网络特征与创新活跃性的关系研究[J].中国科技论坛,2012(10):10-16,57.

[73]贾明江,蔡继荣.企业集群发展阶段的探讨[J].软科学,2004,18(6):83-87.

[74]焦玉英,雷雪.基于用户满意度的网络信息服务质量评价模型及调查分析[J].图书情报工作,2008,52(2):81-84.

[75]井淼,周颖,吕巍.互联网购物环境下的消费者感知风险维度[J].上海交通大学学报,2006,40(4):607-610.

[76]靖继鹏,吴宪忠.基于信息集成的企业信息化模式[J].情报科学,2007,25(4):481-484.

[77]靖继鹏,尹焱鑫.知识门户网站信息服务的影响因素作用机制分析[J].情报科学,2011,29(10):1488-1493.

[78]康胜.企业集群演化的动力机制——基于向心力与离心力相互作用的分析[J].科技进步与对策,2004(12):10-12.

[79]李春旺.图书馆集成融汇服务研究[J].现代图书情报技术,2009(12):1-6.

[80]李春旺,肖伟.集成融汇:概念、模式与应用[J].现代图书情报技术,2008(12):22-26.

[81]李东,周晓宇.SOAP 及其对 Web 服务的影响[J].计算机工程与应用,2002,38(12):78-81.

[82]李峰.语义 Mashup 技术研究[J].现代图书情报技术,2010(1):46-50.

[83]李峰,李春旺,孙媛媛.跨界数据融汇模型研究[J].现代图书情报技术,2010(11):24-29.

[84]李富玲,卢振波.SFX——信息资源整合新工具[J].现代图书情报技术,2002(6):69-71.

[85]李纲,董琦.Web 2.0 环境下企业网络舆情传播过程的研究及实证分析[J].情报科学,2011,29(12):1810-1814.

[86]李纲,纪曼,陈景浩等.基于社会网络的知识共享研究综述[J].信息资源管理学报,2013(2):50-58.

[87]李海东.基于社会网络分析方法的产业集群创新网络结构特征研究——以广东佛山陶瓷产业集群为例[J].中国经济问题,2010(6):25-33.

[88]李阳晖,邓胜利.数字信息服务的个性化演变[J].图书情报工作,2006(10):36-39.

[89]李宇平,王溪岚.武汉科技金融模式:现状审视、典型模式与完善策略[J].武汉金融,2013(2):29-31.

[90]梁秀娟.科学知识图谱研究综述[J].图书馆杂志,2009,28(6):58-62.

[91]林竞君.嵌入性、社会网络与产业集群——一个新经济社会学的视角[J].经济经纬,2004(5):45-48.

[92]凌美秀.产业链视角下国内信息服务业的发展定位研究[J].图书情报知识,2005(2):72-75.

[93]林秋月,王文平,王娇俐.产业集群创新网络结构特征的仿真分析——基于March利用式-探索式创新分析框架[J].管理学报,2010,7(7):1015-1020.

[94]刘芳,李春旺,王昉.Mashup组件技术研究[J].现代图书情报技术,2009(12):7-11.

[95]刘友金.集群式创新:中小企业技术创新的有效组织模式[J].经济学动态,2004(5):40-43.

[96]陆璐莹.Mashup与语义网络结合的研究与应用[J].电脑知识与技术,2008,2(16):1351-1352.

[97]马费成.信息资源共享的经济效率——以书刊为例的分析[J].中国图书馆学报,2003(4):5-9.

[98]马费成.情报学发展的历史回顾及前沿课题[J].图书情报知识,2013 (2):4-12.

[99]马费成,夏永红.网络信息的生命周期实证研究[J].情报理论与实践,2009,32(6):1-7.

[100]马振萍.Mashup收割模式及其应用[J].情报杂志,2011,30(6):126-128.

[101]孟健,张李义.一种基于REST服务和Mashup的分布式商品信息集成模型[J].现代图书情报技术,2010(1):15-21.

[102]孟庆松,韩文秀.复合系统协调度模型研究[J].天津大学学报:自然科学与工程技术版,2000,33(4):444-446.

[103]牟洪兰,林春实,靖继鹏.数据库建设是信息产业的核心[J].中国图书馆学报,1995(5):34-36,21.

[104]乔俊峰.基于耗散结构理论的产业集群形成机理研究[J].经济与社会发展,2006,4(3):93-95.

[105]邱均平,粟大为,余以胜.企业信息能力综合评价研究[J].情报科学,2006,24(10):1446-1450.

[106]屈艳丽,杨成.基于 Blackboard 网络教学平台的协作学习研究[J].软件导刊(教育技术),2010(5):49-51.

[107]孙鳌.企业集群的向心力和离心力[J].技术经济与管理研究,2011(2):70-73.

[108]孙建军.网络公共信息资源利用效率影响因素实证分析[J].图书情报工作,2012,56(10):35-40.

[109]孙建军,成颖,柯青.TAM 模型研究进展——整合分析[J].情报科学,2007,25(7):961-965.

[110]田子德,毕强,王雨.SFX 在数字资源整合中的应用[J].情报科学,2012,30(12):1858-1861.

[111]万汝洋.从国家创新体系到创新型国家转变的哲学基础[J].科技管理研究,2007(7):6-8.

[112]王辉,高成英,刘宁.服务器端 Mashup 开发平台的设计与实现[J].计算机工程,2010,36(10):262-264.

[113]王科,纪姗姗,刘芳等.iLibrary:表示层集成融汇服务及系统实现[J].现代图书情报技术,2010(11):30-36.

[114]王雷.苏沪浙典型产业集群创新模式比较研究——基于全球价值链的视角[J].科技进步与对策,2013,30(2):51-55.

[115]王陆.虚拟学习社区的社会网络分析[J].中国电化教育,2009(2):5-11.

[116]王建国,刘珂.基于集群创新网络的产业集群升级研究[J].盐城师范学院学报(人文社会科学版),2008(1):33-39.

[117]王建民,陈卫伍,陈榕.基于构件技术的 Widget 本地扩展模型及实现[J].电脑知识与技术,2010,6(29):8359-8361.

[118]王贤梅,胡汉辉.基于社会网络的产业集群创新能力分析[J].

科学学与科学技术管理,2009(12):86-91.

[119]王衍,张培锋,潘杏梅.基于产业集群科技创新的信息资源组织与服务研究[J].科技进步与对策,2012,29(6):57-61.

[120]王知津,徐芳.论信息服务十大走向[J].中国图书馆学报,2009(1):52-58.

[121]魏江.创新系统演进和集群创新系统构建[J].自然辩证法通讯,2004,26(1):48-54.

[122]魏江,曹建萍,焦豪.基于竞合理论的集群企业技术能力整合机理研究[J].科学学与科学技术管理,2008,29(6):135-141.

[123]魏江,申军.产业集群学习模式和演进路径研究[J].研究与发展管理,2003(2):56-60.

[124]魏江,朱海燕.高技术产业集群创新过程模式演化及发展研究——以杭州软件产业集群为例[J].研究与发展管理,2006,18(6):116-121,138.

[125]吴晓波,郑健壮.产业集群技术创新环境与主要模式的研究[J].研究与发展管理,2003,15(2):1-5.

[126]谢守美.国内外图书馆嵌入式服务实践进展[J].图书情报工作,2013,57(18):133-137.

[127]徐大伟,王子彦,郭莉.工业生态系统演化的耗散结构理论分析[J].管理科学,2004,17(6):51-56.

[128]许强,应翔君.核心企业主导下传统产业集群和高技术产业集群协同创新网络比较——基于多案例研究[J].软科学,2012,26(6):10-15.

[129]许卓明,栗明,董逸生.基于 RPC 和基于 REST 的 Web 服务交互模型比较分析[J].计算机工程,2003,29(20):6-8.

[130]严炜炜.基于 widget 的知识创新价值链融汇服务协同组织[J].情报科学,2013,31(8):47-52.

[131]严炜炜.基于文献共享平台的信息推送服务定位与架构——以湖北省科技信息共享服务平台为例[J].情报科学,2010,28(9):1314-1318.

[132]严炜炜.基于知识创新价值链的跨系统协同共享博弈分析[J].

图书馆论坛,2013,33(1):1-5.
[133]易明.关系、互动与协同创新:产业集群的治理逻辑——基于集群剩余的视角[J].企业改革与发展,2010(8):166-169.
[134]臧新.产业集群产生原因的理论困惑和探索[J].生产力研究,2003(1):187-189.
[135]曾满江,李勇文.利用基于 Mashup 的轻量级应用集成框架构建数字图书馆门户[J].现代图书情报技术,2011(3):88-93.
[136]张力菠,韩玉启,陈杰.供应链管理的系统动力学研究综述[J].系统工程,2005(6):8-15.
[137]张敏.跨系统协同信息服务的定位及其构成要素分析[J].图书情报工作,2010,54(12):64-68.
[138]张晓林.从数字图书馆到 E-Knowledge 机制[J].中国图书馆学报,2005(4):5-10.
[139]张晓林,吴育华.创新价值链及其有效运作的机制分析[J].大连理工大学学报(社会科学版),2005(3):23-26.
[140]张学福.基于概念图的知识模型组织及协作机制研究[J].现代图书情报技术,2005(11):34-38.
[141]张学伟,刘志峰.产业集群创新机制的形成机理和影响因素研究[J].科技管理研究,2010(2):176-179.
[142]张危宁,朱秀梅,柳青等.高技术产业集群创新绩效评价指标体系设计[J].工业技术经济,2006,25(11):57-59,88.
[143]张永安,付韬.焦点企业核心结构产业集群创新网络演进模式、问题及对策研究[J].软科学,2010,24(2):64-69.
[144]翟晓娟,聂娜.满足用户个体需求的图书馆开放平台设计[J].大学图书馆学报,2011(6):26-33.
[145]赵波.产业集群特征与创新绩效关系实证研究——以陶瓷产业集群为例[J].软科学,2011,25(11):19-23.
[146]钟敏娟.基于内容与结构语义相融合的 XML 检索结果聚类[J].情报学报,2012,31(5):515-525.
[147]朱斌,王渝.我国高新区产业集群持续创新能力研究[J].科学学研究,2004(5):529-537.

[148]朱英明.论产业集群的创新优势[J].中国软科学,2003(7):107-111.

[149]2013年武汉市电子信息产业经济运行分析[EB/OL].[2014-02-07].http://www.whbii.gov.cn/d/b/a/2014/01/15145450.html.

[150]2013年1—11月纺织行业数据统计分析[EB/OL].[2014-02-18].http://www.china-consulting.cn/data/20131230/d10440.html.

[151]CNIPR中外专利数据库服务平台使用帮助[EB/OL].[2013-12-17].http://search.cnipr.com/pages! helpPage.action.

[152]"武汉·中国光谷"知识产权信息中心[EB/OL].[2014-02-09].http://www.ipic.com.cn:81/wldhe.html.

[153]佰腾网.专利检索[EB/OL].[2013-12-17].http://so.5ipatent.com/.

[154]宝鸡市产业集群信息服务平台[EB/OL].[2013-10-31].http://bjic.baoji.gov.cn/cluster/webSite/newPolicyList.action.

[155]成都电子信息产业集群"窗口"服务平台[EB/OL].[2013-10-31].http://www.dzxx.smesc.gov.cn/.

[156]东湖高新区加快发展光电子信息产业《实施方案》和《若干意见》发布会召开[EB/OL].[2014-02-07].http://www.wehdz.gov.cn/structure/xw/yw/ywzw_25364_1.htm.

[157]佛山国家创新型城市建设信息发布平台[EB/OL].[2014-02-18].http://www.fskw.gov.cn/cxcs/.

[158]佛山西樵镇推动纺织业转型升级焕发活力[EB/OL].[2014-02-18].http://www.tnc.com.cn/info/c-001001-d-3412485.html.

[159]佛山·张槎[EB/OL].[2014-02-18].http://info.texnet.com.cn/list/zt/buy/zhangcha/index-blue.html.

[160]工业和信息化部主要职责内设机构和人员编制规定[EB/OL].[2013-10-30].http://www.miit.gov.cn/n11293472/n11459606/n11459642/11459720.html.

[161]关于上海研发公共服务平台[EB/OL].[2013-08-26].http://www.sgst.cn/bzxt/gypt/200708/t20070829_153220.html.

[162]光谷光电子信息产业2015突破5000亿[EB/OL].[2014-02-

07].http://news.cjn.cn/24hour/wh24/201210/t2105011.htm.
[163]广东佛山市张槎针织产业集群科技创新平台建设[EB/OL].[2014-02-18].http://www.cnknit.org/LUNWEN/foshan.htm.
[164]广州佛山同城化建设进入实施阶段[EB/OL].[2014-02-18].http://news.sina.com.cn/c/2009-04-17/041017626180.shtml.
[165]国家“十二五”科学和技术发展规划[EB/OL].[2013-07-18].http://www.most.gov.cn/kjgh/.
[166]国家发展和改革委员会主要职责内设机构和人员编制规定[EB/OL].[2013-10-30].http://zfxxgk.ndrc.gov.cn/PublicItemView.aspx?ItemID={2050a9f4-cd8e-41de-836e-e2ea2a9950d5}.
[167]国民经济行业分类(GB/T 4754-2011)[EB/OL].[2014-02-20].http://www.stats.gov.cn/tjsj/tjbz/hyflbz/.
[168]湖北省科技信息共享服务平台[EB/OL].[2014-02-09].http://www.hbstl.org.cn/.
[169]互动百科.LBS[EB/OL].[2013-12-27].http://www.baike.com/wiki/LBS.
[170]互动百科.SOA[EB/OL].[2013-11-30].http://www.baike.com/wiki/SOA.
[171]嘉善县科技创新公共服务平台[EB/OL].[2013-10-31].http://js.zj.5ipatent.com/.
[172]科技部职能[EB/OL].[2013-10-30].http://www.most.gov.cn/zzjg/kjbzn/.
[173]南通市通州区科技成果转化平台[EB/OL].[2013-10-31].http://tz.5ipatent.com/list?categoryCode=cxydj.
[174]宁波市知识产权服务平台[EB/OL].[2013-09-17].http://www.nbpis.com/.
[175]上海市文献资源共建共享协作网.协作网简介[EB/OL].[2013-07-18].http://www.libnet.sh.cn/newsirn/.
[176]商务部主要职责[EB/OL].[2013-10-30].http://www.mofcom.gov.cn/mofcom/zhizi.shtml.
[177]深圳市南山区科技创新专利信息服务平台[EB/OL].[2013-

10-31].http://old.5ipatent.com/cn/5i-2/nskj/index.asp? act = ptjs.

[178]问卷星[EB/OL].[2013-12-27].http://www.sojump.com/html/promote/info.aspx.

[179]武汉科技金融信息服务平台[EB/OL].[2013-09-17].http://stf.whst.gov.cn/.

[180]新浪微博[EB/OL].[2013-12-22].http://weibo.com/.

[181]中国知识产权网.专利信息分析系统[EB/OL].[2013-12-17].http://www.cnipr.com/2010/services/cplb/201004/t20100416_111581.html.

[182]Bateson G.Steps to an Ecology of Mind:Collected Essays in Anthropology,Psychiatry,Evolution,and Epistemology[M].Chicago:University of Chicago Press,2000.

[183]Freeman C.Technology Policy and Economic Performance:Lessons from Japan[M].London:Pinter Publishers,1987.

[184]Grammel L.,Storey M.A.The Smart Internet:A Survey of Mashup Development Environments [M]. Berlin: Springer Berlin Heidelberg,2010.

[185] OECD. Boosting Innovation: The Cluster Approach [M]. Paris: OECD Publishing,1999.

[186]OECD. Innovative Clusters: Drivers of National Innovation Systems[M].Paris:OECD Publishing,2001.

[187]Palfrey J.,Gasser U.Born Digital:Understanding the First Generation of Digital Natives[M].New York:Basic Books,2008.

[188]Williamson O.E.The Economic Institutions of Capitalism[M].New York:Simon and Schuster,1985.

[189]Wolstenholme E. F. System Enquiry: A System Dynamics Approach[M].New York:John Wiley & Sons,Inc.,1990.

[190]Fielding R.T.Architectural Styles and the Design of Network-based Software Architectures [D]. Irvine: University of California Irvine,2000.

[191] Arvanitis S., Woerter M. Firms' Transfer Strategies with Universities and the Relationship with Firms' Innovation Performance[J]. Industrial & Corporate Change, 2009, 18(6): 1067-1106.

[192] Baptista R., Swann P. Do Firms in Clusters Innovate More? [J]. Research Policy, 1998, 27(6): 525-540.

[193] Bartikowski B., Llosa S. Customer Satisfaction Measurement: Comparing Four Methods of Attribute Categorizations[J]. The Service Industries Journal, 2004, 24(4): 67-82.

[194] Battle R., Benson E. Bridging the Semantic Web and Web 2.0 with Representational State Transfer (REST)[J]. Journal of Web Semantics, 2008, 6(1): 61-69.

[195] Bell G. G., Zaheer A. Geography, Networks, and Knowledge Flow[J]. Organization Science, 2007, 18(6): 955-972.

[196] Belleau F., Nolin M. A., Tourigny N., et al. Bio2RDF: Towards a Mashup to Build Bioinformatics Knowledge Systems[J]. Journal of Biomedical Informatics, 2008, 41(5): 706-719.

[197] Bodet G. An Investigation of the Influence of Consumer Value on Service Elements' Contributions to Satisfaction[J]. Journal of Targeting, Measurement and Analysis for Marketing, 2009, 17(3): 205-228.

[198] Capello R. SME Clustering and Factor Productivity: A Milieu Production Function Model[J]. European Planning Studies, 1999, 7(6): 719-735.

[199] Carrincazeaux C., Lung Y., Rallet A. Proximity and Localization of Corporate R&D Activities[J]. Research Policy, 2001, 30(5): 777-789.

[200] Casanueva C., Castro I., Galán J.L. Informational Networks and Innovation in Mature Industrial Clusters[J]. Journal of Business Research, 2013, 66(5): 603-613.

[201] Chatti M.A., Agustiawan M.R., Jarke M., et al. Toward a Personal Learning Environment Framework[J]. International Journal of Vir-

tual and Personal Learning Environments,2010,1(4):66-85.

[202] Chen C.CiteSpace II: Detecting and Visualizing Emerging Trends and Transient Patterns in Scientific Literature[J].Journal of the American Society for Information Science and Technology,2006, 57(3):359-377.

[203] Chen L.,Gillenson M.L.,Sherrell D.L.Enticing Online Consumers:An Extended Technology Acceptance Perspective[J].Information & Management,2002,39(8):705-719.

[204] Choi J.,Sang-Hyun A.,Cha M.S.The Effects of Network Characteristics on Performance of Innovation Clusters[J].Expert Systems with Applications,2013,40(11):4511-4518.

[205] Clerfeuille F., Poubanne Y., Vakrilova M., et al. Evaluation of Consumer Satisfaction Using the Tetra-class Model[J].Research in Social and Administrative Pharmacy,2008,4(3):258-271.

[206] Davis F.D.Perceived Usefulness,Perceived Ease of Use,and User Acceptance of Information Technology[J].MIS Quarterly,1989, 13(3):319-340.

[207] Davis F.D.,Venkatesh V.A.Critical Assessment of Potential Measurement Biases in the Technology Acceptance Model: Three Experiments [J]. International Journal of Human-Computer Studies,1996,45(1):19-45.

[208] Dijk V.Flexible Specialization,the New Competition and Industrial Districs[J].Small Business Economics,1995(7):15-28.

[209] de Vrieze P., Xu L., Bouguettaya A., et al. Building Enterprise Mashups[J].Future Generation Computer Systems,2011,27(5): 637-642.

[210] Eisenhardt K. M., Martin J. A. Dynamic Capabilities: What Are They? [J]. Strategic Management Journal, 2000, 21 (10/11): 1105-1121.

[211] Featherman M.S.,Pavlou P.A.Predicting E-services Adoption:A Perceived Risk Facets Perspective[J].International Journal of

Human-Computer Studies,2003,59(4):451-474.

[212]Fromhold-Eisebith M., Eisebith G. How to Institutionalize Innovative Clusters? Comparing Explicit Top-down and Implicit Bottom-up Approaches [J]. Research Policy, 2005, 34 (8): 1250-1268.

[213]Fornell C. A National Customer Satisfaction Barometer: The Swedish Experience[J].The Journal of Marketing,1992,56(1): 6-21.

[214]Granovetter M.Economic Action and Social Structure:The Problem of Embeddedness [J]. American Journal of Sociology, 1985, 91 (3):481-510.

[215]Halbert L. Collaborative and Collective: Reflexive Co-ordination and the Dynamics of Open Innovation in the Digital Industry Clusters of the Paris Region [J]. Urban Studies, 2012, 49 (11): 2357-2376.

[216]Hammer M., Champy J. Reengineering The Corporation: A Manifesto for Business Revolution[J].Business Horizons,1993,36 (5):90-91.

[217]Harada T.Focusing Device as Innovation Mechanism and Cluster Growth[J].Economics of Innovation and New Technology,2014, 23(1):49-62.

[218]Hwang G.J.,Wu P.H.,Ke H.R.An Interactive Concept Map Approach to Supporting Mobile Learning Activities for Natural Science Courses [J]. Computers & Education, 2011, 57 (4): 2272-2280.

[219]Holden R.J.,Karsh B.T.The Technology Acceptance Model:Its Past and Its Future in Health Care[J].Journal of Biomedical Informatics,2010,43(1):159-172.

[220]Hu C.P.,Yan W.W.,Hu Y.A Study on Service Quality Evaluation of Digital Libraries in China Based on Tetra-class Model[J].Chinese Journal of Library and Information Science, 2013, 6 (2):

14-32.

[221]Johnston R.Clusters:A Review of their Basis and Development in Australia[J].Innovation:Management,Policy & Practice,2004,6(3):380-391.

[222]Jung J. J. Collaborative Browsing System Based on Semantic Mashup with Open APIs[J].Expert Systems with Applications,2012,39(8):6897-6902.

[223]Kauffman R.J.,McAndrews J.,Wang Y.M.Opening the "Black Box" of Network Externalities in Network Adoption[J].Information Systems Research,2000,11(1):61-82.

[224]Lachenmaier P.,Ott F.,Koch M.Model-Driven Development of A Person-Centric Mashup for Social Software[J].Social Network Analysis and Mining,2013,3(2):193-207.

[225]Lin K.Y.,Lu H.P.Why People Use Social Networking Sites:An Empirical Study Integrating Network Externalities and Motivation Theory[J].Computers in Human Behavior,2011,27(3):1152-1161.

[226]Liu Y.,Liang X.,Xu L.,et al.Composing Enterprise Mashup Components and Services Using Architecture Integration Patterns[J].Journal of Systems and Software,2011,84(9):1436-1446.

[227]Lou H.,Luo W.,Strong D. Perceived Critical Mass Effect on Groupware Acceptance[J].European Journal of Information Systems,2000,9(2):91-103.

[228]Meditskos G.,Bassiliades N.A Combinatory Framework of Web 2.0 Mashup Tools,OWL-S and UDDI[J].Expert Systems with Applications,2011,38(6):6657-6668.

[229]Morosini P.Industrial Clusters,Knowledge Integration and Performance[J].World Development,2004,32(2):305-326.

[230]Morrison A.Gatekeepers of Knowledge within Industrial Districts:Who They Are,How They Interact[J].Regional Studies,2008,42(6):817-835.

[231] Nachouki G., Quafafou M. Mashup Web Data Sources and Services Based on Semantic Queries[J]. Information Systems, 2011, 36(2): 151-173.

[232] Nasukawa T., Nagano T. Text Analysis and Knowledge Mining System[J]. IBM Systems Journal, 2001, 40(4): 967-984.

[233] Ngu A. H. H., Calson M. P., Sheng Q. Z., et al. Semantic-Based Mashup of Composite Applications[J]. IEEE Transactions on Services Computing, 2010, 3(1): 2-15.

[234] Page R. D. M. Biodiversity Informatics: The Challenge of Linking Data and the Role of Shared Identifiers[J]. Briefings in Bioinformatics, 2008, 9(5): 345-354.

[235] Pahlke D. W. I. I, Beck R., Wolf D. W. I. M. Enterprise Mashup System as Platform for Situational Applications[J]. Business & Information Systems Engineering, 2010, 2(5): 305-315.

[236] Patel A., Seyfi A., Taghavi M., et al. A Comparative Study of Agile, Component-Based, Aspect-Oriented and Mashup Software Development Methods[J]. Technical Gazette, 2012, 19(1): 175-189.

[237] Pavlou P. A. Consumer Acceptance of Electronic Commerce: Integrating Trust and Risk with the Technology Acceptance Model[J]. International journal of electronic commerce, 2003, 7(3): 101-134.

[238] Perez C. D., Ozuna A. A., Arriage A. A. Clustering and Innovation Capabilities in the Mexican Software Industry[J]. Engineering Management Journal, 2011, 23(4): 47-56.

[239] Persson O. The Intellectual Base and Research Fronts of JASIS 1986-1990[J]. Journal of the American Society for Information Science, 1994, 45(1): 31-38.

[240] Porter M.E. Clusters and the New Economics of Competition[J]. Harvard Business Review, 1998, 76(6): 77-90.

[241] Porter M.E., Millar V.E. How Information Gives You Competitive

Advantage[J].Havard Business Review,1985,63(4):149-160.
[242]Poubanne Y.,Clerfeuille F.,Chandon J.L.Variation within Service Categories and Customer Satisfaction:A Segment-Based Approach Using the Tetra-class Model[J].Journal of Targeting,Measurement and Analysis for Marketing,2006,15(1):30-46.
[243]Sandee H., Rietveld P. Upgrading Traditional Technologies in Small-Scale Industry Clusters:Collaboration and Innovation Adoption in Indonesia[J].The Journal of Development Studies,2001, 37(4):150-172.
[244]Schafer J.B.,Konstan J.A,Riedl J.E-commerce Recommendation Applications[J]. Data Mining and Knowledge Discovery, 2001 (5):115-153.
[245]Sheth A.P.,Gomadam K.,Lathem J.SA-REST:Semantically Interoperable and Easier-to-use Services and Mashups[J]. IEEE Internet Computing,2007,11(6):91-94.
[246]Shin D.H.The Effects of Trust,Security and Privacy in Social Networking:A Security-based Approach to Understand the Pattern of Adoption[J].Interacting with Computers,2010,22(5):428-438.
[247]Thong J.Y.L,Hong W.,Tam K Y.Understanding User Acceptance of Digital Libraries: What Are the Roles of Interface Characteristics, Organizational Context, and Individual Differences? [J].International Journal of Human-Computer Studies,2002,57(3):215-242.
[248]Van der Heijden H.Factors Influencing the Usage of Websites:The Case of A Generic Portal in the Netherlands[J].Information & Management,2003,40(6):541-549.
[249]Wang C.C.,Hsu Y.,Fang W.Acceptance of Technology with Network Externalities: An Empirical Study of Internet Instant Messaging Services[J].Journal of Information Technology Theory and Application,2004,6(4):15-28.
[250]Grammel L.,Storey M.A.A Survey of Mashup Development Envi-

ronments[C].The Smart Internet,2010:137-151.

[251] Gurram R., Mo B., Gueldemeister R. A Web Based Mashup Platform for Enterprise 2. 0[C].Web Information Systems Engineering,WISE,2008:144-151.

[252] Hoyer V.,Stanoevska-Slabeva K.,Vom Brocke J.On the Contribution of Reference Modeling for Organizing Enterprise Mashup Environments[C].Business Process Management Workshops,2010:695-706.

[253] Leydesdorff L.,Etzkowitz H.A Triple Helix of University-Industry-Government Relations:"Mode 2" and the Globalization of "National" Systems of Innovation[C].Science under Pressure Proceedings,2001(1):7-35.

[254] López J.,Bellas F.,Pan A.,et al.A Component-Based Approach for Engineering Enterprise Mashups[C]. 9th International Conference on Web Engineering,ICWE,2009:30-44.

[255] Maleewong K.,Anutariya C.,Wuwongse V.SAM:Semantic Argumentation Based Model for Collaborative Knowledge Creation and Sharing System [C]. International Conference on Computerand Computational Intelligence,ICCCI,2009:75-86.

[256] Paredes-Valverde M.A.,Alor-Hernández G.,Rodríguez-González A.,et al.Developing Social Networks Mashups:An Overview of REST-Based APIs[C].The 2012 Iberoamerican Conference on Electronics Engineering and Computer Science,2012:205-213.

[257] Schuster N.,Stein R.,Zirpins C.A Mashup Tool for Collaborative Engineering of Service-Oriented Enterprise Documents[C].Information Systems Evolution,2011:166-173.

[258] Zhao D.J.,Rosson M.B.How and Why People Twitter:The Role that Micro-blogging Plays in Informal Communication at Work[C].Proceedings of the 2009 ACM SIGCHI International Conference on Supporting Group Work,2009:243-252.

[259] Brownstein J.S.,Freifeld C.C.Health Map:The Development of

Automated Real-time Internet Surveillance for Epidemic Intelligence[EB/OL].[2013-11-2].http://www.eurosurveillance.org/ViewArticle.aspx? ArticleId=3322.

[260] Cañas A.J., Hill G., Lott J. Support for Constructing Knowledge Models in CmapTools [EB/OL]. [2013-12-13]. http://cmap.ihmc.us/Publications/WhitePapers/Support%20for%20Constructing%20Knowledge%20Models%20in%20CmapTools.pdf.

[261] Cyberinfrastructure Vision for 21st Century Discovery [EB/OL].[2013-07-18].http://escience.caltech.edu/workshop/CI_Vision_March07.pdf.

[262] Digital Agenda for Europe[EB/OL].[2013-07-18].http://ec.europa.eu/digital-agenda/.

[263] Ennals R. Intel® Mash Maker: Mashups for the Masses [EB/OL]. [2013-08-27]. http://software.intel.com/en-us/articles/intel-mash-maker-mashups-for-the-masses.

[264] Ennals R. Mashups with Intel® Mash Maker[EB/OL].[2013-07-25]. http://software.intel.com/en-us/articles/mashups-with-intel-mash-maker.

[265] Hinchcliffe D. Assembling Great Software: A Round-up of Eight Mashup Tools[EB/OL].[2013-08-27].http://www.zdnet.com/blog/hinchcliffe/assembling-great-software-a-round-up-of-eight-mashup-tools/63.

[266] i-Japan 2015[EB/OL].[2013-07-18].http://www.soumu.go.jp/main_content/000030866.pdf.

[267] Ipsos MORI. Public Service Reform[EB/OL].[2013-11-13].http://www.ipsos.com/public-affairs/sites/www.ipsos.com.public-affairs/files/documents/measuring_and_understanding_customer_satisfaction.pdf.

[268] Iwazume M., Kaneiwa K., Zettsu K., et al. KC3 Browser: Semantic Mash-up and Link-freeBrowsing[EB/OL].[2013-07-24].http://www.conference.org/www2008/papers/pdf/p1209-iwazume.pdf.

[269] JISC. Student Personal Learning and Social Homepage [EB/OL]. [2013-07-23]. http://www. jisc. ac. uk/whatwedo/programmes/elearningcapital/tsle/splash.aspx.

[270] Keene C.Five Free Mashup Tools You Should Know About[EB/OL].[2013-08-27].http://web2.sys-con.com/node/955886.

[271] Kim K.,Lee W.R.,Altmann J.Patterns of Innovation in SaaS Networks:Trend Analysis of Node Centralities[EB/OL].[2013-10-03].ftp://147. 46. 237. 98/DP-104.pdf.

[272] Netvibes. UWA API Documentation[EB/OL].[2013-11-26].http://uwa.netvibes.com/docs/index.html.

[273] NISO Framework Working Group. A Framework of Guidance for Building Good Digital Collections [EB/OL]. [2013-11-24]. http://chnm.gmu.edu/digitalhistory/links/pdf/chapter3/3. 2a.pdf.

[274] Novak J.D.,Cañas A.J.The Theory Underlying Concept Maps and How to Construct and Use Them[EB/OL].[2013-12-13].http://www. ssu. ac. ir/fileadmin/templates/fa/Moavenatha/Moavenate-Amozeshi/edicupload/olymp-3.pdf.

[275] Ort E., Brydon S., Basle M. Mashup Styles, Part 1: Server-Side Mashups[EB/OL].[2013-07-25].http://www.oracle.com/technetwork/articles/javaee/mashup-1-142202.html.

[276] Ort E., Brydon S., Basle M. Mashup Styles, Part 2: Client-Side Mashups[EB/OL].[2013-07-25].http://www.oracle.com/technetwork/articles/javaee/mashup-2-140412.html.

[277] Prezi[EB/OL].[2013-12-27].http://prezi.com/.

[278] Piggy Bank [EB/OL]. [2013-11-18]. http://simile. mit. edu/wiki/Piggy_Bank.

[279] Pipes Overview [EB/OL]. [2013-12-13]. http://pipes. yahoo.com/pipes/docs? doc=overview.

[280] QQ[EB/OL].[2013-12-22].http://im.qq.com/.

[281] Skype[EB/OL].[2013-12-22].http://skype.gmw.cn/.

[282] Socialcast[EB/OL].[2013-12-22].http://www.socialcast.com/.

[283] Teambox[EB/OL].[2013-12-18].http://www.teambox.com/.
[284] W3C. Requirement For Standardizing Widgets[EB/OL].[2013-11-26].http://www.w3.org/TR/2009/CR-widgets-20091201/.
[285] W3C.RDF [EB/OL].[2013-11-18].http://www.w3.org/RDF/.
[286] W3C. RDFa Core 1.1-Second Edition[EB/OL].[2013-11-18].http://www.w3.org/TR/rdfa-core/.
[287] W3C. Semantic Annotations for WSDL and XML Schema[EB/OL].[2013-11-18].http://www.w3.org/2002/ws/sawsdl/spec/.
[288] W3C. W3C Mission[EB/OL].[2013-11-18].http://www.w3.org/Consortium/mission#vision.
[289] W3C. Widget Interface[EB/OL].[2013-11-26].http://dev.w3.org/2006/waf/widgets-api/.
[290] W3C. Widget Packaging and Configuration Specification[EB/OL].[2013-11-26].http://www.w3.org/TR/2009/CR-widgets-20091201/.
[291] W3C. Widget Updates[EB/OL].[2013-11-26].http://dev.w3.org/2006/waf/widgets-updates/.
[292] W3C. Widget URI Scheme[EB/OL].[2013-11-26].http://dev.w3.org/2006/waf/widgets-uri/.
[293] W3C. Widgets 1.0 Requirements [EB/OL]. [2013-11-26].http://www.w3.org/TR/2007/WD-widgets-reqs-20070705/.
[294] W3C. XML Digital Signatures for Widgets[EB/OL].[2013-11-26].http://dev.w3.org/2006/waf/widgets-digsig/.
[295] Wikipedia. CentrifugalForce[EB/OL].[2013-08-19].http://en.wikipedia.org/wiki/Centrifugal_force.
[296] Wikipedia. CentripetalForce[EB/OL].[2013-08-19].http://en.wikipedia.org/wiki/Centripetal_force.
[297] Wikipedia. Mashup[EB/OL].[2013-08-28].http://en.wikipedia.org/wiki/Mashup_(web_application_hybrid).

后　　记

本书是在我的博士论文基础上修改而成的。本人在硕、博士阶段一直致力于信息服务与协同创新的相关研究,硕博连读五年的专业学习和学术积累最终凝聚成这部学术成果,而这本书的撰写过程中的踌躇满志、文思枯竭、柳暗花明则帮我快速重温了自己的求学和科研经历,虽五味杂陈,却受益匪浅。一路走来,身边的亲人和师友们都给予了我无微不至的关爱和帮助,在本书即将付梓之际,我心中充满感恩。

感谢我的导师胡昌平教授,感谢您引领我迈入广博精深的学术殿堂。您深厚渊博的学识见地,教诲我不断开拓学术视野,对知识探索的热情永不熄灭;您严谨求实的治学态度,潜移默化地指引我对工作事无巨细认真对待,切不可大意。自本科社会实践初与您接触,我便感受到了您对学生的真切关爱和那份责任感。在硕博连读期间,有幸跟随您参与了多项国家级科研项目的研究工作,让我看到了您在科研创新中的专注和追求,也让我在实践中充分锻炼了自身的科研能力。在本书的撰写过程中,您从论文选题、思路构架到论文写作和修改完善的全过程中给予我悉心指导,精益求精。传道、授业、解惑,您不仅指导我掌握了丰富的理论知识和科研方法,更传授了我很多人生的智慧与哲理。在今后的工作中,我会继续努力,以更加优异的成绩回报恩师的期许与厚望。

感谢我的博士后合作导师马费成教授,感谢您指引我在专业道路上积极前行。多年来,您不仅关心着我的学习和成长,在学术研究和工作中给予了我诸多宝贵的建议和指导，同时也对本书的撰写给予的大力支持和帮助。您敏锐的学术洞察力、儒雅谦和的学术风范一直感染着我，激励着我不断学习和探索，并保持踏实、勤勉、奋进的科研与工作态度。

感谢张李义教授、周耀林教授、余世英教授、李枫林教授在本书撰写过程中提出的宝贵意见，你们的建议为本书的顺利完稿奠定了坚实基础；感谢彭斐章教授、陈传夫教授、方卿教授、李纲教授、陆伟教授、黄如花教授、邱均平教授、唐晓波教授、查先进教授、邓仲华教授、赵蓉英教授、寇继虹副教授、刘萍副教授、宋恩梅副教授等各位老师在我求学期间给予的悉心教诲；感谢董有明书记、曾一昕书记等学院各位领导和老师们在学生工作中对我的培养和关爱，也特别感谢查荔老师对我的无私帮助。感谢武汉大学信息管理学院雄厚的师资条件和良好的学习氛围，为我本、硕、博连读近十年期间的学习生活创造了得天独厚的环境，我个人综合素质的点滴提升都离不开信息管理学院每位老师的殷切关怀。

感谢校外专家孙建军教授、贺德方研究员、毕强教授对本书的指导和建议，感谢靖继鹏教授、夏立新教授、曾建勋主任等知名学者对我科学研究工作的启迪与帮助。同时，感谢所有参考文献的作者们，我的知识积淀源于你们所分享的宝贵的研究成果。

感谢武汉大学出版社对本书出版工作的支持，感谢编辑詹蜜对本书修改、定稿和出版过程中付出的辛苦劳动和帮助。

在此，再次向以上老师、学者致以最衷心的感谢，同时也特别感激给予我帮助的同门和很多在背后一直默默支持、鼓励和帮助我的朋友们，我会永远铭记你们的善良和真诚，非常感谢你们！

最后，还要感谢我所有亲爱的家人们，幸福的家庭是我前行的重要保障。感谢我的爱人，永远支持着我、相信着我；感谢我的爱人温馨的陪伴和默默的付出，让我可以全身心投入到科研之中。感谢我的父母为我创造了良好的生活条件，为我所做的无私奉献；感谢父母一直都是我学习和工作中最为坚实的后盾，是我最忠实的听众，也是我最大的依靠。此外，我还要特别感谢我的爷爷，爷爷教会了我谦逊处世、诚恳待人，也为我指明了奋斗的方向；感谢爷爷一直在背后鼓励着我,我也会不畏艰难,用行动作为最好的回报。

“学而不思则罔,思而不学则殆。”本书虽告一段落,但我深知其中还有缺憾与不足之处,而广阔的知识海洋也需要我不断去探索和追求。本书的完结并不是终点,而是一个新的起点,我会继续努力,以最饱满的激情迎接未来新的挑战!

严炜炜

2015 年 11 月于珞珈山